図説 栃木の城郭

余湖浩一・渡邉昌樹 著

国書刊行会

栃木市　西方城絵図

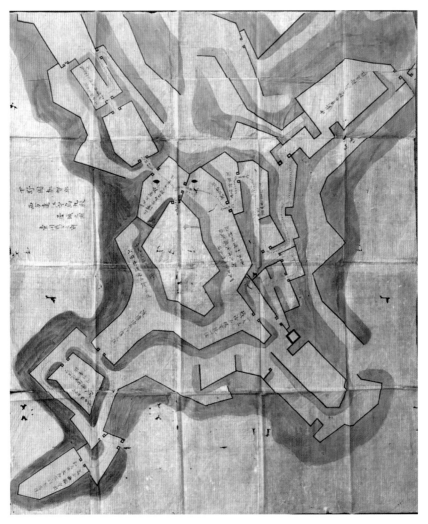

さくら市　御前城絵図 （元文3年）

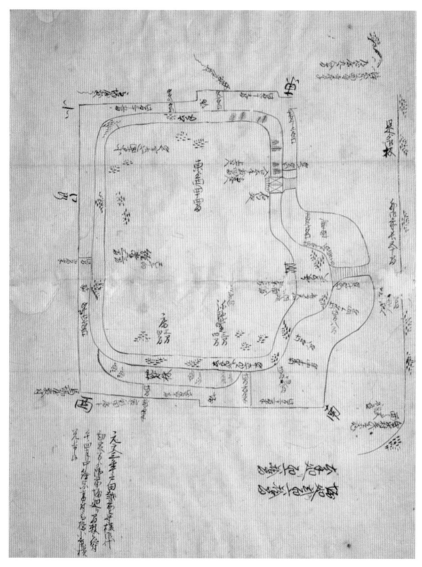

さくら市　御前城絵図 （明治2年）

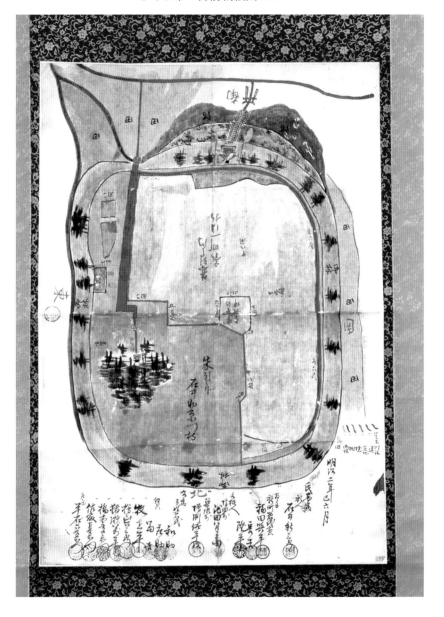

真岡市・真岡城絵図

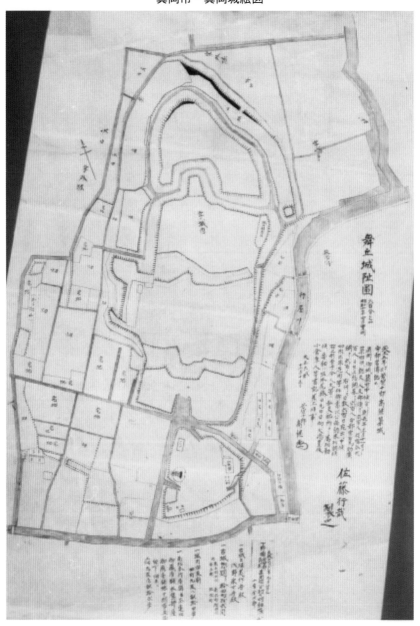

佐藤行哉製　舞丘城址図（600分之1　昭和10年4月実測）
写真1枚（佐藤行哉資料123-2-4）　掲載許可　真岡市教育委員会

まえがき

　栃木県には古くから宇都宮、那須、小山といった名族がおり、その氏族や家臣によって多数の城館が営まれてきた。また、戦国時代になると、北条氏や佐竹氏もからんで、幾度となく戦乱が繰り返された。そうした状況の中、栃木県内には多数の城郭が築かれることになった。今も遺構を残している魅力的な城郭群である。

　2017年、『続 図説 茨城の城郭』が刊行された時、「次は栃木の城郭の本を出せないだろうか」と考えていた。そこで栃木県で城郭の調査を熱心に続けている渡邉昌樹さんに声をかけてみた。幸いに渡邉さんも同じような思いをもっており、この話はとんとん拍子に進んで行くかと思われた。

　ところが、その後すぐに渡邉さんは栃木県から他県へと転勤することになり、『図説 栃木の城郭』の話は自然と立ち消えになってしまった。この本を世に出すことはもうできないのかと思っていた。

　2023年、渡邉さんが再び栃木に戻ってくることになった時に、「まだ栃木の城郭本を作る気持ちがありますか」と尋ねてみると「やってみたい」とのことであった。そうして、本書を作成する作業が始まったのである。

　私も渡邉さんも、すでに栃木県の主要城郭の調査は行っていたので、この作業は順調に進んだ。そして、こうして世の中に本書を出すことができるようになった。

　図面については、精密な図を作成されている小川英世さんと坂本実さんの協力を得ることもできた。お二人には感謝いたします。

　城の縄張図を用いてこのように栃木の城郭について解説した本書は画期的な本であると自負している。栃木のお城巡りには必携の本となっていると思う。ぜひ、この本を手に取って、栃木の素晴らしい城郭を巡っていただきたいと願っている。

2024年3月

余湖　浩一

城跡へ行かれる場合の注意点

1．城跡の多くは私有地となっている。そのため事前に断りを入れるのが原則で、所有者が分からない場合も地元の方に確認するなどの配慮をお願いしたい。勝手に植物を採取する・地勢を改変する・ゴミを捨てる・火を使う等々の行為はくれぐれも控えなければならない。見学させていただいているという感謝の気持ちを忘れないようにしたい。
2．城跡には危険個所もあり、危険動物などがいる場合もある。歩きやすい服装で必要な装備を整えた上で、注意して行動すること。
3．交通が不便な場所もある。山城などは無理な日程で見学しないこと。比高の高い山城は地形図やナビアプリなどを利用し、遭難することのないように気をつけていただきたい。

凡　　例

1．各城郭の位置図については、国土地理院の電子国土地形図を用いて、城の中心点に城マークを付した。
2．各城には所在地のマップコードを表示した。これにより、住所の分からない場所でもカーナビを用いて城の位置に到達できるようにした。
　※「マップコード」および「MAPCODE」は㈱デンソーの登録商標です。
3．縄張図作成に際しては自治体発行の都市計画図や国土地理院の電子地形図を参考にした。また現地持参時に使用しやすいよう、図中にも城郭名称等を入れた。縄張図の無断引用を禁ずる。
4．参考にした縄張図がある場合は、掲載されている書名、作図者名を記載した。
5．各項目の参考文献はスペースの都合上、主なものだけにとどめている。巻末に参考文献一覧を記載した。

目　　次

索引地図

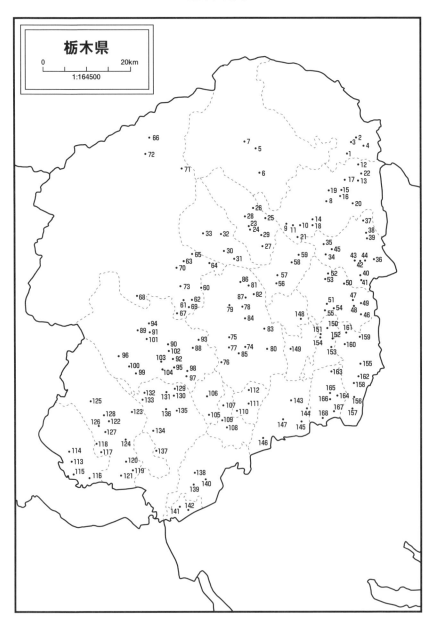

栃木県

1:164500

0　　　　20km

掲載城郭一覧

9

城郭用語解説

郭（くるわ）　城の平坦面をなす部分。曲輪とも呼ぶ。

　　近世城郭においては本丸、二の丸、三の丸等と呼称するが、中世城郭においては、御城（みじょう、実城とも）、中城、外城（とじょう、戸城とも）といった呼称が見られる。

腰曲輪（こしぐるわ）　郭の側面下部に帯状に配置された郭。切岸に伴って形成される場合が多い。幅の狭いものを帯曲輪と呼ぶ。

切岸（きりぎし）　山稜などの斜面を削って鋭くすることで防御ラインを形成したもの。城を構築する際に最初の工事となることが多かったと思われる。

堀（ほり）　郭を防御するために地面を掘り込んだもの。堀には以下のような種類がある。

　堀切（ほりきり）　尾根筋などを分断するために掘り切ったもの。山城に多い。

　横堀（よこぼり）　郭のラインと並行して掘られているもの。

　竪堀（たてぼり）　斜面の上から下に向かって掘ったもの。連続して掘られた竪堀は畝状竪堀と呼ぶ。

　内堀（うちぼり）　複数の堀が囲郭している場合、内側に掘られた堀

　外堀（そとぼり）　同じく、外側に掘られた堀

　畝堀（うねぼり）　堀の内部に畝のあるもの。畝が方形に囲んでいるものを障子堀という。

土塁（どるい）　土を盛り上げて郭の周囲に配置したもの。土塁のうち建造物が建てられるように上端幅を広くしたものを櫓台と呼ぶ。土塁をぶつ切りにして塚状のものを並べたものを畝状阻塁とも呼ぶ。

石積み（いしづみ）　石を積み重ねたもの。近世城郭においては石垣と呼ぶが、中世城郭の場合は石積みと呼ぶことが多い。石塁とも呼ぶ。

虎口（こぐち）　郭の入り口となる部分。小口とも書く。坂道に付けられたものを坂虎口、枡形を伴っているものを枡形虎口などと呼ぶ。

枡形（ますがた）　虎口防衛のための構造物。郭の内部に方形の区画を形成し、その内部を通らせることで、郭の防御構造としたもの。

馬出（うまだし）　虎口の前面に配置し、一気に虎口に攻め入られないようにした構造物。関東・中部において、武田氏・徳川氏の城郭には丸馬出、北条氏の城郭には角馬出が見られる傾向がある。

横矢（よこや）　側面から射撃ができるように、郭のラインの一部を外側に張り出したもの。横矢折れ、あるいは単純に折れともいう。両側に横矢が掛かっている場合

は合横矢と呼ぶ。

水の手　城の水源をまかなっていた場所。井戸ともいう。中世城郭の場合、湧水点そのものを井戸と呼ぶ場合もある。

犬走り　城塁の側面部に付けられた通路。

大手　城の表口のこと。裏口は搦手。

要害　中世には城郭の呼称としてよく用いられた。転じて、用害、用貝、龍害、夕害、隆崖、りゅうげ、ゆうげ、など様々な表記と呼称に変化して残っている場合が多い。

城山　要害同様、城址を示す名称として地名が残されている場合が多い。中世城郭の場合、ほとんどは「じょうやま」と読む。

根古屋　根小屋、根古谷と表記する場合もある。籠城用の城・要害に対して、山麓に設置された居館を指すケースが多い。

山城　山稜の地形を利用して築かれた城

平山城　山稜ほどではないが、平坦面よりも高い地形に築かれた城。なお、山城と平山城の高さについて明確な区分はなく、あいまいに用いられることもある。

平城　平野部に築かれた城

海城　海に面して築かれた城。湖や河川に面した場合は水城などと呼ぶ。

単郭城郭　１つの郭だけで成り立っている城。平城などに多い。

環郭式城郭　郭全体を包み込むようにして外側の郭を配置している城。輪郭式とも。

連郭式城郭　一方向に郭を連続して配置している城。

梯郭式城郭　全体を囲んではいないが、梯子状に郭を展開させている城。

陣城　軍事的緊張感の中で急遽取り立てられた城郭。合戦や城攻めの際に築かれることが多い。

付け城　城攻めを行う際、相手側の城に対して築かれた城。

繋ぎの城　城と城との連絡をするための城。

番城　城主を置かずに交代で城の番をさせた城。

支城、出城　本城に対して、衛星的に配置された城。

狼煙台　烽火台とも。連絡用の烽火を上げるための施設。

物見台　敵や街道などを監視するために造られた施設。

砦　一般的に小規模な城郭のことを砦と呼ぶこともある。明確な区分はない。

力攻め　兵力を用いて城を力づくで攻めること。

火攻め　火力を用いて城を攻めること。

兵糧攻め　城を包囲して周囲との連絡を絶ち、食料が無くなり籠城できなくなることを待つ攻め方。

水攻め　水の手を断ち切り、水が欠乏して落城するのを待つ攻め方。戦国後期には、周囲に堤防を築いて城を水没させる攻め方をも言う。

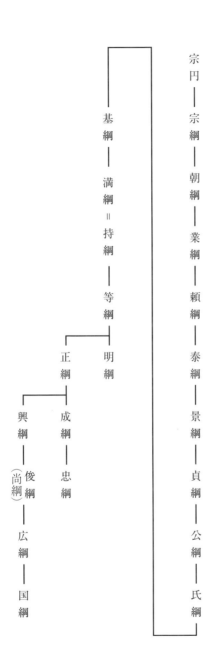

宇都宮氏略系図

宗円 ―― 宗綱 ―― 朝綱 ―― 業綱 ―― 頼綱 ―― 泰綱 ―― 景綱 ―― 貞綱 ―― 公綱 ―― 氏綱

基綱 ―― 満綱 ＝ 持綱 ―― 等綱

正綱 ―― 明綱

興綱 ―― 成綱

俊綱
（尚綱）―― 忠綱

広綱

国綱

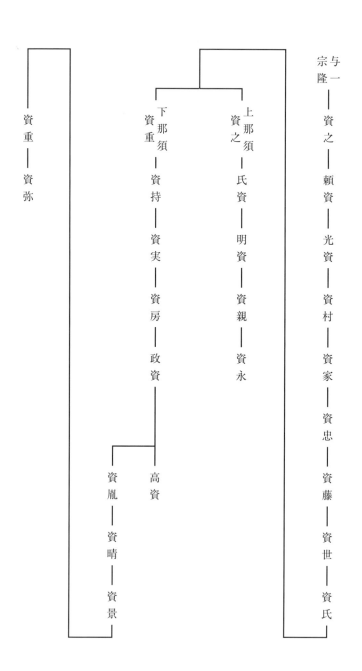

那須氏略系図

与一 ── 宗隆 ── 資之 ── 資頼 ── 資光 ── 資村 ── 資家 ── 資忠 ── 資藤 ── 資世 ── 資氏

上那須 資之 ── 氏資 ── 資明 ── 資親 ── 資永

下那須 資重 ── 資持 ── 資実 ── 資房 ── 資政 ── 高資

資胤 ── 資晴 ── 資景

資重 ── 資弥

14

図説 栃木の城郭

栃木県の168城　図と解説

001　伊王野城
いおうの

所在：那須町伊王野
別名：霞ヶ城
比高：110m
マップコード：779 155 105*82

　伊王野小学校の北側にそびえている比高110mほどの山稜が**伊王野城**の跡である。城の西側山麓には芦野から奥州へと続く東山道が通っており、南側には奈良川と三蔵川との合流点がある。城の背後の標高369mの地点には遠見の曲輪があり、山麓の伊王野小学校は伊王野氏の居館の跡であった。伊王野氏は那須資頼から分かれた一族で、資頼の子資長が伊王野郷を与えられ、伊王野氏を名乗ったのに始まる。

　戦国時代の伊王野氏は、那須・芦野・福原・千本・大関・大田原らの氏族と共に那須七党と呼ばれていた。永禄の頃、佐竹義昭は、大山御方に「伊王野へとり合い」したことを知らせている（「佐竹義昭消息写」）。

　天正13年(1585)8月3日、伊王野資信は、鹿沼に向かって出馬した（「伊王野資信書状写」）。

　天正18年(1590)の小田原の役の際、那須資信は遅参したためいったん改易となり、伊王野氏も735石のみが安堵されることとなった。

　慶長5年(1600)の関ヶ原合戦の際、伊王野城は上杉方に対する最前線となり、伊王野氏は福島県白河市の関山において上杉勢と激突、上杉勢の進撃を食い止めるなどの戦功を挙げて2000石を加増された。

　近世に入ると一国一城令により、伊王野城は廃城となった。寛永10年(1633)には伊王野氏も嗣子なく断絶となってしまった。

　伊王野城は伊王野氏の勢力にふさわしい大規模な山城である。曲輪は南北に連郭式に配置されているが、鋭い切岸や巨大な堀切は見る者を圧倒する。

　面積の広いⅢからⅠに向かうにはⅡ-2、Ⅱ-1と段々に配置された郭を順に突破していく必要がある。Ⅱ-1とⅠとの間には深い堀切があり、これに面したⅠ側には小規模な枡形が形成されている。この枡形とⅡ-1とは木橋で接続していた可能性がある。

　Ⅰの北側にはⅣ-1がある。Ⅳ-1は前面に土塁と堀切を配置しており、馬出

としての機能を有していた曲輪であったと考えられる。　　　　（余湖浩一）

＊参考　北那須郷土史研究会『那須の戦国時代』下野新聞社1993　峰岸純夫・齋藤慎一編『関東
　　の名城を歩く　北関東編　茨城・栃木・群馬』吉川弘文館2011

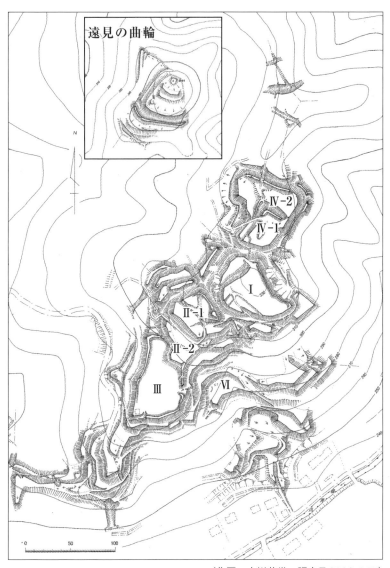

遠見の曲輪

（作図　小川英世　調査日2009.4.15）

002 芦野城

所在：那須町芦野
別名：御殿山、桜ヶ城
比高：60m
マップコード：779 245 153*51

　那須歴史探訪館の背後にそびえる比高60mほどの広大な山稜が芦野城の跡である。城のすぐ下には奥州へと続く主要な街道が通っており、白川方面から下野に進入してくる際に最初の関門となる枢要の地である。

　芦野城は那須一族の芦野氏によって天文年間（1532～55）に築かれたと伝えられている。それ以前の芦野氏の居館は城の西側下の平野部にあったが、戦乱の時代を迎えるにあたって、防御力の高い山城を築いて移ってきたものである。

　芦野氏は南北朝時代に那須資忠の子三郎資宗が、芦野を所領として芦野氏を名乗ることに始まった一族である。その後の芦野氏は他の那須一族と同様、「資」の字を通字としていた。ところが、戦国期になると芦野氏は会津の蘆名氏と通じる「盛」の字を通字とするようになっている。江田郁夫氏によると、これは蘆名氏との関係を深め、独立性を強めていったためなのではないかという。

　天正18年（1590）の小田原の陣では、芦野盛泰は遅参した那須氏を差し置いて単独で小田原に参陣して、秀吉に所領を安堵されている。

　慶長5年（1600）の関ケ原役では、東軍に所属したため加増されて3000石となり、交代寄合の旗本として明治維新まで続いて行くことになる。

　そのため、芦野城は中世城郭でありながら、明治維新まで使用されることになり、戦国山城と近世陣屋との2つの特徴を備えた城郭となっている。

　城の東側は山稜を堀切によって分断した連郭式の山城としてまとまっており、周辺に鋭い切岸加工を施して防御性を高めている。北側、東側の谷戸内部、南東側には大きな竪堀を配置して、ここを登ってくる敵を城塁上から攻撃できるようにしている。

　一方、これら山城遺構の南西側の下は、近世陣屋が設置された広大な郭となっている。戦国時代にも、この場所に芦野氏の居館が営まれていたものと考えられる。

（余湖浩一）

*参考　北那須郷土史研究会『那須の戦国時代』下野新聞社1993　峰岸純夫・齋藤慎一編『関東の名城を歩く　北関東編　茨城・栃木・群馬』吉川弘文館2011

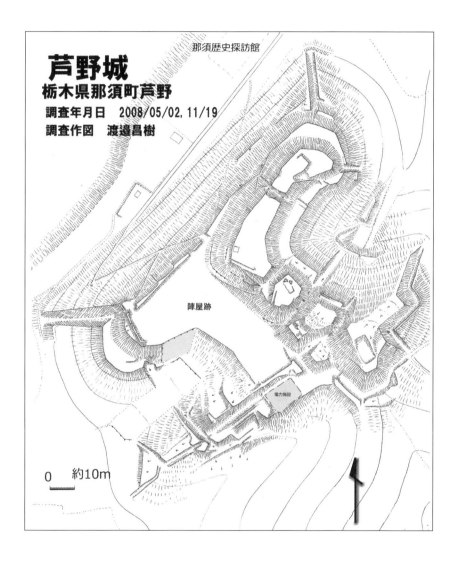

003　館山城

たてやま

所在：那須町芦野字館山

別名：館山館

比高：40 m

マップコード：779 214 782*02

　館山城は、奥州へと通じる主要街道の西側にそびえる比高40 mほどの山稜に築かれている。下から見上げると岩盤がむき出しになった岩山である。街道を挟んで反対側の山には芦野城があり、北側の平野部に芦野氏の館跡がある。

　芦野氏については芦野城で述べた通り、那須一族であったが、後には独立性を高め、幕府の旗本として明治維新まで存続することができた一族である。

　芦野氏が芦野城を築く前に居城としていたのが館山城であったと言われている。

　館山城は、丘陵の先端部に主郭を置き、その下は二重の横堀、入口には大堀切を配置して防御を固めた城である。念入りな防御構造が見られるが、まとまった面積の曲輪は主郭だけであり、緊急時の避難所として意識された城郭であった。一族が籠城するための城と

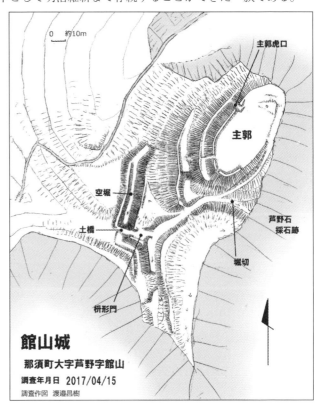

主郭虎口

主郭

0　約10m

空堀

土橋

芦野石
採石跡

堀切

枡形門

館山城

那須町大字芦野字館山

調査年月日　2017/04/15

調査作図　渡邉昌樹

しては手狭であり、後に芦野城を築いて移って行くことになる。

　谷戸部を挟んで館山城の北側の尾根には小規模な砦（上館）が見られる。こちらは館山城の入口を監視するための施設だったと考えられる。

（余湖浩一）

＊参考　北那須郷土史研究会『那須の戦国時代』下野新聞社 1993

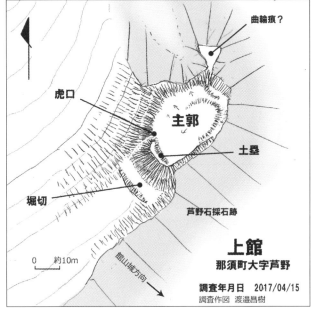

曲輪痕？

虎口

主郭

土塁

堀切

芦野石採石跡

館山城方向

0　約10m

上館
那須町大字芦野

調査年月日　2017/04/15
調査作図　渡邉昌樹

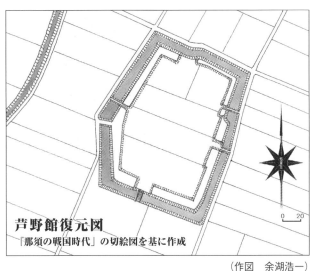

0　20

芦野館復元図
『那須の戦国時代』の切絵図を基に作成

（作図　余湖浩一）

004 二岐ヶ峰城
ふたきがみね

所在：那須町簑沢字要害山
別名：二岐ヶ峰山城、要害山城
比高：70m
マップコード：779 219 344*05

　二岐ヶ峰城は、簑沢集落の中心部にそびえる比高70mほどの山稜に築かれている。城のすぐ真下には白河の関から伊王野方向に通じる街道が通っており、この街道を抑えるための要衝であった。また、城のすぐ南東側で三蔵川が2つの支流と合流している。

　二岐ヶ峰城の城主は三野沢氏であった。二岐ヶ峰城の築城者としては、上野の新田氏の氏族であったという説や、芳賀高俊の孫の芳賀重行であったとする説もあるが、伊王野氏の家臣であった三野沢氏であるとするのがふさわしい。

　要害山の南側は非常な急斜面となっており、敵を寄せ付けない。城の尾根続きの西側の峰には美野沢桜公園があり、こちらの方から尾根伝いにアクセスするのがよいだろう。

　Ⅰ郭は狭隘な地形であり、その下にⅡ郭が接続している。Ⅰ郭の北側はBの崩落した急斜面となっており、登攀不可能な地形となっている。

　Ⅱ郭の下には帯曲輪がありその下にⅢ郭が続いている。

　Ⅲ郭の下のⅣ郭は基部を堀切によって区画しており、西

Aの竪堀

側の尾根続きに対して馬出のような機能を有していた郭であったと考えられる。

　北側の尾根続きからアクセスする場合は、最初にⅤの郭に進入することとなる。Ⅴの郭は城内で最大の郭であり、まとまった人数が駐屯できるようになっている。番所が設置されていたかもしれない。Ⅴの郭の上には非常に鋭い堀切があり、尾根伝いのアクセスを遮断するような構造になっている。

この先の下に巨大なＡの竪堀がある。竪堀は下の帯曲輪と接続しⅡの郭に登る登城道のすぐ下に接続されている。このような構造からみてＡは単なる竪堀ではなく、この内部を通らせる登城道として機能していた可能性がある。下の帯曲輪からＡの竪堀を経由して登ってくる敵は、上の郭からの攻撃にまともにさらされることになるのである。

　二岐ヶ峰城は、それほど大規模ではなく、那須の城郭にしては構造も比較的単純であるが、天険の要を利用した、まさに要害というべき城であった。

（余湖浩一）

＊参考　北那須郷土史研究会『那須の戦国時代』下野新聞社1993

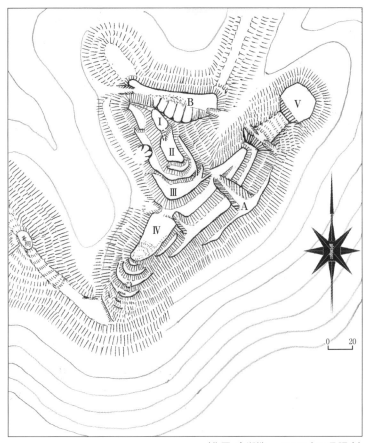

（作図　余湖浩一　2009年1月調査）

005 狭間城

所在：那須塩原市塩原
比高：50m
マップコード：548 188 700*66

　那須塩原温泉街と箒川を隔てた対岸に位置する。川に面した南面は断崖絶壁である。

　文明8年（1476）、塩原（要害）城を居城としていた橘伊勢守の出城として築かれたとされる。伊勢守は突如塩原地区に侵攻し、土着の塩原氏、そして君島信濃守を追い出すような形でこの地を治め、この**狭間城**を築いたという。

　城は箒川に沿う断崖絶壁の台地上に築かれている。楕円形の主郭③を中心に輪郭的に曲輪が配置される。主郭の周りには浅い堀②④が大きく一巡していたようだ。

　主郭の外側には、もう一条堀が巡っている。北の①を起点に、山の地形に左右されながら上下を繰り返して台地を南北に横断し、最終的には箒川まで達する。途中川に近い⑥付近では、規模は小さいものの横矢が二箇所確認でき、技巧的な面を見せる。また、⑤には枡形虎口を思わせる切岸が残っており、主郭への連絡通路の跡と考えられる。ほかにも虎口痕がいくつか残る。しかし、当地には現在も遊歩道の跡が残っており、かつては公園として整備されていた事が伺える。全てを城の遺構としてしまうのには注意が必要であろう。

　また、城外というべきか、城中枢部の東側には⑦の広い空間が確認される。ここで着目したいのは⑧の土塁状の高まりである。よく見ると⑧の切岸に沿って石が張ってある。また、少し離れた⑨には谷を横断するかのように石塁が確認できるが、城に関係するものか判断に迷うところである。

　なお、当城は塩原温泉街の中心部と言ってよい位置にありながら、箒川を隔てることによって通常では近寄りがたい場所にある。なぜこのような場所に城を築いたのか定かではないが、この城に行くには道なき道を歩かなければならない。途中に川や、図のような崩壊区域もあるため、十分注意をしていただきたい。

（渡邉昌樹）

　＊参考　那須塩原市ホームページ（2023）

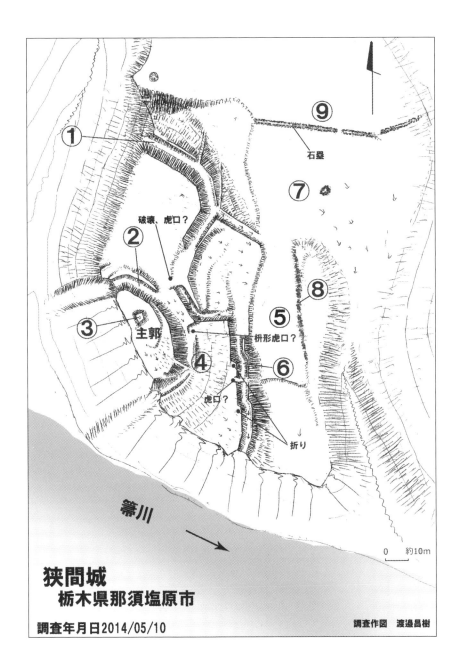

① ⑨
石塁

破壊、虎口？ ⑦
②

③ 主郭 ⑤ ⑧
枡形虎口？
④ ⑥
虎口？
折り

箒川

0 約10m

狭間城
栃木県那須塩原市

調査年月日2014/05/10

調査作図　渡邉昌樹

25

006　宇都野城

所在：桝塩原氏宇都野字古城
別名：鳩ヶ森城
比高：20m
マップコード：121 514 182*27

　宇都野城は箒川の西岸にそびえる比高20mほどの台地先端部に築かれていた。すぐ東側下を街道が通っており、これを南下すれば矢板を経由して宇都宮方面へと通じている。かつてヤブに覆われていた城であったが、現在は東側に案内板が設置され、登城道も整備されている。

　宇都野城を築いたのは山本上総介家隆だったと伝えられている。彼は後三年の役で源義家に従って功を立て、箒川沿岸の8ヵ村と伊佐野郷15ヶ村を領して寛治3年（1089）字「古城」の地に居館を営んだという。これが宇都野城の始まりである。城内に白旗塚と呼ばれる塚が存在しているのは、後三年の役で活躍した源義家と関係があるのであろう。

　山本氏は宇都宮氏に属した豪族で、これ以降、代々の居城としていた。南北朝時代、山本家14代の家房は南朝方の新田氏に属して転戦し、紀州龍門山の戦いで戦死した。その跡は弟の家親が継ぐことになり、山本家は存続した。

　天文2年（1533）、那須勢の太田原資清によって攻められ落城し、以後廃城となったという。

　宇都野城は、南側に向かって張り出した台地に堀切を入れて区画した連郭式の城郭である。北側の2本は半ば埋められてしまっているが、少なくとも5本の大規模な堀切が台地を分断するように掘られていたと考えられる。

　その中央部にある土塁囲みの郭が主郭であった。主郭の虎口は南北2か所に開口しており、木橋によって外側の郭と連結していたと想定される。南側の虎口と接続する部分は土塁囲みの方形の区画となっており、虎口防衛のための出枡形が存在していた。

　全体的に堀の規模が大きく、枡形虎口を有するなど技巧的な面もあることから、山本氏が滅亡した後も那須氏系の勢力によって使用されていたことを検討してみたくなる城である。　　　　　　　　　　　　　　　　　　　（余湖浩一）

　＊参考　北那須郷土史研究会『那須の戦国時代』下野新聞社1993

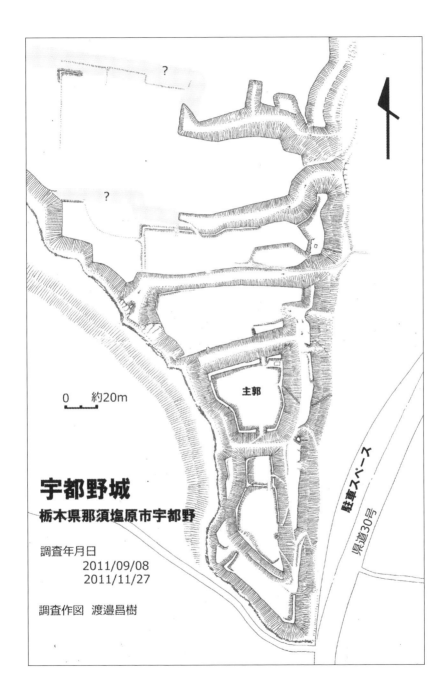

主郭

0 ___ 約20m

宇都野城
栃木県那須塩原市宇都野

調査年月日
　　2011/09/08
　　2011/11/27

調査作図　渡邉昌樹

県道30号

駐車スペース

?
?

007　塩原城
しおばら

所在：那須塩原市上塩原字要害
別名：要害城
比高：30ｍ
マップコード：548 215 559*63

　塩原城は、箒川と善知鳥沢との合流点の比高30ｍほどの断崖上に築かれている。塩原の市街から西方に入り込んだ山間部の集落にあり、下を通っている街道を北上すれば、遠く会津地域と接続する。

　塩原城は宇都宮家臣で塩谷氏の一族であった塩原八郎家忠によって築かれたと伝わる。家忠は保元元年（1156）、八郎ヶ原に八郎館を築いて居館としていたが、治承2年（1178）になって塩原城を築いて居館を移したという。

　以後、長沼（小山）宗政、君島信濃守、橘伊勢守らが当地の支配者となったと言われている。

　文亀2年（1502）には会津芦名氏の家臣の小山出羽守が城主となったが、後には塩原氏が奪い返し、戦国時代になると宇都宮家臣の塩原越前守が城主となっていた。塩原城は東西約300メートル、南北約250メートルにも及ぶ、塩原地区最大の城郭であったと言われているので、城域がこのように拡張されたとすれば戦国時代のことであろう。すぐ東側には「戦場」地名が残されており、城の拡大が何らかの戦いと関係を有している可能性がある。

　宇都宮氏は小田原の役の際、秀吉の下に参陣したため所領を安堵された。ところが、慶長2年（1597）に突如、改易となってしまう。これ以降、塩原城も廃城となったと考えられる。

　塩原城の南側は箒川に臨む断崖、東側には山稜が迫っているため、その間の平地部分を城域としている。耕地整理によって城址の大半は水田地帯となってしまっているが、主要部の東西

箒川に落ちる竪堀状の沢

を区画する部分に遺構が認められる。

　西側は下の集落との間の段差となり、ここに折れを伴った城塁と土塁を構築している。東側には横堀を配置して虎口を設定している。虎口の北側には櫓台が張り出しており、虎口に横矢をかけられるようにしている。

　現在、北側の区画が残されておらず、どのような状態であったのかはっきりしていないが、西側の城塁には堀の残欠と思われる部分が見られる。ここから東側に延びるライン上に池が存在しており、かつてはこのラインに水堀が存在していた可能性がある。　　　　　　　　　　　　　　　　　（余湖浩一）

＊参考　北那須郷土史研究会『那須の戦国時代』下野新聞社1993、那須塩原市ホームページ

塩原城
栃木県那須塩原市
調査年月日
　2017/05/07
調査作図・渡邉昌樹
0　　10m
林
墓地
池
堀の残欠？
五輪塔
土塁
主郭
矢倉台
土塁
横堀
堀内に石が転がる
箒川方面

008　大田原城
おおたわら

所在：大田原市城山二丁目龍城公園
別名：龍体城
比高：25m
マップコード：121 409 736*05

　大田原城は蛇尾川の西岸にそびえる比高25mほどの独立台地に築かれている。この台地は遠目には竜が伏せているように見えることから別名龍体城と呼ばれており、現在は龍城公園として市民の憩いの場となっている。城のすぐ北側には旧奥州街道が通っており、蛇尾川の渡しを押さえる重要な拠点であった。

　大田原城は大田原氏の居城である。大田原氏は室町時代に武蔵安保庄から那須に移り住み、那須七騎と呼ばれるほどの勢力となった一族である。

　当初は、大田原城の北側にある荒井館や水口館を居館としていたが、平地城館であり防御性に乏しいことから、天文14年（1545）頃、大田原資清によって大田原城が築かれたと考えられている。またこの頃、姓を大俵から大田原に改めている。

　永正11年（1514）、大田原資清は、大関氏らと共謀して上那須家を滅ぼした（『那須記』）。

　永禄3年（1560）頃、大田原綱清は大関・福原氏と共に佐竹氏と連携して那須氏と対立した。

　天正18年（1590）、小田原へといち早く参陣した大田原晴清は、遅参して改易となった那須家を差し置いて7100石の所領をそのまま安堵された。翌19年には奥羽遠征の羽柴秀次が大田原城を陣所としている（「羽柴秀次書状」）。

　慶長5年（1600）の関ケ原役では東軍に所属して奥羽への守備に当たって功績を挙げたため、戦後加増され、最終的には12400石の大名となり大田原藩が成立して、城下町も形成されていった。

　戊辰戦争の際に大田原藩は新政府軍についたため、幕府軍の攻撃を受け、三ノ丸が炎上するという被害を受けた。

　大田原城は近世城郭らしく主郭には高土塁が巡らされ、主郭周囲の城塁は鋭い切岸となっている。また西側山麓には枡形虎口が形成され、その脇に水堀が一部残っている。水堀はかつて枡形虎口の周囲に巡らされていたと考えられる。

国道を挟んだ北側は龍頭公園や大田原神社となっているが、その先には外郭の堀と思われる遺構（通称・江戸堀）が残されている。

（余湖浩一）

＊参考　北那須郷土史研究会『那須の戦国時代』下野新聞社1993

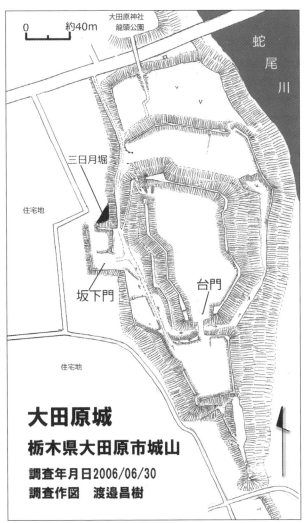

大田原神社
龍頭公園

蛇尾川

0　約40m

三日月堀

住宅地

坂下門

台門

住宅地

大田原城
栃木県大田原市城山
調査年月日2006/06/30
調査作図　渡邉昌樹

外郭線（通称：江戸堀）

蛇尾川

堀想定ライン

ペット霊園

虎口

大田原城外郭線（通称：江戸堀）
調査年月日2009/12/29
調査作図　渡邉昌樹

0　約50m

009　佐久山城
<ruby>佐久山<rt>さくやま</rt></ruby>

所在：大田原市佐久山字御殿山
別名：御殿山館
比高：20ｍ
マップコード：121 196 306*74

△216.4

　佐久山城は、大田原市立佐久山小学校の南側に位置する比高20ｍほどの台地に築かれており、現在は御殿山公園として整備されている。城の北側には箒川が流れ、東方には上那須家の居城であった福原城、北西方には後に佐久山氏を追い出すことになる福原氏の片府田城がある。

　佐久山城を築いたのは佐久山氏であったと伝えられる。佐久山氏は那須与一の次男泰隆を祖とする那須氏の一族で、この一帯を所領としていた豪族である。『那須記』巻6には「佐久山城責之事」「佐久山左衛門被討事」が掲載されている。永禄5年（1562）当時の佐久山城の城主は、佐久山泰隆から16代の義隆であった。福原資孝は、自領を増やす野望を持ち、弟の黒羽美作守を呼び、佐久山城を攻める計画を立てた。5月20日、福原資孝は佐久山義隆を澤村の境の峯という野山に誘い出し、酒宴の最中に義隆を討ち取ったという。以上の話については史料等はなく正確な経緯ははっきりしない。義隆の死後、佐久山城は福原氏の持ち城となった。

　天正18年（1590）の「関東八州諸城覚書」（毛利文書）には奈須隆祐（那須高資）に属する城として「柵山の城」が掲載されている。

　同年、大関・大田原・福原の3氏は小田原の陣に参陣したため、所領を安堵されることとなった。さらに慶長5年（1600）の関ケ原役の際も東軍に属して活躍したことにより加増され、以後は幕府の旗本として明治維新まで存続していくこととなる。

　江戸時代中期の元禄15年（1702）、交代寄合旗本の福原資倍が佐久山城の跡に佐久山陣屋を築き、御殿が設置された。いったん廃城となった中世城郭を利用した陣屋であった。

　佐久山城は2つの曲輪によって形成された城である。曲輪の数は多くないが、周囲には大規模な土塁や堀を巡らせるなど、その土木量はかなり大きなものである。現在の城跡は、基本的には戦国時代の遺構を伝えていると考えられるが、

近世に陣屋が置かれたこともあり、ある程度は改修されている可能性もある。

（余湖浩一）

＊参考　栃木県史編さん委員会『栃木県史』栃木県1976

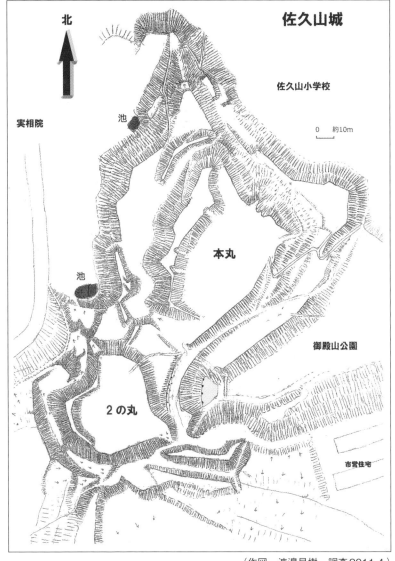

佐久山城

北

実相院

池

佐久山小学校

0　約10m

池

本丸

御殿山公園

２の丸

市営住宅

（作図　渡邉昌樹　調査2011.4.）

010 福原要害城
ふくはらようがい

所在：大田原市福原
別名：福原城、要害城、竜臥城
比高：50m
マップコード：121 173 471*11

　福原要害城は、箒川の右岸の河岸段丘上にある上那須氏の本拠・福原城の背後の標高200mの山にある。

　寿永4年（1185）屋島の戦いで扇の的を射抜いた那須与一（宗隆）の兄弟に、四郎久隆がいる。久隆は福原氏の祖と言われ、その後、弟の五郎之隆がそれを継ぐ。後に福原之隆は那須氏の家督を継ぎ、資之を名乗る。福原城はこの頃から存在していたと考えられる。時代は下り、応永21年（1414）頃、那須資氏の子である資之が福原城に、同じく子である資重が沢村城を拠点にするが、この二人の兄弟が不和となる。那須氏は資之の「上那須」氏、資重の「下那須」氏として真二つに分裂してしまう。その後、100年近くに渡り分裂状態は続き、上那須、下那須での争いが続く事になるが、上那須氏の内部分裂によるお家断絶により、永正11年（1514）頃、下那須が那須氏を統一することとなった。その間、福原城は上那須氏側の拠点となっていたが、福原城自体は河岸段丘上の平地城館であり、攻守に不利な点が多かったと思われる。そのため、背後の山も福原要害城、加えて福原西城として防御に取り入れ、城全体を強化整備していったのではなかろうか。

　城は山の頂上付近を主郭Ⅰとしている。Ⅰの周りは北側を除き、ほぼ全周に渡り堀が巡る。南側には高い土塁を配置し、南尾根続き頂部は矢倉台と思われる。Ⅱ郭はⅠに次ぐ曲輪であるが、同じく全周に土塁を回す。北の福原城方面山麓へは、Ⅱ郭から道が繋がっていたようだ。Ⅲ郭は主郭の東側を固める曲輪で、東面に大きな竪堀を落としている。Ⅳ郭は南に続く尾根を寸断する曲輪で、南面に土塁を施し、深い堀切で尾根を完全に寸断している。Ⅰ側の堀と合わせれば、いわゆる二重堀切ということになる。

　全体を俯瞰すると、この山を走る空堀は全て壮大なもので、山を南北に分けるように配置されている。福原城側の北面には堀が全くないことからも、福原要害城は完全に南方面からの敵を意識していることになる。福原城は箒川の河

岸段丘を利用すれば北から攻めてくる敵の脅威はある程度防げるが、南面に対しては福原要害、福原西城を使って、警戒していたのであろう。築城者の意図がはっきり汲み取れる縄張りや立地であり、非常に興味深い。　　　（渡邉昌樹）

＊参考北那須郷土史研究会『那須の戦国時代』下野新聞社1993

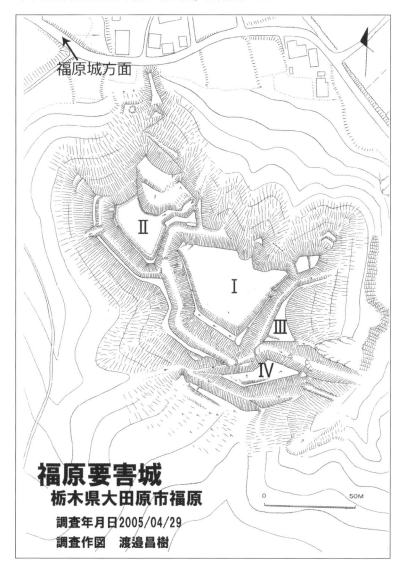

福原城方面

福原要害城
栃木県大田原市福原
調査年月日2005/04/29
調査作図　渡邉昌樹

0　　　　　　　50M

私の縄張り図は絵です（ケバと等高線）

　私が城の縄張り図描きを始めたのは、中学生の時。誰に教わることもなく、既刊本の縄張り図を参考に自力で描いた覚えがある。最初は方位磁針も持たず、すべて自分の方向感覚と歩測で描いた。しかし、しばらく経って、山城だと尾根の下る角度が掴めず、尾根同士がくっついたり、とんでもない方向に描いてしまうことに気づいた。「これはまずい！」と縄張り図を描く時は方位磁石と地形図を必ず持つようになった。これでかなり図の精度が上がったと思われる。

　清書のときは、地形図を拡大し、これになんとか現地縄張り図を合わせようと必死になった。1/25000の地図を拡大するにも、当時は拡大縮小コピーもない時代。親にマジックハンド形をした木製拡大機を買ってもらい、それで地形図を拡大した。ところが毎回拡大図と現地で描いた縄張り図が合わない。そのため縮尺をある程度無視し、地形図と縄張り図を合わせるようになっていた。

　しかし、しばらくして気がついた。果たして、これで良いのだろうか？

　せっかく切岸縁辺部を歩測しているのに、これではなんの役にも立ってないのでは……。

　私の図が地形図に合わないのは、その表現方法が原因だった。私の図は切岸の高さ（斜面の高さ）をケバの長さで表している。高い切岸はケバを長く、低い切岸はケバをなるべく細かく描く。こうしないと、平面図の縄張り図は切岸（石垣も含む）の高さの迫力や、どちらが守備方向なのかが伝わらない。しかし、これがアダとなり、堀の幅や、切岸の面直幅が実寸よりかなり長くなってしまう。それをそのまま地形図と合わせようとすると、せっかく歩測で測った他の計測部分も、大きく崩れてしまう事もわかった。

　これが地形図と私の縄張り図が合わない原因だと気づいた時、「俺は歩測程度の精度で、実測の地形図と縄張り図を合わせる事に、なぜ必死になっているのか？　だいたい標高なんかまともに測量してないぞ、そうだ、地形図なんかにこだわらず、もっと自分で描いてきた縄張り図そのものを大切にしよう」……と考えたのである。

　私が思うに、縄張り図を見る人は、緻密な測量図のような正確なものをあまり期待していない。縄張り図から得たい情報は、遺構の機能面、全体の構造、描き手の遺構解釈なのではないか、と思うのである。よってそれ以来、私は自身の縄張り図を地形図に合わせる事をやめた。現在、私の図に描いてある等高線は、地形図を拡大したものではなく、地形のイメージとして描き込んでいるものだ。ただし歩測測量した曲輪の大きさや長さは大切なので、現地で描いた縄張り図をそのままのスケールで清書するようにした。所詮ケバ表現と等高線表現には大きなギャップが生まれる。無理やり地形図に合わせず、現地で感じた塁線をケバで表現したほうが得策と考えた。そういう意味で、私の縄張り図は簡易測量図ではなく、「絵」に近いと思う。図のスケールに「約」を入れているのはそのためであり、「絵」としてしつこく著作権を主張するのも、そのためである。（渡邉昌樹）

栃木の城郭を知るための8のコラム

011　福原西城

ふくはらにし

所在：大田原市福原
別名：千手院裏山城
比高：40m
マップコード：121 173 520*82

　福原西城は、筆者ホームページの読者が現地を訪れ「城のようである」と確認し、最終的に遺構確認を筆者が行って城と結論づけたものである。したがって城の歴史を物語る情報は、私見では持ち合わせがない。しかし、すぐ東隣の山が「010福原要害城」であり、福原城を補佐するものだと考える事は容易である。

　遺構は良好に残る。東西に伸びる同一丘陵上に、独立した二つの曲輪（Ⅰ郭、Ⅱ郭）を確認できる。二つの曲輪は道でつながっているものの、独立しており、二つの"城"があると言ったほうが良いかもしれない。土塁の構築方向から、西と南方向からの敵の侵入を警戒していることが分かる。　　　　　（渡邉昌樹）

＊参考　WEBサイト　埼玉/栃木県の中世城郭　http://saichu.sakura.ne.jp/tochigitop.html

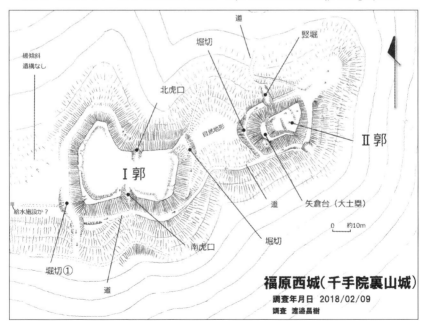

福原西城（千手院裏山城）
調査年月日　2018/02/09
調査　渡邉昌樹

012　田中要害
たなかようがい

所在：大田原市両郷
比高：30m
マップコード：779 035 676*68

　田中要害は県道27号（那須黒羽茂木線）の南東にそびえる比高30mほどの山稜に築かれている。黒羽と伊王野を結ぶ街道を押さえる要衝の地である。

　田中要害の城主は伊王野氏の家臣の田中氏であったと伝えられている。伊王野氏が大関氏の支配領域である黒羽方向からの入口を監視するために設置した要害だったと考えられる。

　田中要害は単郭のシンプルな城郭である。周囲を切岸で削り落として腰曲輪（一部は横堀）を造成して郭の防御構造と成している。郭内部の削平は甘く、臨時的築城の状況を感じさせる城である。　　　　　　　　　　（余湖浩一）

＊参考　北那須郷土史研究会『那須の戦国時代』下野新聞社1993

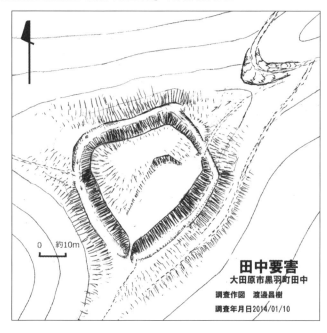

0　　約10m

田中要害
大田原市黒羽町田中
調査作図　渡邉昌樹
調査年月日2014/01/10

013　青木要害
あおき　ようがい

所在：大田原市中野内字青木
比高：50m
マップコード：529 887 188*14

　青木要害は龍念寺の背後にそびえる比高50mほどの山稜に築かれている。東下を通っている街道は南下すれば黒羽城方面に通じ、北上すれば伊王野から奥州へと続く街道に通じている。

　青木要害は、青木民部によって築かれた城であると伝えられているが、青木氏のことはよく分かっていない。むしろ以下で述べるように陣城として築城された城であったと考えるのが自然である。

　永禄年間と思われる小野崎越前守宛て佐竹義昭書状には「佐竹義昭は武茂まで出陣、左良土・浄法寺の懇望もあって、さらに白幡城まで軍勢を進めた。そこで小滝城を攻めた所、敵が城を捨てて退却し、そこで佐竹の軍勢は追撃戦を行い、百余人を討ち取った。このことによって、青木要害の兵は夜中のうちに城を捨てて逃げ、桜田要害も降伏を申し入れてきた（註：ここに出てくる城はすべて大田原市内の城）」といった情勢が記されている。「青木之地も夜中ニ自落」とあることから、佐竹に抵抗するための兵が青木要害に籠っていたものの、かなわないと知って城を放棄して逃げていったということが分かる。

　青木要害は山上から山麓にかけて長大な横堀と竪堀を構築することによって城域を区画した城である。堀の規模はかなり大きなものである。特に街道のある東側の山麓へと続く竪堀が鋭く構築されており、山麓から登ってくる敵をここで迎え撃とうとする構えであったことが理解できる。一方、堀の規模の大きさに比して、削平された郭はほとんどない状態であり、居住性には乏しい。防御のみを意識した形態の城であり、豪族の居城としてははなはだ不完全な様相を示している。これは臨時築城された城の形態と見るべきものといってよい。

　佐竹の侵攻に備えて那須勢が臨時に築き兵を入れてはいたものの、結局は放棄されてしまった城であったと考える。　　　　　　　　　　　　（余湖浩一）

＊参考　北那須郷土史研究会『那須の戦国時代』下野新聞社1993

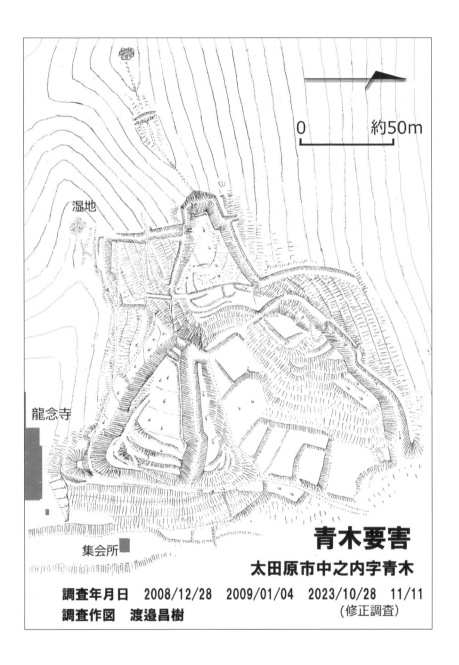

湿地

龍念寺

集会所

青木要害
太田原市中之内字青木

調査年月日　2008/12/28　2009/01/04　2023/10/28　11/11
　　　　　　　　　　　　　　　　　　　　　　（修正調査）
調査作図　渡邉昌樹

0　　　　　　約50m

014 金丸要害

<ruby>金丸要害<rt>かねまるようがい</rt></ruby>

所在：大田原市片田
別名：金丸氏要害、館山
比高：60m
マップコード：222 812 099*30

　金丸要害は、那珂川の東岸にそびえる比高60mほどの山稜上に築かれている。すぐ下には県道小川黒羽線が通り、谷戸部を挟んで北側には亀山城がある。

　金丸要害は、金丸氏の居城であった。金丸氏は正平年間（1346〜1370）に、那須資藤の次男資国が金丸（大田原市）に分地されて金丸氏を名乗ったのに始まる。当初は大田原の根小屋館を居館としていたが、その後片田に移ってきて要害城を築いたと考えられる。ただし、城が現在の規模になったのは戦国も末期になってからのことであろう。

　年不詳だが菊月（9月）16日、金丸資満は、上三河殿に対して、自分の家臣を平出で殺害した下手人の引き渡しを求めている（「金丸資満書状」柏倉文書）。

　小田原の役の際、大関氏は金丸氏を家臣として秀吉に届けたために、その後の金丸氏は大関氏の配下という位置づけになる。近世金丸氏は500石で大関氏に仕えていたが、寛文8年（1668）、検地に際してトラブルがあり、大関氏によって追放されてしまった。

　Ⅰ郭の周囲には横堀が取り巻いている。深さ6mほどであるが、幅は最大では15mほどもあり、かなり規模が大きい。この城がかなり大きな勢力によって築かれたことが分かる。Ⅰ郭の西側には枡形虎口が形成されている。

　曲輪は南北に配列されており、各曲輪巻は堀切によって区画され、連郭式の構造を成している。

　Ⅰ郭の北西にはⅡ郭がある。Ⅱ郭との間は堀切によって分断されているが、この堀切は城内最大の規模で深さが10mほどもある見事なものである。

　堀Aの北側辺りに湧水点があるらしく、この堀の北側の方は底に水が流れている。城内の水源をまかなっていたものと思われる。

　Ⅲ郭の東側にも横堀が形成されているが、一部は二重構造になっている。林道によって破壊される以前は二重横堀が形成されていた可能性がある。

　Ⅴ郭の南側の堀切が城域を区画するもので、竪堀が付設している。

このように金丸要害は、かなり技巧的な戦国時代の城である。拠点的な城郭を目指して築かれたものといってよいだろう。　　　　　　　　（余湖浩一）

＊参考　北那須郷土史研究会『那須の戦国時代』下野新聞社1993

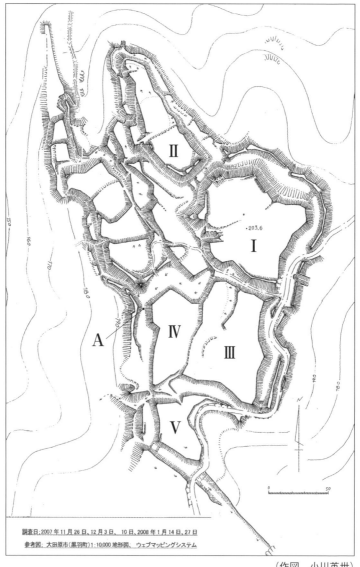

調査日:2007年11月26日、12月3日、10日、2008年1月14日、27日
参考図; 大田原市(黒羽町)1:10,000 地形図、ウェブマッピングシステム

（作図　小川英世）

015　岩谷要害
いわやようがい

所在：大田原市堀之内字館跡
比高：40m
マップコード：529 735 739*07

　岩谷要害は、岩谷観音の南西側の比高40mほどの山稜に築かれている。東側の山麓には県道那須黒羽茂木線が通っており、この街道を監視できる位置にある。この街道を600mほど南下した所には大関氏の本拠地であった黒羽城がある。

　岩谷要害は角田氏に関連した城館であると言われているが、伝承上のことであり、はっきりとしない。すぐ南にあった八幡館が角田氏の館と言われているので、隣接する岩谷要害も角田氏に関連付けられているのだと思われる。

　岩谷要害は、最高所に50m四方ほどの主郭を置き、南側に曲輪②、③、④といった郭を連郭式に配置した城郭である。山稜続きとなる北西側には主郭から曲輪④まで一直線に長大な横堀が掘られている。主郭と曲輪②については街道寄りに当たる南東側にも横堀を構築して守りを固めている。こちら側には2本の竪堀も掘られている。曲輪面積はかなり広く、多数の軍勢を収容することもできる面積を有している。

　城の規模が大きく、堀がしっかり掘られていることに比して、折れなどの技巧的な要素は見られない。虎口にも特に工夫は見られない。とりあえず造ってみたといった印象である。

　また、城内の削平も不十分である。これでは建造物を建てるのには不向きで、曲輪内部を削平する時間がなかったものと思われる。

　こうした要素から考えてみると、岩谷要害は地元豪族による恒久的な城館ではなく、急造された陣城といった性格のものだったのではないかと思われる。それでは、この城が造られる契機となった軍事的緊張感とは何だったのであろうか。013青木要害の所でも述べているが、永禄年間にこの地域では佐竹氏との交戦が行われており、小滝城、青木要害、桜田要害などが落城している（「佐竹義昭書状」）。また、永禄11年（1567）に「上庄属佐竹之処」とする史料もある（「那須資胤感状」）。佐竹氏のもたらした軍事的緊張感の中で、大関氏が、佐竹

氏に対抗するための軍勢の駐屯基地として、急遽築き上げた要害だったのではないだろうか。

　ただし、南側に段々に曲輪を配置していることからすると、逆に黒羽城に対する付城だったという可能性も検討してみたくなるところである。その辺りは検証するための史料がなく、現在では想像の域を出ない。　　　　　　（余湖浩一）

＊参考　北那須郷土史研究会『那須の戦国時代』下野新聞社1993

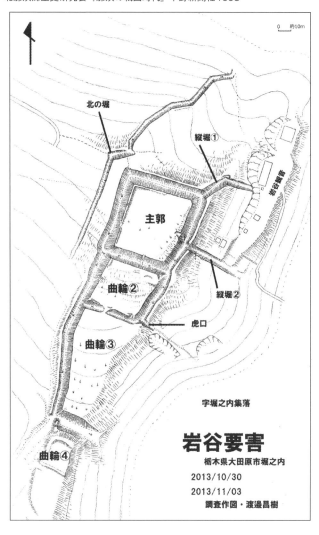

016 黒羽城

<ruby>黒羽城<rt>くろばね</rt></ruby>

所在：大田原市黒羽田町

別名：黒埴城、九鶴城

比高：50m

マップコード：529 705 870*77

　黒羽城は、那珂川に臨む比高50mほどの河岸段丘上に築かれている。那珂川の西岸には奥州と下野を結ぶ街道が通り、東側には前田川が流れているという交通の要衝にある。

　黒羽城の城主の大関氏は常陸小栗氏の出身である。南北朝時代に下野に赴いて那須氏の家臣となった。戦国時代の大関宗増は、那須家の内紛に乗じて独立を図ったが、那須七党の大田原資清に敗れ、資清の子の高増を養子に迎えることとなる。その後は大田原氏と合わせて、主家をしのぐ勢力に成長していく。当初は黒羽城の西方2kmにある白幡城を居城としていたが、天正4年（1576）に、交通の要衝を抑え城域も広く取れる那珂川東岸の地に黒羽城を築いて移転してきた。

　天正18年（1590）、小田原の陣の際に、主家を差し置いて小田原に参陣した高増は、独立した大名として秀吉に所領を安堵された。

　慶長5年（1600）の関ケ原合戦の際は東軍に所属して戦ったため、戦後は加増されて19200石の大名となった。この合戦の際に黒羽城の改修が行われたという。以後は幕末まで黒羽藩として存続していくことになる。

　黒羽城はもとは中世城郭であったが、最終的には近世大名の居城として現在の規模に改修されるに至っており、那須の城郭の中でもひときわ規模が大きく、城域は南北に1kmにも及んでいる。連郭式に郭を配置した構造で、中央に本丸（中丸）を置き、南北に北丸、南丸を配置している。本丸には北と東側に枡形虎口を設置し、また南丸との間には馬出が配置されている。その他にも多数の郭を併設しており家臣団の集住を意識した構えとなっている。

　現在、城址は黒羽城址公園として整備され、南丸には芭蕉の館が設置されており、休日には観光客でにぎわっている。

（余湖浩一）

＊参考　北那須郷土史研究会『那須の戦国時代』下野新聞社1993

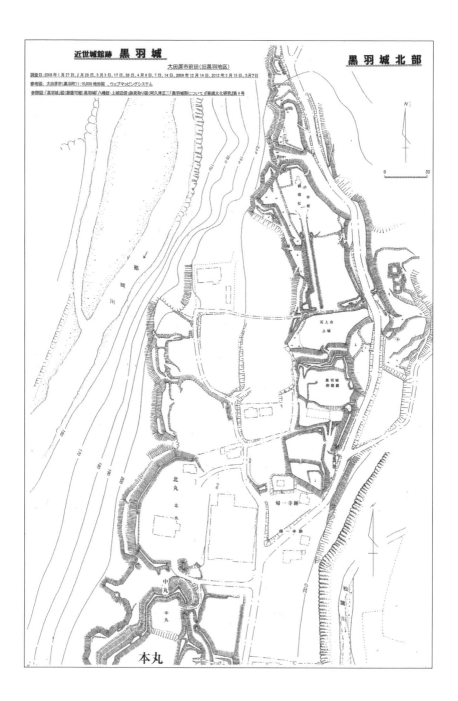

近世城館跡 黒羽城

大田原市前田(旧黒羽地区)

調査日:2008年1月27日、2月20日、3月3日、17日、20日、4月8日、7日、14日、2009年12月14日、2012年2月15日、3月7日

参考図:大田原市(黒羽町)1:10,000地形図　ウェブマッピングシステム

参照図:「黒羽城」図(創美可能)黒羽城、八幡館・上城近傍、静見取り図(岡久津正)「黒羽城跡について」『那須文化研究』第4号

黒羽城北部

本丸

中丸

北丸

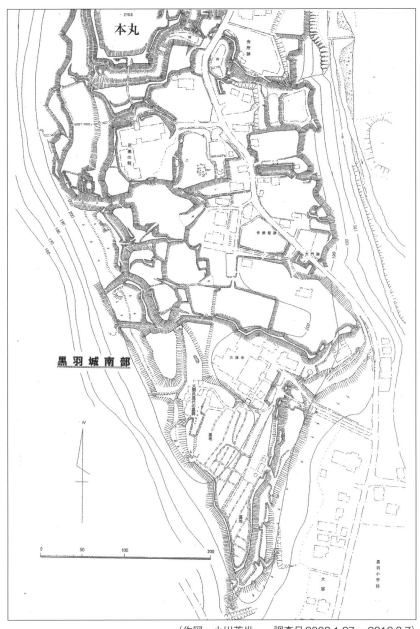

本丸

黒羽城南部

（作図　小川英世　　調査日2008.1.27～2012.3.7）

017　高館城・佐久山館

所在：大田原市川田字五斗蒔田、高館
比高：110m
マップコード：529 856 603*07

　高館城は那珂川の東側にそびえる比高110mほどの高館山に築かれていた。県道稲沢黒羽線の高館トンネルのすぐ真上の位置に当たっている。川に臨む西側は断崖地形となっており敵を寄せ付けない。現在は高館公園として整備されていて駐車場も設置されているので、訪れやすい城館となっている。

　高館城の南側の尾根筋には、隣接して**佐久山館**の跡がある。こちらも比高110mの山稜を利用して築かれた山城である。

　伝承によれば、高館城は那須与一宗隆の父の資隆の居城であったと言われてきたが、これは現在では否定されている。

　近年では、那須与一の異母弟六郎資成がこの城の北側山麓の川田に分地されて居住していることから、この資成によって築かれた城だったのではないかと言われている。

　一方、佐久山館は大輪氏の居城であったと伝えられているが、それはどうであろうか。高館城と佐久山館は、尾根の鞍部を隔てただけで隣接している城郭であり、佐久山館は高館城の一部であったと考える方が自然である。

　高館城は、山稜上の地形を削平して数段の郭を造成した山城で、主郭を中心に切岸造成によって生じた腰曲輪を巡らせた構造となっている。特に技巧的な面は見られず、比較的古いタイプの山城であったと考えられる。

　それに対して、佐久山館は南東方向に規模の大きな横堀を配置し、大手筋と思われる主郭の北側方向に馬出状の郭を配置するなど、やや技巧的である。佐久山館の方が設計に新しさを感じる。

　軍事的緊張感の高まった時期に、高館城の南側方面の防衛のために新たに城域を拡張して築かれたのが佐久山館だったのではないだろうか。あるいはその際に大輪氏が佐久山館の守備を任されたのかもしれない。

（余湖浩一）

＊参考　北那須郷土史研究会『那須の戦国時代』下野新聞社1993

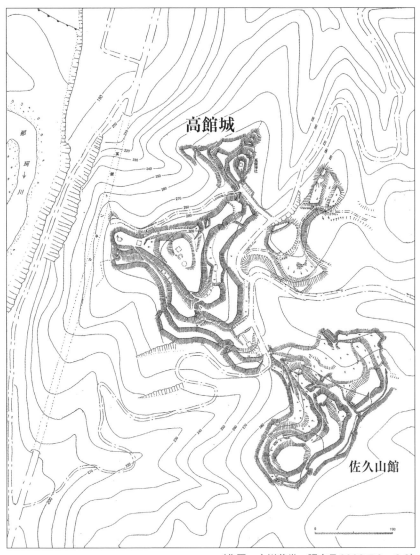

高館城

佐久山館

（作図　小川英世　調査日2008.7.6〜9.8）

018 亀山城
かめやま

所在：大田原市片田字館
別名：山田城、亀城
比高：50m
マップコード：222 812 425*33

　亀山城は、県道343号線と298号線とが交差する地点の南東側にそびえている比高50mほどの山稜に築かれている。2つの街道を監視できる要衝の地である。谷戸部を挟んですぐ南側には金丸氏要害がある。

　那須与一資隆の八男義隆は堅田（現片田）に分地されて堅田氏を名乗った。堅田氏が居城として築いたのが亀山城だったと言われている。後に堅田氏は片平城を築いて移って行くので、その存続期間はそれほど長いものではなかった。

　城山では採石が行われており、城の南側部分の一部は削り取られてしまっている。それでも主要部はよく残されており、長軸50mほどの多角形状の単郭の城郭が確認できる。大手虎口は北側に開口しており、その東側には横矢の大きな張り出し構造が見られる。その下には横堀が掘られ、その内部にも虎口が形成されている。

　亀山城はその形状からして、那須義隆の時代のものとは思われず、戦国期に砦として築城、あるいは改修されているものと想定される。南側の金丸氏要害との関係性も検討すべき城である。

（余湖浩一）

*参考　北那須郷土史研究会
『那須の戦国時代』下野新聞社
1993

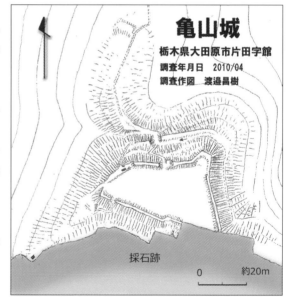

亀山城
栃木県大田原市片田字館
調査年月日　2010/04
調査作図　渡邉昌樹

採石跡

0　　　　約20m

019　白幡城
しらはた

所在：大田原市余瀬字白幡
別名：本城山
比高：20m
マップコード：121 446 325*14

　白幡城は湯坂川の北東側にそびえている比高20mほどの台地に築かれている。比高20mとはいえ、平野部に突出した地形にあるので、見晴らしの良いロケーションである。城内には、愛宕神社、加茂神社、薬師堂などが建てられている。

　伝承によれば、白幡の名称は、永承6年（1051）の前九年の役の際、源頼義がこの丘で兵員や兵糧を集め白幡を挙げて気勢を上げたことに由来するという。本陣として使用されていたのであろう。また、城内には義経塚と呼ばれている塚が存在しているが、実際に義経と関係があるものなのかどうかは不明である。

　白幡城は大関氏の初期の居城だったと伝えられている。大関氏は11代増雄の時に八幡館に移り、12代宗増は大関城に移ったが、13代増次はふたたび白幡城を居城としたという。永禄年間には佐竹義昭がここを本陣として使用している（「佐竹義昭書状」）。天正4年（1576）に14代高増が黒羽城に居城を移すと、本拠地としての重要性は失われた。

　白幡城は台地上に直線的に郭を配置した連郭式の城郭で、その特徴は、台地を切断する大規模な堀切にある。堀切は大きなものでは、深さ10m、幅15mほどもあり、現在も鋭い切岸面が維持されている。

　一見単純な構造のように見えるが、城塁に相横矢を利かせたところに櫓台を配置するなど、技巧的な面も見られる。

　愛宕神社のある郭が最も守りが固く、主郭であったと考えられる。（余湖浩一）

　＊参考　北那須郷土史研究会『那須の戦国時代』下野新聞社1993

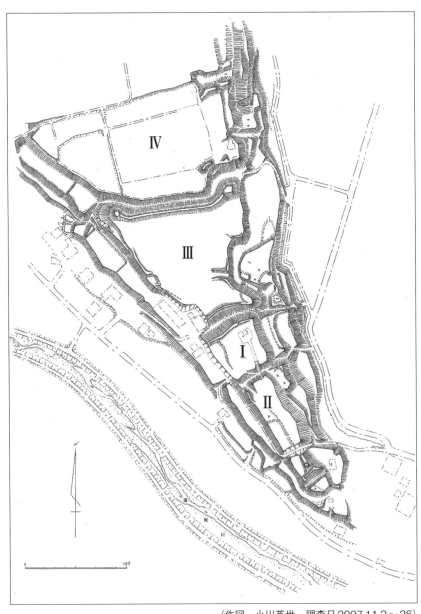

IV

III

I

II

N

0   100

（作図　小川英世　調査日2007.11.2～26）

020 尻高田要害 しったかだ

所在：大田原市北野上字中山
比高：90m
マップコード：529 680 686*16

　尻高田要害は、大山田地区と黒羽城戸を繋ぐ街道の南西側にそびえる比高90mの山稜に築かれている。「りゅうげい山」と呼ばれる山稜であるが、これは要害がなまったものである。

　尻高田要害は、天正年間に、伊王野氏が佐竹氏の侵攻に備えて築いた城であると伝えられている。

　郭の周囲には横堀を巡らせ、要所を掘り切るなど、防御構造はしっかりとしているが、郭内部の削平が甘く、いかにも急造された城といったイメージである。佐竹氏に対して急遽取り立てたという伝承と矛盾しない遺構が見られる。

（余湖浩一）

＊参考　北那須郷土史研
　究会『那須の戦国時代』
　下野新聞社1993

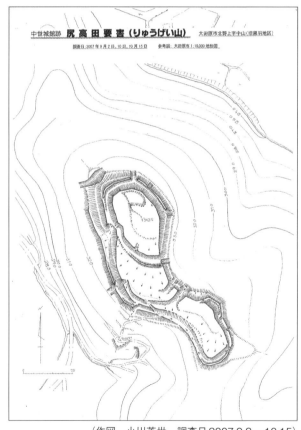

中世城館跡　**尻 高 田 要 害（りゅうげい山）**　大田原市北野上字中山（旧黒羽地区）

調査日：2007年9月2日、10月、10月15日　　参考図：大田原市 1:10,000 地形図

（作図　小川英世　調査日2007.9.2〜10.15）

021 佐良土館

所在：大田原市佐良土字城之内

別名：宮内少輔館

比高：5m

マップコード：222 720 246*66

　佐良土館は、那珂川と箒川とが合流する地点の北西側の集落内部に築かれていた。渡河点を抑える位置に置かれた平地の居館である。西側には国道294号線が通っており、交通の要衝であった。

　佐良土館は那須氏の家臣の佐良土氏の居館であったが、永禄年間には浄法寺氏と共に佐竹義昭に内応している（「佐竹義昭書状」）。『佐竹家臣系譜』には佐良土氏の名が見えており、那須氏改易の後に佐竹氏に仕えていたことが分かる。

　天正18年(1590)、小田原の陣に遅参した那須資晴は、改易となった後、この佐良土館に閑居していたと伝わっている。

（余湖浩一）

＊参考　北那須郷土史研究会『那須の戦国時代』下野新聞社1993

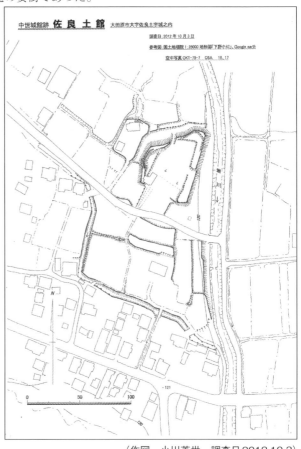

中世城館跡 **佐 良 土 館**　大田原市大字佐良土字城之内

調査日 2012年10月3日

参考図 国土地理院 1：20000 地形図「下野小川」、Google earth

空中写真 CKT-75-7　C6A　16、17

（作図　小川英世　調査日2012.10.3）

54

022 大塚要害

おおつかようがい

所在：大田原市中野内
比高：10m
マップコード：779 002 081*84

　大塚要害は、松葉川と余笹川に挟まれる丘陵上、青木要害の北800mにある。
　大塚要害の歴史ははっきりしないようだが、一般的には大関氏の家臣矢野氏の城と伝えられる。矢野氏は小山氏の一族で、天正年間（1573〜92年）の末頃に大関氏を頼って当地に移り、この城を築いたというが定かではないようだ。しかし、位置的には黒羽と伊王野、梁瀬要害を結ぶ街道沿いにあるため、街道監視の城として築かれた可能性を指摘しておこう。
　大塚要害は、おおよそ半分以上が破壊されている。主郭はⅠである。西面に平入の土塁の切れ目があるが、往時からの虎口跡であろうか。西にⅡ郭がある。同じく土塁の切れ目が2箇所あるが、北側の方が往時からの物と考える。Ⅱ郭の堀は、南側で東西に方向を直角に変えるが、その先は破壊されており、続きはわからない。Ⅲ郭も南北に走る堀が確認できるが、南側は破壊されており同じく繋がりがわからない。Ⅱ郭の堀とつながっていたのだろうか。

（渡邉昌樹）

大塚要害
栃木県大田原市
調査年月日 2017/04/02
調査作図　渡邉昌樹

023 川崎城
024 堀江山城

所在：矢板市川崎反町
別名：塩谷城、蝸牛城（川崎城の別名）
比高：60m
マップコード：121 125 345*31（川崎城）
　　　　　　　121 096 459*64（堀江山城）

　川崎城は、矢板市の029御前原城の2.2km西方、宮川によって形成された河岸台丘上にある。残念なことに現在は東北自動車道が南北に貫き、一部遺構が破壊されている。

　川崎城は塩谷氏の城である。塩谷氏は一般的に塩谷朝業が祖とされ、現在も市で「ともなり祭り」が開催される。朝業は歌人としても知られ、『吾妻鏡』に登場し、御家人としてはかなりの地位を築いていたと考えられている。しかし、長禄2年（1458）塩谷教綱の代に、本家宇都宮氏の家督をめぐって教綱は謀殺されてしまう。ここで一旦塩谷氏は滅びることとなる。

　その後、宇都宮正綱の末子である伯耆守孝綱が塩谷氏を再興するが、主家である宇都宮氏と時にはぶつかりあったようである。しかし、基本はほぼ宇都宮氏の配下にあったようだ。

　さて、当時から主家・宇都宮氏と那須氏は対立関係にあり、川崎―喜連川のラインは那須氏との接点であったことから、位置的に川崎城はその最前線の役を任じられていたと考えられる。

　塩谷孝綱の後を継いだのは、由綱（義孝）である。その弟の孝信（後の惟久）は喜連川城主となる。ここで二人の兄弟間の争いから、塩谷氏は宇都宮方の塩谷氏と那須氏方の喜連川塩谷氏と別れることになる。その後宇都宮方の塩谷氏の後を継いだのが義綱である。この代になると那須氏と塩谷氏の関係が完全に破綻し、義綱と那須氏は天正13年（1585）薄葉が原で大合戦を行うことになる。戦いの勝敗ははっきりしないが、この時の合戦場に近い川崎城は、やはり最前線として利用されたと考える。

　宇都宮方塩谷氏は、その後も戦乱の状況により上杉氏や佐竹氏と関係を結び、戦国時代を生き抜いてゆく。

　後北条氏の関東進出に対しては、塩谷氏は天正18年（1590）小田原の役で秀吉方についたと考えられる。しかし戦記物では、秀吉に背き、塩谷を追われ川

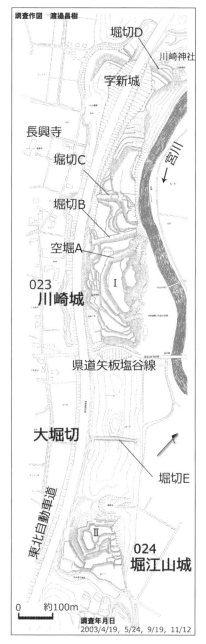

調査作図　渡邊晶樹

堀切D

川崎神社

字新城

長興寺

堀切C

宮川

堀切B

空堀A

023
川崎城

I

県道矢板塩谷線

大堀切

堀切E

東北自動車道

II

024
堀江山城

0　　約100m

調査年月日
2003/4/19, 5/24, 9/19, 11/12

崎城は廃城となったとされている。この前後の塩谷氏の行動は明白ではないが、小田原の役を契機に川崎城は機能しなくなったようだ。豊臣方についたとすると、なぜ川崎が廃城となってしまったかは謎である。

　川崎城は宮川に沿う台地上に築かれている。南は県道矢板塩谷線と同軸上に深い沢があり、これを南限としている。

　北限は字新城と呼ばれる地点までと考えられる。字新城には北限を示す堀切Dが川崎神社の背後に確認できる。主郭から字新城までの台地は、堀切B，Cで分割される。堀切Cから堀切Dの字新城の間は、東北自動車道が貫通しており旧状がわからなくなっている。

　主郭はIである。北、西、南を襟巻き状に空堀Aを回している。東面に普請がないのは、宮川の急崖によるものである。主郭を含め、台地脇に階段状の曲輪を並べる縄張りが、川崎城の特徴と言える。

　また、I郭の南の台地続きは大きな堀切Eが台地を寸断するかのように現れる。堀江山城の結界とも考えられるが、本稿では川崎城の一部として「大堀切」と称した。

　川崎城の南東約800mに、**堀江山城**がある。位置的に見て川崎城の一部と考えて良いと思われる。先述の川崎城の祖、塩谷朝業は宇都宮業綱の次男であり、もともとの源姓塩谷氏は「堀江氏」とも称

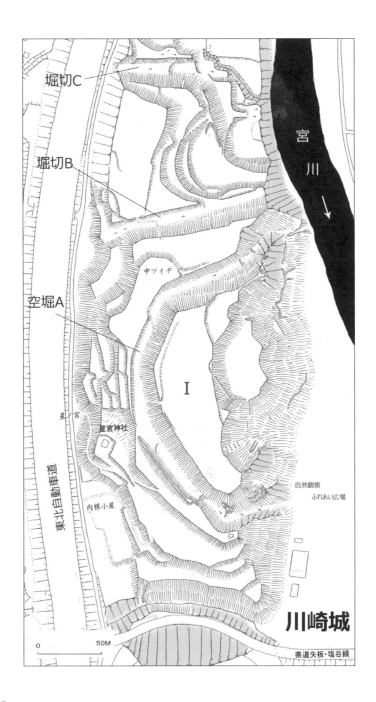

堀切C

堀切B

空堀A

宮川

中ツイチ

星ノ宮

星宮神社

I

自然観察
ふれあい広場

東北自動車道

内根小屋

川崎城

0   50M

県道矢板・塩谷線

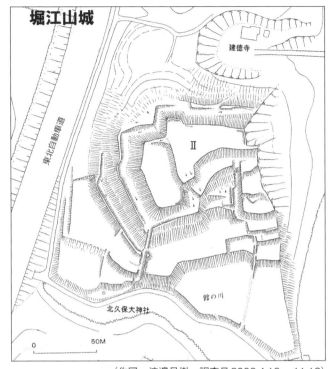

堀江山城

建徳寺

東北自動車道

II

北久保大神社

館の川

0　　　　　50M

（作図　渡邉昌樹　調査日2003.4.19〜11.12）

した。その堀江氏の居城が029御前原城、堀江山城とされている。しかし現地調査の結果から見ると、堀江山城は縄張りの発想が新しいものが多く、川崎城よりも築城の時代が下ると考えられる。

　主郭はIIである。北、西、南に横堀を通しているが、西面だけ二重にしている。これは斜面が緩い西に対する備えと考える。主郭周りの堀は、横矢の効果を狙いながら、いくつかの折りを配し、山を半周している。縄張りから見ると、このような点が堀江山城に新しさを感じるところである。川崎城には、このような明確な規格化された横矢がなく、築城は堀江氏かもしれないが、戦乱の激しくなった時代に、川崎城の一部として改修された可能性がある。　　　　　　　　　　（渡邉昌樹）

＊参考　矢板市教育委員会『ふるさと矢板市のあゆみ』矢板市1989、児玉幸多・坪井清足監修『日本城郭大系4茨城・栃木・群馬』新人物往来社1979

025 沢村城

<ruby>沢村<rt>さわむら</rt></ruby>

所在：矢板市堀ノ目
比高：40m
マップコード：121 221 888*55

　沢村城は、箒川から見ると断崖絶壁上にある。その容姿は極めて難攻不落である。

　沢村城の歴史は古く、中世那須氏と深い関わりを持っている。那須与一宗隆の兄弟・七郎満隆が沢村氏を名乗ることから、この頃に沢村城の基礎はあったのだろう。その後、那須資氏の死後、資之・資重兄弟が不和となり、応永21年(1414)頃、那須氏は上那須氏(資之)と下那須氏(資重)に分裂する。下那須氏の資重は当時沢村城に在って、同年、資之の攻撃で敗退し、箒川を下り烏山に流れて烏山城を築くことになる。後に那須氏・喜連川塩谷氏連合と川崎城の塩谷氏・宇都宮氏連合が対立するようになり、沢村城での攻防が繰り広げられる。天正13年(1585)には、那須資晴・喜連川塩谷孝信と塩谷義綱・宇都宮国綱・佐竹・結城氏連合がこの沢村城の前面の「薄葉ケ原」にて大きな合戦を展開する。確証はないが、位置的にみてこの沢村城が合戦時に何らかの関わりがあったことは容易に想像できる。

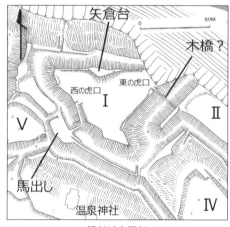

沢村城主要部

　沢村城の構造は非常に巧みである。主郭はⅠで箒川沿いの北面に大きな矢倉台が設置されている。風除けもかねた土塁であろうが、巨大である。

　主郭の虎口は2箇所ある。東の虎口は土塁の切れ目と思われるが、その対岸は堀を隔てた細く飛び出した土塁の根元あたりである。この根元に向けて木橋が架かっていた可能性がある。

主郭西虎口は、小さな枡形門とな

っている。ここから城外に向かうと、主郭から張り出した大きな横矢に睨まれながら坂虎口を下り、土橋を渡れば馬出しとなっている。非常に手の込んだ構造である。

　城の縄張全体を俯瞰してみよう。この城は箒川を望む東西に長い丘陵を、7本の堀で断ち切っている。図中、Ⅳの4角いエリアは3方を堀に囲まれた厳重な造りとなっており、有力者の居住空間であったと予想される。沢観音寺前の参道途中横には土塁の残欠があり、丘陵下の平野部を東西に走る横堀があったことを窺わせる。

　また、さらにその先の現在の県道沿いにも堀があった可能性もある。

（渡邉昌樹）

＊参考　矢板市教育委員会
　　　『ふるさと矢板のあゆみ』
　　　矢板市1989

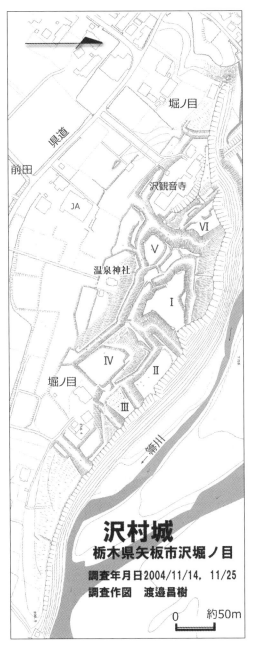

沢村城
栃木県矢板市沢堀ノ目
調査年月日2004/11/14，11/25
調査作図　渡邉昌樹

0　　約50m

026 山田城

所在：矢板市山田
別名：根小屋城
比高：50ｍ
マップコード：121 306 568*06

　東に箒川、西に内川に挟まれた丘陵地帯の中ほどに**山田城**はある。箒川まで
は500ｍ、標高271ｍの丘陵上に位置する。西の泉城とは900ｍしか離れていない。
山の周囲には、字「内根小屋」「屋敷添」「向根古屋」と、城館関連地名が散ら
ばっている。

　江戸期ではあるが、元和8年（1695）に会津街道の代替えとして会津中街道が
生まれた。この街道は山田城の山懐を通る事になる。このような事実から、山
田城の山麓は古くからも街道筋であった可能性が高く、中世においても街道監
視の役目を果たしていたと考えられる。また山田城の東、箒川沿いには「渡戸」
という字名があり、箒川の渡河点だった可能性と城との関連をうかがわせる。

　この城は、宇都宮氏家臣である塩谷氏が築いた城であり、川崎城の支城と考
えられている。戦国時代には塩谷氏家臣、山田筑後守業辰の居城であったという。

　天正13年（1585）、本城の東の箒川一帯の「薄葉ヶ原」で、川崎城を奪おう
とする那須氏と、宇都宮・塩谷氏連合軍との大規模な戦いが行われた。戦いの
結果は那須氏の勝利と伝わる、この時に山田城も落城したという。

　主郭はⅠである。南、北、西の3方向に対して土塁を設け、東側には、綺麗
な枡形虎口がある。また、主郭の土塁線を大きく鍵型に曲げて巨大な横矢を形
成させている。

　この城の縄張りの最大の特徴は、主郭Ⅰを中心とした大規模な空堀である。
空堀は"逆コの字"でⅠ－Ⅱ－Ⅲの斜面を回る。通常であれば、逆コの字の開
放方向が城下（根古屋）になるのだが、山田城の場合は、ここがかなりの湿地
帯となっており、居住エリアとなると首をかしげてしまう。その代わり、逆コ
の字の堀外側にあたる南斜面＝字名『内根小屋』には、広く大きい曲輪が存在
することから、こちら方面が城下方向だったのではと想像できる。

　さて、本城のような典型的な枡形門の使い方や、横矢、大規模な堀回しは、
実は那須氏が得意とするところであり、特徴がかなり似ている。山田城は歴史

上、薄葉ヶ原合戦時も宇都宮氏方の城として扱われていると述べたが、築城技術から見ると那須氏側の城であった可能性も否めないと筆者は考えている。詳しくは紙面の都合上割愛するが、参考情報として付記しておく。（渡邉昌樹）

＊参考　北那須郷土史研究会『那須の戦国時代』下野新聞社1993、矢板市教育委員会『矢板市の古道』矢板市2012

0　　約50m

字久保田

字城山

湿地

II

I

III

字内根小屋

山田城
栃木県矢板市山田字城山
調査年月日2005/2/23、10/17
調査作図　渡邉昌樹

027 乙畑城

おっぱた

所在：矢板市乙畑要谷

比高：20m

マップコード：315 265 221*18

城は、国道4号バイパスと荒川の支流に挟まれた台地縁にある。

乙畑城を築いたのは喜連川塩谷氏と言われる。喜連川塩谷氏は、宇都宮氏方の本流塩谷氏と分かれ、059倉ケ崎城を本拠とし、北の那須氏方との関係を深めた。

乙畑城には旧状を表す文書「塩谷義上預ヶ状」（瀧田文書）があり、喜連川・塩谷義上（孝信）が身内の争いで兵を乙畑城に送ることになり、軍勢や武器を乙畑城の8つの曲輪に配備した事が綴られている。

主郭はおそらくⅠと思われる。Ⅰの東の背後は3重の堀となっている。北西の台地先端には、一条堀切が残っている。しかし、あとはほぼ近代の改変で壊されている。残念だが、「塩谷義上預ヶ状」の8つの曲輪が現状のどこに当たるかを探ることはかなり難しそうだ。

（渡邉昌樹）

＊参考　矢板市教育委員会『矢板市のあゆみ』矢板市1989、
　　　　渡邉昌樹『矢板市の中世城郭（中世城郭研究　第22号）』中世城郭研究会2008

乙畑城
栃木県矢板市乙畑要害
0　　　約50m

大曲輪

要谷

Ⅰ

熊野神社

芳沢

熊ノ前

調査年月日2005/01/21
調査作図　渡邉昌樹

028 松が嶺城

所在：矢板市上太田字古城
比高：50m
マップコード：121 274 217*70

　松が嶺城は、023川崎城の北約5km、東北自動車道と中川に挟まれる丘陵上にある。城の眼下には中川、内川によって形成された広い田園地帯が広がる。

　松が嶺城は塩谷伯耆守孝綱の城、または矢板市東和泉にある泉城城主、塩谷氏家臣岡本讃岐守正親の城とも言われるが、はっきりしない。

　城は西に続く峰続きを大きな堀切で遮断し、山の東半分を城として加工している。主郭は最頂部Ⅰである。東に虎口があったようだが、現在は破壊されている。Ⅰの西面には土塁を築き、堀切の高さを増している。

　北東に伸びる尾根、Ⅱの曲輪にも西面に土塁を配置する。郭を階段状に重ねる単純な構造だが、曲輪取りが大きいことも特徴として挙げられよう。なお、上伊佐野持宝院には松が嶺城の城門と伝わるものが残る。　　　　　　（渡邉昌樹）

＊参考　児玉幸多・坪井清足監修『日本城郭大系４茨城・栃木・群馬』新人物往来社1979

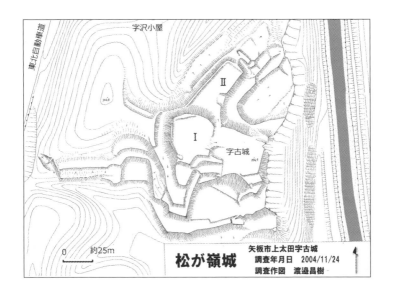

松が嶺城
矢板市上太田字古城
調査年月日　2004/11/24
調査作図　渡邉昌樹

029　御前原城

所在：矢板市早川町
別名：中村城
比高：0m
マップコード：121 128 262*04

　矢板付近の内川は、東西約3kmの太いベルト状の穀倉地帯を作り出している。**御前原城**は、そのど真ん中の現シャープ栃木工場の敷地内にある。023川崎城とは、東西に一直線で約2kmの位置となる。

　源義家の孫、頼純は塩谷に流され、塩谷氏（堀江氏）を名乗った。そしてこの御前原城を造ったとされるが、確証はない。6代後の朝業が塩谷氏を継ぎ、新たな拠点・川崎城を築き、そこに移ったとされる。しかし御前原城が廃城になったわけではなく、発掘調査の結果、川崎城と同時期（15世紀後半から16世紀）の遺物が発見されていることから、御前原城は川崎城完成後も城として機能していたと考えられる。

　御前原城は現在主郭部分が公園となり、市民の憩いの場として整備され、非常に見学しやすくなっている。ほぼ正方形に堀と土塁が残り、いわゆる「単郭の方形居館」跡にも見えるが、もともとは非常に広範囲な城域を持っていたことがうかがえる。主郭周囲には高い土塁が回るが、その内部も低い土塁で仕切られていたようである。

　虎口は現在、北と西と南にある。北の入り口は発掘調査から、破壊されて拡大されたものと判明している。それに対し、西面、南面のものは原型を留めているようだ。

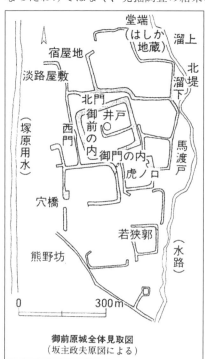

御前原城全体見取図
（坂主政夫原図による）

南の堀を渡った先には工場の立地を免れた小さな曲輪が一部残っている。浅い堀と土塁が複雑に絡み合っているが、どのような構成であったかはつかみ難い。

　御前原城は現在残る部分だけを見ると、いわゆる居館タイプの城である。しかし、広い城域を持っていた事からも、矢板の平野のど真ん中にどっしり構え、有事の際は川崎城と共に純軍事的な役割を担ったに違いない。

（渡邉昌樹）

＊参考　矢板市教育委員会『矢板市埋蔵文化財調査報告書第5集　川崎城跡・御前原城跡発掘報告書　矢板市指定史跡「川崎城跡」および栃木県指定史跡「御前原城跡」の学術調査』矢板市2002

御前原城
栃木県矢板市早川町
調査年月日2005/01/21

0　　　　　約50m

調査作図　渡邉昌樹

030 泉城
いずみ

所在：塩谷町泉
比高：50m
マップコード：132 898 452*48

　泉城は、031大宮城の北西1.5mの琴平山山頂にある。山頂からは大宮城を含む鬼怒川と荒川に挟まれた広大な穀倉地帯を望むことができる。

　城主は宇都宮氏家臣の泉氏と言われている。江戸期の軍記『宇都宮興廃記』では、先述の大宮城が天正13年（1585）に再建されたとあり、それがちょうど宇都宮氏が後北条氏対策として多気山へ移った時期と重なっているため、大宮城も同理由で改めて増強されたと考えられる。大宮城は比高20mほどの平山城であるため、その物見機能として泉城が追加普請されたものと考えられよう。Ⅰの西側の土塁頂点が最高所となっており、Ⅰが主郭と考えられるが、かつてここには神社があり、しかもⅡには送電線が建てられ、どこまで主要部が破壊されているかがわからない。しかしⅠ，Ⅱの周りには横堀、竪堀が配置され、特に南西の峰続きは二重堀となっており、総じて遺構は良好である。（渡邉昌樹）

＊参考　児玉幸多・坪井清足監修『日本城郭大系4茨城・栃木・群馬』新人物往来社1979

泉城
栃木県塩谷郡塩谷町泉
2001.11.2調査
作図・渡辺昌樹

031 大宮城

<ruby>大宮<rt>おおみや</rt></ruby>

所在：塩谷町大字大宮
比高：20m
マップコード：132 869 590*02

　大宮城は塩谷町の中心部から約4km南に下った独立丘にある。鬼怒川べりの広大な田園地帯に、大宮城は、ぽつんと離れ小島のように存在する。近隣には030泉城、風見城、大久保城があり、それらの城と連動してこの一帯を治めていたと思われるが、城の規模からすると、ここ大宮城がその中心的な立ち位置にあったと推測できる。

　『今宮祭祀録』によると、天正15年（1587）に宇都宮氏が大宮城を再興したとある。大宮城はかねてより宇都宮氏被官の大宮氏の城であったが、いつしか廃城となり、天正期まで廃れていたのだろう。現在に残る大宮城の姿は再興後の改修された姿と考えられ、宇都宮氏が北の那須氏、または日光山勢力に対抗するための処置であったと考える。

　主郭はⅠである。西側に虎口が見られる。土塁で両袖を囲まれており、通路は堀の中に降りていたようである。通路には主郭側から大きく張り出した横矢が掛けられている。堀底からⅡ郭側に上がると、いわゆる馬出となっていて、土塁上からⅡ、Ⅲ郭方向へ連絡できるようになっていたようだ。

　Ⅱ郭は綺麗な正方形となっている。居館的なイメージの空間であるが、南下には土塁と堀を組み合わせた大きな枡形門が観察できる。

　Ⅲ郭は内部を土塁で細かく仕切った跡が残る。後世の改変の疑いもあるが、他の曲輪と構成が異なる。大宮城の台地は、ここⅢ郭から北西に向かい伸びていく。現地の遺構からはⅢ郭から台地を堀で区切っていったような様相を観察できるのであるが、調査当時は既に大宮中学校（現・日々輝学園高等学校）のグラウンドと化していたので、その堀の繋がりは全くわからない。

　主郭東は、大きな堀切で愛宕神社のあるⅣ郭と分断されている。さらにその東の山麓部には部分的に土塁が残っている。地籍調査を実施していないが、この遺構から、大宮城の城下が山麓東側にあった可能性を指摘しておきたい。

（渡邉昌樹）

＊参考　児玉幸多・坪井清足監修『日本城郭大系４茨城・栃木・群馬』新人物往来社1979、
塩谷町史編さん委員会編『塩谷町史』塩谷町 1993〜1997

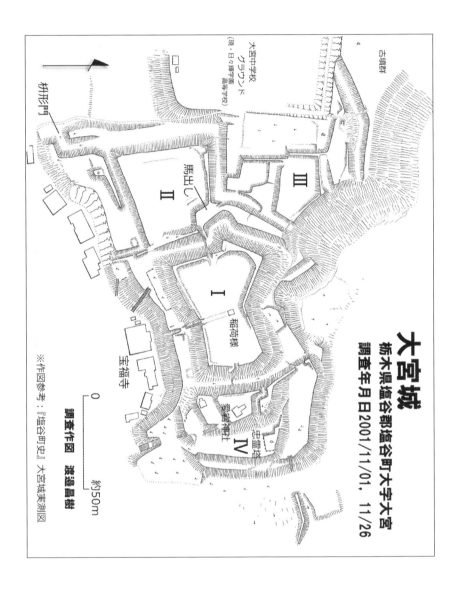

大宮城
栃木県塩谷郡塩谷町大字大宮
調査年月日2001/11/01, 11/26

調査作図　渡邉昌樹

※作図参考：『塩谷町史』大宮城実測図

0　　　約50m

032 玉生城

所在：塩谷町玉生
比高：40m
マップコード：315 371 718*00

　塩谷町役場の西方約300mにそびえる山、通称要害山に**玉生城**はある。山麓には根古屋の地名も残る。

　築城は玉生氏と言われる。『宇都宮興廃記』に上野国那波荘の戦いで、宇都宮公綱に従った「玉生権大夫藤原統信」が討ち死にしたとある事から、玉生氏は宇都宮氏の配下で活躍していた人物と思われる。

　遺構はⅠが主郭であるが2段に分かれる。上段は神社によってかなり破壊されていると思われる。その下にⅡ郭があり、033船生城にも見られる小さな枡形門が残る。Ⅱ郭の堀には折を作り横矢を形成していて、これも船生城の縄張りに似ている。日光山勢力に対して宇都宮氏が推奨した縄張りだったのであろうか。

（渡邉昌樹）

＊参考　児玉幸多・坪井清足監修『日本城郭大系4茨城・栃木・群馬』新人物往来社1979

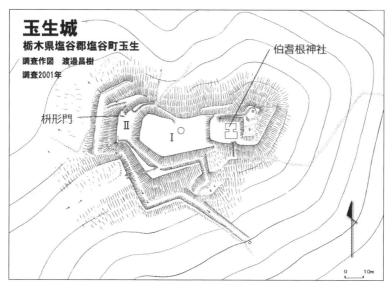

玉生城
栃木県塩谷郡塩谷町玉生
調査作図　渡邉昌樹
調査2001年
伯耆根神社
枡形門
Ⅱ
Ⅰ
0　　10m

033　船生城

所在：塩谷町船生字清水裏
比高：80m
マップコード：315 364 007*72

　船生城は、「道の駅湧水の郷しおや」の北600m、標高360mの山上にある。南1.5kmには鬼怒川が流れ、現在の日光市との境界となっている。

　船生城は宇都宮氏家臣君島氏の城であり、宇都宮氏改易までここに居城したという。宇都宮氏領としては日光山勢力に程近い場所でもあり、近隣の大宮城や泉城と共に、日光山を警戒して築城されたと考えられている。

　遺構は大きくⅠ、Ⅱ、Ⅲの曲輪が確認され、送電線鉄塔のあるⅠが主郭である。切岸ははっきりせず、南面は堀切もなくダラっとしている。送電線建設時に遺構が破壊された影響かもしれない。北には小規模であるが枡形虎口がある。その前面の堀は一度90度にクランクし、横矢を形成している。Ⅱ郭は東面を除き、ほぼ全周に堀が回る。その他、北、東、西の尾根続きは堀切が配置され、小規模であるが見応えのある城である。

　　　　　（渡邉昌樹）

＊参考　児玉幸多・坪井清足監修『日本城郭大系4茨城・栃木・群馬』新人物往来社1979

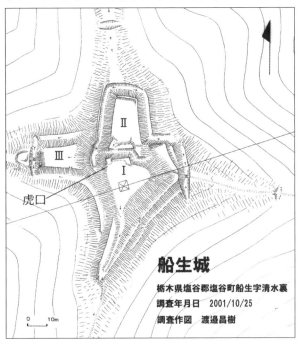

船生城

栃木県塩谷郡塩谷町船生字清水裏
調査年月日　2001/10/25
調査作図　渡邉昌樹

034 片平城
<ruby>片平<rt>かたひら</rt></ruby>

所在：那珂川町片平要害
比高：60m
マップコード：529 254 589*76

　那須資隆の子、八郎義隆が片平氏を名乗りこの地を治めたという。時代は那須与一が活躍する源平の時代である。元亀元年 (1570) 武茂氏に攻められ落城したと伝わるので、その頃まで那須氏系片平氏の居城として機能していたのだろう。

　主郭は最高所のＩである。現在は埋まっているが、全周を堀が回っていたと考える。主郭の周りには、Ⅱ、Ⅲ、Ⅳ、Ⅴの大きな空間が確認できるが、曲輪内はほぼ自然地形であり、傾斜面となっている。Ⅱ、Ⅲ、Ⅳ、Ⅴの周りは、堀が山の中を縦横無尽に走り回っており、北東、北、西に続く峰、または尾根続きに対しては、横堀を堀切に変化させ分断させる備えを持つ。結果的にＩの主郭に達するためには、全方位から堀を二本以上突破せねばならない構造となっている。

　さて、**片平城**は那須氏の一翼を担う城というが、その縄張りについてはかなり異質と言える。近隣の那須氏系の城の縄張りの特徴は、沢村・烏山に代表されるように、馬出・枡形門・堀の屈曲を利用した横矢など、非常にテクニカルなものである。また曲輪内もしっかりと削平し、整地されている。しかし、片平城はＩを除き、曲輪内はほぼ整地されておらず、斜面のままである。近隣の城にもこのような縄張りの城は見

ⅢとⅣ曲輪間の堀

当たらず、なぜこの城だけこのような形態になったのかは謎である。

（渡邉昌樹）

＊参考　北那須郷土史研究会『那須の戦国時代』下野新聞社1993

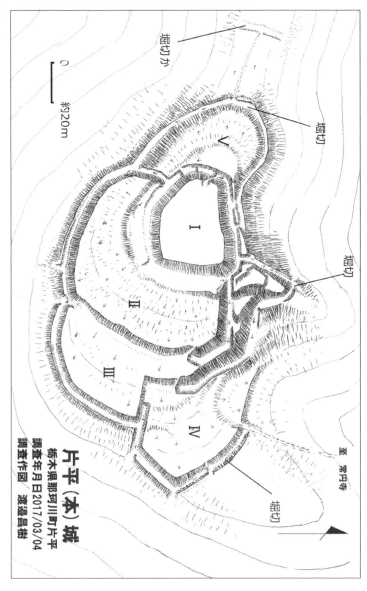

片平（本）城
栃木県那珂川町片平
調査年月日2017/03/04
調査作図　渡邉昌樹

035 戸田城

所在：那珂川町東戸田家の上
別名：要害城
比高：50m
マップコード：121 028 267*47

　国道293号線が旧小川町に入った途端、広い田園地帯となる。その境界の小丘陵上に**戸田城**がある。那珂川の西岸2.5kmに位置する。

　当城の築城時期や城主などは不詳である。江戸初期に笠井氏が居住したという史料もあるが、遺構は明らかに中世のものである。

　南方1.5kmの所に那須氏系の城である034片平城があり、東1.3kmには那須氏の祖を生み出した045神田城があることから、戸田城も那須氏の支城のひとつであったと考えたい。戦国時代に片平氏などの那須一族は那珂川を挟み佐竹氏側の武茂氏と対峙していたことから、武茂氏に対する備えとして築かれたと思われる。

　全周堀に囲まれたⅠが主郭である。南北に伸びる尾根上に曲輪を配置する。特にⅡでは尾根上の二重堀と尾根間を結ぶ竪堀が特徴的である。　　　（渡邉昌樹）

＊参考　栃木県文化振興事業団
　　　　『栃木県の中世城館跡』
　　　　栃木県教育委員会1983

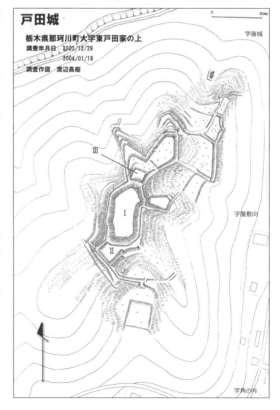

戸田城

栃木県那珂川町大字東戸田家の上
調査年月日　2003/12/29
　　　　　　2004/01/18
調査作図　渡辺昌樹

036 石生山城 （いしやま）

所在：那珂川町大内／大山田下郷
比高：190m
マップコード：222 640 198*32

　本城は、筆者ホームページへの投稿から、2011年に新たな城として確認した。場所は那珂川町の奇岩「御前岩」の裏山、石生山の山頂である。当時はもちろん、ここを城郭として紹介した資料はなかった。

　遺構は、山頂を中心にⅠ～Ⅴの郭が確認できる。主郭と思われるⅠは切岸の加工が甘く、暫定的なところが否めない。ただし周辺に近代の電気施設が設置されており、その影響で旧状を損なった可能性もある。Ⅰの南側は堀切Aをもって収束している。ここまでが南の城域のようだ。

　Ⅰの北方面は、2本の堀切B、Cで挟まれたⅢ郭がある。ここはなぜか削平がしっかりしている。その先はⅣ郭であるが、峰上には手を加えておらず、自然地形の平場と言ってよい。しかしそこから派生する尾根は狭い曲輪がしっかり加工され、尾根を伝ってくる敵を警戒している。

　さらに進むとⅤ郭であり、当城で最も城郭らしい遺構である。構造的には馬出機能が備わる郭で、山麓から上がってきた敵兵を竪堀Eによって虎口Fに誘導する構造である。地形的に峰続きの傾斜が緩くなる地点であり、このようなしっかりした施設を設けたのだろう。

　これらの遺構の状況から、この城跡に配置された人数は、さほど多くはなかろう。警戒を主とし、居住するために築か

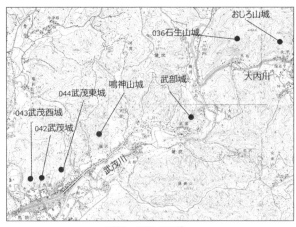

川沿いに並ぶ7城

れたとは考え難い。発見後各方面で考察が進んでおり、有事の際、村人が逃げ込む「村の城」と考える方もいるようだ。ところが、043武茂西城からこの石生山城にかけては東西に城跡が7つも城が並んでおり、筆者はこの並びが何かの戦争を予測しての配置だったと考えている。

　元亀元年（1570）、石生山近隣の大山田城へ佐竹氏が攻撃を仕掛けている記録がある。戦国時代、烏山から那珂川町一帯は那須氏と佐竹氏の激戦が繰り広げられ、当時の武茂地方は那須氏、佐竹氏と接していた。そのような背景から、武茂氏、またはその氏族の大山田氏が、自領を守るために川沿いに城郭を一直線に並べたのではないかと考えているのである。　　　　　　（渡邉昌樹）

＊参考　筆者ホームページ「栃木県の中世城郭」

石生山城
栃木県那珂川町大内/大山田下郷
調査年月日 2012/01/17
調査作図 渡邉昌樹
0　　約40m

堀切D
Ⅳ　虎口F　Ⅴ
竪堀E
Ⅲ　堀切C
堀切B
近代の電気施設
Ⅰ
Ⅱ
堀切か？
堀切A

佐竹氏の下野介入と城郭

　下野の戦国史を語るうえで、常陸の佐竹氏を忘れるわけにはいかない。佐竹氏は義篤、義昭、義重の3代にわたって下野の勢力への介入を続けた。那須氏とは何度も合戦に及んでいるし、那須地域の武茂・松野氏は佐竹配下となって下野で活動している。永禄年間には「松野番」という佐竹氏の番衆も存在していた（佐竹義重書状・永禄13年）。戦国後期になると、宇都宮氏に協力して対北条の領主連合の盟主となっている。

　そんな佐竹氏だが、下野に効率的に出兵するために、下野国境に近い常陸大宮市に兵力終結のための城郭群を設

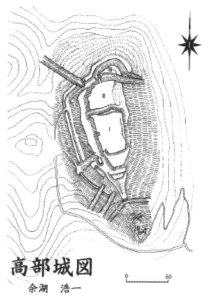

高部城図

余湖　浩一

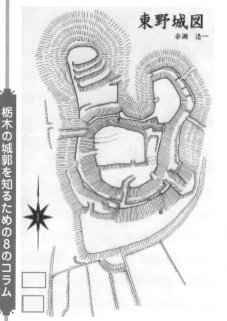

東野城図

余湖　浩一

置していたことをご存じであろうか。

　天文年間と思われる佐竹義篤書状には「烏山の番衆として、初番として野口、東野、高部、小舟の者共を、次番として小瀬、檜沢の衆を差し向ける」とある。ここに出てくる野口、東野、高部、小舟、小瀬、檜沢にはそれぞれ兵站地点と思われる規模の大きな城郭跡が現在も残されている。軍勢を他国に出兵するためには十分な兵站拠点を配置しておくことが必要である。佐竹氏は国境近くの領内にこのような城郭群を整備して、いつでも下野に出兵できるようにしていたのである。

（余湖浩一）

037　上郷要害城
かみごうようがい

所在：那珂川町大山田上郷
別名：上郷隆崖城
比高：150m
マップコード：222 820 128*35

　上郷要害城は国道461号線に沿って流れる武茂川を望む比高150mの山上にある。南東3kmには、同じく大山田氏が築いたとされる038下郷要害城がある。上郷要害城は下郷要害城の支城とも言われており、この山間部に城が集中する事は、国道461号線はかつての街道であり、交通の要衝であった証ともいえよう。

　城跡には現在南北に近代の林道が貫いており、城の北部は改変が認められる。しかし、それ以外の遺構は良好である。

　主郭はⅠで、広い空間を持っており、この城の主要部といえよう。経年変化で切岸の天端がはっきりせず、丸みを帯びたところが多く、縄張り調査上、非常に遺構が捉えにくい。主要部は何段かに曲輪が分かれていたようであるが、横堀などの仕切りがあるわけでもなく、ルートも今一つはっきりしない。

　この城の全体的な特徴としては、Ⅰを中心とし、主要部の北端と南端に大きな堀を配置する事で攻守するというシンプルな発想が思い描ける。北の堀切は林道に破壊された感があるものの、大きな堀切である。堀切内からは主郭方向に向けて道が伸びており、登城路と考えられる。主郭Ⅰ南方の尾根続きに対しては極めて警戒が厳重である。二重の堀切（一部横堀か）を配し、その東に

Ⅰ南の二重堀切

は別の竪堀群を設け、尾根続きを完全防御している。また、そこからしばらく南に続く尾根にも大きな堀切を単独で配している。その姿は、曲輪を連続させるだけの古風な造りの038下郷隆崖城よりも新しさを感じる。よって、下郷隆崖より後に築かれたのではないかとも推察できる。 （渡邉昌樹）

＊参考　北那須郷土史研究会『那須の戦国時代』下野新聞社1993

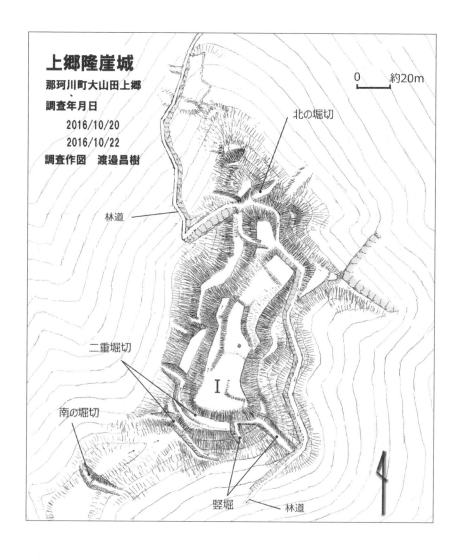

上郷隆崖城
那珂川町大山田上郷
調査年月日
　2016/10/20
　2016/10/22
調査作図　渡邉昌樹

0　約20m

北の堀切

林道

二重堀切

南の堀切

Ⅰ

竪堀　　林道

038　下郷要害城
しもごうようがい

所在：那珂川町大山田下郷字城山
別名：新地城、下郷隆崖城
比高：100ｍ
マップコード：222 732 302*35

　大山田地区は武茂川が流れる谷間の集落である。ここを国道461号線が通っていて、北上すると黒羽城に至り、南側からは茂木を経由して常陸に至る。山間部ながらも交通の要衝の地であった。

　この谷あいの集落に臨む比高100ｍほどの山稜に**下郷要害城**が築かれている。別名を隆崖城ともいうが、これは要害が転じたもので、城を示している。

　下郷要害城の城主は大山田氏であった。大山田氏は武茂氏の一族で、武茂泰宗の子泰景が、大山田の地に移り住み大山田左京亮と名乗ったのに始まる。

　それ以後この地を支配していたが、元亀元年（1570）8月11日、佐竹義重が大山田郷に侵攻し（「佐竹義重書状」）、「二百余人討ち取られ」て落城した（「佐竹義重家譜」）。

　下郷要害城は、3つの山稜上を削平して段々の郭を造り出した山城で、特に技巧的な特徴は見られない。形態からして在地系の古い城といったイメージの城である。新地城という別名を持っているのは、もともと平地の居館に住んでいた大山田氏が、軍事的緊張感が高まってきた時期に新たに山城を築いて居城としたからと思われる。

　この城のすぐ南側に向かい合うような位置に下郷要害古城と呼ばれる城郭跡が残されている。両者の関係が気になるところであるが、下郷

下郷要害城の土塁

要害古城については、次の項目で述べてみたい。　　　　　　　　（余湖浩一）

　＊参考　北那須郷土史研究会『那須の戦国時代』下野新聞社1993

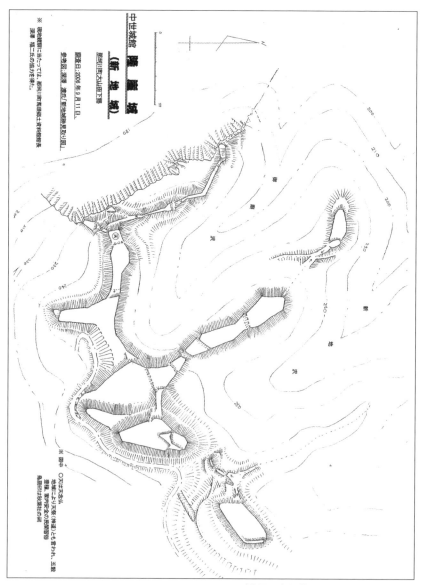

（作図　小川英世　調査日2006.9.11）

039　下郷要害古城

所在：那珂川町大山田下郷
別名：下郷隆崖古城
比高：110m
マップコード：222 701 596*87

　下郷要害古城は下郷要害城と南に向かい合うような位置にある。この城の特徴は城のある北側が崖斜面となっていて、北側からの防御を強く意識している点である。ま
た、その形態は山
稜を削平して鞍部
に段々の郭を生み
出したもので、臨
時的築城の要素が
強い城である。こ
の城は元亀元年
（1570）に下郷要
害城を攻めに来た
佐竹勢が築いた陣
城だったのではな
いかと考える。

　　　（余湖浩一）

＊参考
　北那須郷土史研究会
　『那須の戦国時代』
　下野新聞社1993

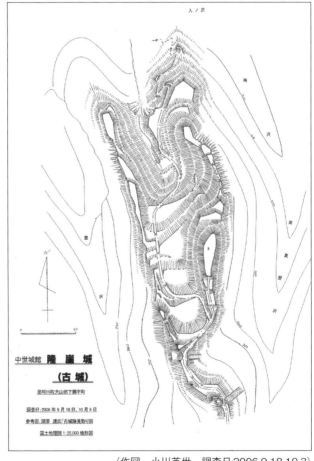

中世城館　**隆　崖　城**

（古　城）

那珂川町大山田下郷字町

調査日：2006年9月18日、10月9日

参考図：深澤　達氏「古城縄張り図」

国土地理院1:25,000 地形図

（作図　小川英世　調査日2006.9.18,10.3）

040 松野北城

所在：那珂川町松野字宿東
比高：80m
マップコード：222 395 808*21

松野北城は041松野南城と城間川を挟んで真向かいの山にある。
歴史については、松野南城を参考にされたい。

さて、当城の遺構の特徴は何と言っても北続きの畝状竪堀で、栃木県においてはなかなか見られないものである。管見の限りでは鹿沼市の099天狗沢城で類例があるが、松野北城のようにしっかりと作り込まれたものではない。

松野氏は、戦国期佐竹氏に仕えることになるが、佐竹氏の城は連続的な竪堀、堀切はある程度見られるが、当城の北の畝堀とは異質である。よって佐竹氏からの技術の伝播ではなさそうである。松野氏はこの構造をどこから入手したのであろうか。松野氏のオリジナルとも考えられるが、謎の遺構である。

（渡邉昌樹）

＊参考　栃木県文化振興事業団
『栃木県の中世城館跡』栃木県教
育委員会1983

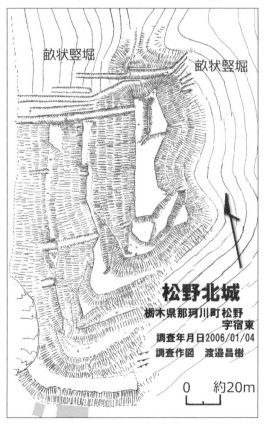

畝状竪堀　　畝状竪堀

松野北城
栃木県那珂川町松野
字宿東
調査年月日2006/01/04
調査作図　渡邉昌樹

0　　約20m

041 松野南城

所在　那珂川町松野字城間
比高：90m
マップコード：222 396 214*17

　松野南城は、40松野北城の真向かいの山にある。標高192m、北には城間川が流れている。山下の西平野部には居館部にあたる「台館」があり、切岸だけとなってしまったが、往時の面影を残している。

　城主と考えられる松野氏は、当初宇都宮氏に属していた。しかし、後に常陸（茨城県）佐竹氏に付くようになる。永禄10年代（1567～70）、佐竹義重は那須方面へ侵攻を行っていたようで、佐竹配下となった松野氏は、戦線上この地に在番していたと考えられる。

　「佐竹義重官途状写」には

　　此度松野在番付、一入辛労大儀之至極、就之官途之事望任之候、謹言

　　　永禄十三年

　　　三月八日　　　　　　　　　義重（花押影）

　　　　小野崎隼人佑殿

とあり、永禄13年には松野城は佐竹の番城となっていたようで、重臣の小野崎隼人佑が在番していた記録がある。松野北城か南城のいずれかが、佐竹氏の築いた番城であった可能性が高い。

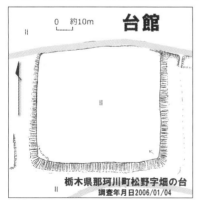

台館

0　約10m

栃木県那珂川町松野字畑の台
調査年月日2006/01/04

　なお、佐竹氏が秋田へ移ったとき、松野氏もそれに従ったという。

　さて、図を見ていただくとわかるのだが、この城の構造はとても面白い。主郭Iから南北に堀切で仕切る東峰に対し、それに沿うように細長い西峰が走っている。東峰と西峰の間に出来た谷間には、7段の平坦地を作る。高所にも関わらず、この最下段には沢が流れており、生活水として使っていたと考

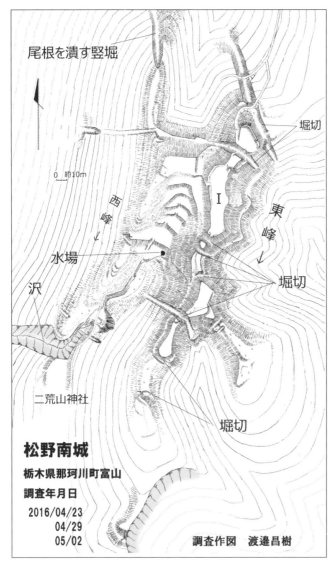

尾根を潰す竪堀

堀切

0 　約10m

西峰

Ⅰ

東峰

水場

堀切

沢

二荒山神社

堀切

松野南城

栃木県那珂川町富山

調査年月日

2016/04/23
　　　04/29
　　　05/02

調査作図　渡邉昌樹

えられる。山上で峯に挟まれた空間は風が凌げるところから、この城のメインの居住空間と考えられる。東峰には合計8本の堀切、竪堀が連続している。特に主郭北の2本の堀切は非常に深く普請されている。また、西峰の北側には尾根を潰すように太い竪堀が配置されている。

　このことから、城の守るべき方向は、城間川の流れる北方向（那須方面）と考えられるのである。逆に西面、南面については防備が甘くなっている。西は、那珂川と台舘があったからとも考えられるが、南方面には後方に佐竹氏の存在があったからではなかろうか。

（渡邉昌樹）

＊参考　北那須郷土史研究会『那須の戦国時代』下野新聞社1993

042　武茂城

所在：那珂川町大字馬頭
比高：60m
マップコード：222 545 504*02

　武茂城は那珂川町、馬頭広重美術館の背後の山にある。東山麓の乾徳寺には、武茂城の城門と伝わる山門が残っている。

　築城年代は定かではないが正応・永仁年間（1288～1299）頃、宇都宮城主宇都宮景綱の三男泰宗が武茂郷を領して武茂氏を称した。武茂氏はその後、宇都宮本家当主の後継者として、家督を相続する任を受け、断絶、再興を繰り返す。このように武茂氏と宇都宮本家とは、当初大変密接な関係にあった。

　戦国期になると、武茂氏は佐竹氏と那須氏の対抗の狭間に立ち、永禄3年（1560）頃には佐竹氏に属したと考えられる。その結果、南の烏山城の那須氏との対立が厳しくなり、永禄9年（1566）の「治武内山の戦い」、永禄10年（1567）「大崖山の戦い」では、武茂氏は佐竹氏連合として那須氏との抗争を繰り返したと考えられている。

　文禄4年（1595）、武茂氏は常陸国大賀に所替えとなり、代わって佐竹氏家臣太田氏が武茂城主となるが、慶長6年（1601）佐竹氏は秋田転封となり、武茂城も廃城となったと考えられる。

　城は、武茂氏の本拠にふさわしく、かなり広大な城域をもっている。

　主郭はＩである。北東の隅の矢倉台からは、主郭を巡る横堀内がよく見えるように工夫されている。南北の峯続きは、4本の堀切で断ち切り、主郭周辺の堀切①～③は深さも堀幅も見応えがある。

　主郭南にはⅡ郭があり主郭とは土橋でつなぐ。Ⅱ郭より南は堀がなく、階段状に曲輪が重なる。おそらく城兵たちの駐屯、居住スペースだったのだろう。

　武茂城は位置的に、北も南も那須氏の領土に挟まれた場所にあり、そのためか、武茂川に沿って一直線に城郭が複数立ち並ぶ。おそらく前述の那須氏との抗争の結果と思われるが、このような城郭配置が現代でも観察できることは非常に貴重と言えよう。

（渡邉昌樹）

　＊参考　馬頭町史編さん委員会『馬頭町史』馬頭町1990

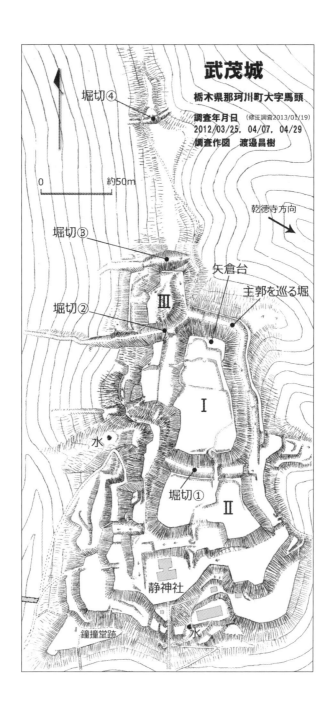

武茂城

栃木県那珂川町大字馬頭

調査年月日 （修正調査2013/01/19）
2012/03/25. 04/07. 04/29
調査作図 渡邉昌樹

堀切④

0 　　　約50m

乾徳寺方向

堀切③

矢倉台

主郭を巡る堀

Ⅲ

堀切②

Ⅰ

水

堀切①

Ⅱ

静神社

鐘撞堂跡

水

043　武茂西城

<ruby>武<rt>む</rt></ruby><ruby>茂<rt>も</rt></ruby><ruby>西<rt>にし</rt></ruby>

所在：那珂川町大字馬頭
比高：40m
マップコード：222 545 437*20

　武茂西城は馬頭小学校の裏山にある。武茂城の西隣の山でもある。地元には
ここが城跡だという伝承はあったものの、確たる証拠がなく、2012年に筆者
が以下の縄張り図を作成し、城郭として確認した。

　この城の歴史は定かではないが、位置的に見て武茂城の西の備えであること
は明白である。

　主郭は土塁で囲まれた計4段の曲輪Ⅰである。曲輪内には北面、西面に土塁
が回る。北は尾根続きに堀切を入れ、そこから西につながる堀は、尾根と共に

南に下る。途中2箇所
の折れがあり、横矢の
効果を持たせている。
Ⅰ郭の南は堀切を隔て
てⅡ郭があったようだ
が、「成田山」と呼ば
れる廃寺跡に遺構が破
壊されている。おそら
くこの南に下る長塁は、
現在の馬頭小学校敷地
まで下っていたと思わ
れる。近代の破壊が非
常に残念だ。

　　　　　（渡邉昌樹）

＊参考　筆者ホームページ
　　　「栃木県の中世城郭」

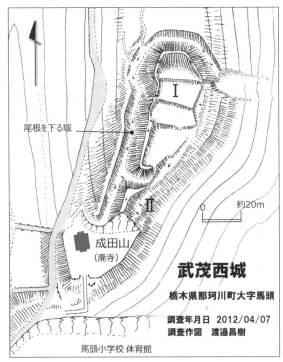

尾根を下る堀

成田山
（廃寺）

0　　　　約20m

武茂西城

栃木県那珂川町大字馬頭

調査年月日　2012/04/07
調査作図　渡邉昌樹

馬頭小学校 体育館

044 武茂東城

むもひがし

所在：那珂川町大字馬頭
比高：40m
マップコード：222 546 485*26

　武茂東城は武茂城の東隣の山にある。東城単独の歴史は定かではないが、位置的に見て武茂城の東の備えであることは明白である。

　東城は北東から南西へ緩やかな稜線の先端に築かれている。武茂城や武茂西城と違い、細かな造作が少なく、曲輪の配置が大ぶりであることが特徴である。

　主郭はⅠで南北に長く広い。主郭の北側は山の地形がちょうど狭くなるところであり、ここに大きな堀切Aを一本設けている。堀切の東側部分は遺構がはっきりしない。主郭先にももう一本堀切Bがあるが、ここも東側は消滅している。主郭南には矢倉台状の土塁を設け、小さな堀切Cとしている。古い航空写真を見ると、この城は主郭を含んだ山の東斜面が畑として開墾されていたようで、現在残る遺構も往時からのものなのかは注意が必要である。

　全体を俯瞰すると、この主郭部分が一本の大きな土塁のような存在となっている。武茂城の大きな防波堤のような役割として東側を警戒していたのだろう。(渡邉昌樹)

＊参考　馬頭町史編さん委員会
　　　　『馬頭町史』馬頭町1990

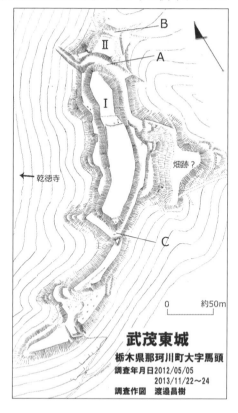

武茂東城
栃木県那珂川町大字馬頭
調査年月日2012/05/05
2013/11/22～24
調査作図　渡邉昌樹

045 神田城

所在：那珂川町三輪
別名：那須神田城
比高：0m
マップコード：: 222 570 799*05

　神田城は喜連川より国道293を東に進み、那珂川を渡る約700mほど手前に存在する。

　神田城の歴史は古く、昭和42年の発掘調査では、7～8世紀頃の古代集落の上に築城されていることがわかった。中世においては東山道の駅路にも近く、この地が交通の要衝であったことは間違いない。当城は11世紀～12世紀頃、那須氏の祖とされる須藤貞信の築城と伝わり、那須氏初期累代の本拠であったと考えられる。その後那須氏の拠点移動に伴い廃城となったと思われる。なお、平安時代末期の屋島の合戦で有名な那須与一宗隆はこの地で産湯を使ったと伝わっている。

遺構は南北に長い長方形の方形居館型の城である。虎口は二箇所で、東に大門と呼ばれる虎口、南にも土塁の切れ間の虎口がある。北の堀は水堀で、水が流れている。西側部分は破壊されているものの、残存状況は良好である。　（渡邉昌樹）

＊参考　児玉幸多・坪井清足監修『日本城郭大系4 茨城・栃木・群馬』新人物往来社1979

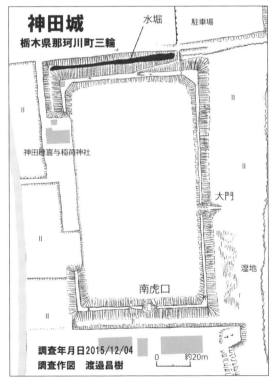

神田城
栃木県那珂川町三輪

水堀
駐車場
神田穂喜与稲荷神社
大門
湿地
南虎口
調査年月日2015/12/04
調査作図　渡邉昌樹
0　約20m

046　稲積城

所在：那須烏山市下境字御城、中城、下館、外城
別名：那須城、下館
比高：20m
マップコード：222 125 375*64

　稲積城は那珂川に臨む段丘上に築かれている。御城、中城、下館、外城から成る広大な台地で、周囲の土手は切岸のような地形となっており、天然の要害とも言える場所である。

　稲積城は那須地域でも最も古い城のひとつで、天仁2年（1109）、那須資通によって築かれたと伝えられているが、あくまでも伝承上のことである。

　平治の乱（1159）で源義朝に加担して敗れた那須資房は甲斐に隠れ住み、稲積明神に下野帰国を祈っていた。後に許されて下野に帰った資房は、城内に稲積明神を祭った。これが稲積城の名称の由来となっている。

　延元元年（1336）8月26日の相馬胤平軍忠状には「那須城に搦手から押し寄せ下館が追落した」ことが記載されている。稲積城下には下館という地名が残っており、この下館というのが稲積城を指すと思われる。

　応永24年（1417）頃、沢村城にいた那須資重が稲積城を改修して居城としていたが、やがて防御上の理由から烏山城を築いて移転していったという。

　永禄10年（1567）2月17日、前年の治部内山の合戦で那須勢に敗れた上の庄勢の伊王野・芦野・大関・大田原・金丸・金沢等は佐竹氏の援軍（長倉義当）を得て烏山に攻め寄せた。佐竹勢は東方の大崖山と大将御屋に陣を置き那須勢を伺った。那須資胤・資晴父子は、稲積城に本庄盛泰を入れ、稲積城の北側に陣を置いて佐竹勢に備えた。千本・茂木の援軍を得た那須勢は、佐竹勢と2度に渡って戦ったが決着はつかず、佐竹氏は常陸に引き上げていった（『那須記』）。

　稲積城のある台地の南端部が御城と呼ばれており、ここが主郭であったと思われる。御城の北側の下には中城があり、ここがⅡ郭に当たる場所である。中城の西側に下館があり、その北の入口には現在も巨大な土塁が残されている。

　さらに北西側の広大な部分が外城で稲積城の外郭に当たる場所である。東西に200mもの長さがあり、おそらく内部はいくつかに区画されていたのではないかと思われる。現地の古老に伺ったところ「かつては堀などがあったが、水

田にするためにすべて埋めてしまった」とのことであった。ただし、堀がどのような形状であったかまでは分からなかった。外城では北西部に一部堀の名残Aが見られ、西側が堀によって区画されていたことが想定される。また、稲積神社の周囲には土塁が残されている。 （余湖浩一）

＊参考　北那須郷土史研究会『那須の戦国時代』下野新聞社1993

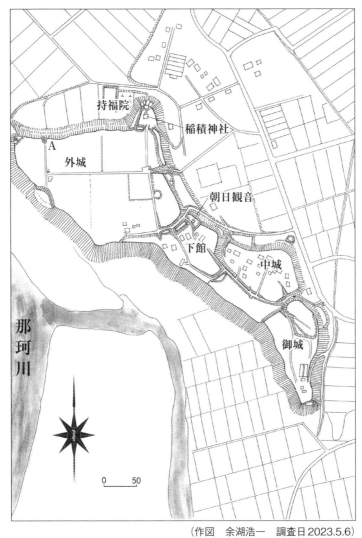

（作図　余湖浩一　調査日2023.5.6)

047 神長北要害
（かながきた）

所在：那須烏山市神長字要害
別名：北要害
比高：20ｍ
マップコード：222 271 593*04

　神長北要害は烏山城から北西に延びた尾根の先端部分にある。城のすぐ下を烏山城へと続く旧街道が通っており、西側から烏山城に入る際の入口を押さえる位置に当たっている。ここは烏山城の西方を監視するための施設であった。

　『那須記』には神長村周辺での佐竹氏と那須氏との合戦の様子が描かれている。概要は以下の通り。永禄9年（1566）8月24日、佐竹氏の軍代東将監、宇都宮・上ノ庄の兵合わせて3000余騎が烏山に押し寄せ、城から20余町（約1.8ｋｍ）西、神長村の治部内山に陣取った。

　これに対して烏山から200余騎が切って出て、宇都宮・上ノ庄の両勢を急襲し、西北に追い散らした。この混乱の中で東将監は敵に取り囲まれてしまった。ここで千本常陸守が使者となって訪れ、東将監に降伏を勧めた。これにしたがって東将監は甲を脱いで降伏した。これ以来、この山を降参山と呼ぶようになった。

　敗戦の知らせに怒った佐竹義昭は、翌年2月に再び烏山に押し寄せ、30余町東の大河井山に陣取ったという。

　この記事がどこまで正しいのか不明な点もあるが、烏山城近辺において佐竹勢と合戦が数度行われているのは事実である。神長村での合戦では、神長北要害と神長南要害とが最前線の城として重要な役割を果たしていたと考えられる。

主郭馬出との間の堀切

神長北要害は単郭の小規模な城であるが、周囲の切岸と堀は鋭く形成されており、要害性を発揮していた様子が伺える。尾根基部から取り付くことはできず、敵は郭の周囲をぐるりと回らされ、その間に城内からの攻撃にさらされることになったと考えられる。

　南側には堀切を隔てて三角形の区画がある。これに向かい合う主郭側には虎口が開口されており、ここに木橋が架けられていたと想定できる。この部分を経由して主郭に入るのが大手ルートであったろう。この部分は未発達ながら馬出であったと考えられる。

（余湖浩一）

＊参考　北那須郷土史研究会『那須の戦国時代』下野新聞社1993

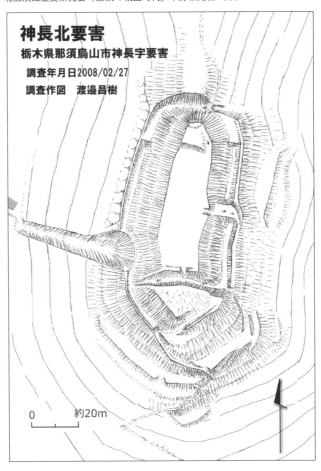

神長北要害
栃木県那須烏山市神長字要害
調査年月日2008/02/27
調査作図　渡邉昌樹

0　　約20m

048　神長南要害
（かながみなみ）

所在：那須烏山市神長字要害
別名：南要害
比高：50ｍ
マップコード：222 242 663*43

神長北要害
神長南要害

　神長南要害は神長トンネル西側入口の南側にそびえる比高50ｍほどの山稜に築かれている。烏山城から南西800ｍほどの位置にあり、北要害と同様、烏山城の西方を監視するための施設であった。南要害のすぐ東側と南側には、烏山城へと通じる街道が通っており、この街道を掌握する機能を有していたと考えられる。南側には堀切状の切通し道も形成されている。

　主郭の周囲に切岸と横堀を巡らせて、敵に堀底道を通らせている最中に城塁上から攻撃するという構造は神長北要害と同様で、築城主体の同一性を感じさせる。北要害と異なるのは、南側に馬出の代わりにⅡ郭を配置して複郭構造となっている点である。Ⅱ郭は馬出から発達した郭であったとみることもできる。

　全体的に北要害よりも一回り大きく、より多くの兵員を籠めることが可能な要害であった。

（余湖浩一）

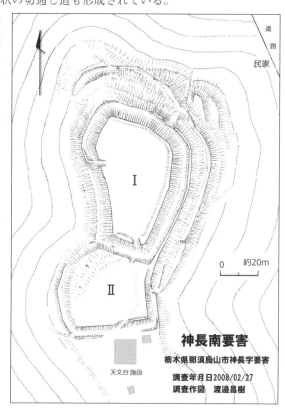

道路
民家

Ⅰ

Ⅱ

0　　約20m

天文台施設

神長南要害
栃木県那須烏山市神長字要害
調査年月日2008/02/27
調査作図　渡邊昌樹

＊参考　北那須郷土史研究会
『那須の戦国時代』下野新聞社
1993

049 烏山城

<ruby>烏山城<rt>からすやま</rt></ruby>

所在：栃木県那須烏山市屋敷町城山
別名：臥牛城、伏手城
比高：100m
マップコード：222 273 275*10

　烏山市街の北方、通称臥牛山の頂上から裾野にかけて**烏山城**の城域は展開する。その規模、約東西600m×南北500m（筆者縄張り図の範囲）である。

　応永21年（1414）那須氏は資之と弟の資重が不仲になり、上那須氏と下那須氏に分裂する。沢村城で両氏は対決するが、資重は沢村城を捨て箒川を下り稲積城に入る。その後、応永25年（1418）烏山城を作り移ったという。それより天正18年（1590）の那須資晴の改易まで那須氏の拠点となった。

　その後、城主は激しく入れ替わり、織田信長の次男織田信雄や、成田、松下、堀、板倉，那須（復活）、永井、稲垣氏と入れ替わる。堀氏〜板倉氏（1627〜1681）時代には、城内および三の丸の居館が整備されたという。享保10年（1725）に大久保常春が入封してからは、明治維新まで大久保氏の居城となった。

　烏山城の主要部は5城3郭と呼ばれている。主郭は「古本丸」と「本丸」であるが堀切で分割されている。本丸の南には枡形門の「正門」があるが、平成21〜24年の発掘調査では見事な石垣と石段が発掘された。その先は吹貫門、常磐門と続き、堀切を隔て「七曲り」と称する坂を下り、石垣が見事な三の丸に達していた。これがいわゆる大手口であろう。

　本丸から目を北に向ければ、中城、北城という大きな曲輪が続き、大手道の七曲りに対し「十二曲り」がある。いわゆる搦手であろう。

　本丸の西は、「西城」と呼ばれる曲輪があり、その先は執拗なほどの横堀、堀切の連続となる。西城、本丸、大野曲輪、北城までを結ぶように巨大な横堀も続いている。総じて、烏山城は西方向からの敵（宇都宮氏方面）を意識していることがよくわかる。

　なお、烏山城より築紫山方面へ南に続く尾根の各ピークを城域とする論考が見受けられるが、城の遺構として断定できるものは管見の限り見当たらない。

（渡邉昌樹）

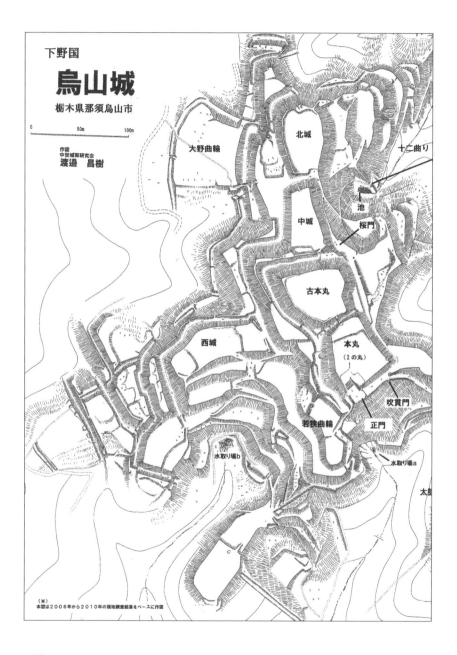

下野国

烏山城

栃木県那須烏山市

0　　　50m　　　100m

作図
中世城郭研究会
渡邉　昌樹

北城

大野曲輪

十二曲り

池

中城

桜門

古本丸

西城

本丸
（2の丸）

吹貫門

若狭曲輪

正門

水取り場b

水取り場a

太

（※）
本図は２００６年から２０１０年の現地調査結果をベースに作図

＊参考　栃木県文化振興事業団『栃木県の中世城館跡』栃木県教育委員会1983　児玉幸多・坪井清足監修『日本城郭大系4茨城・栃木・群馬』新人物往来社

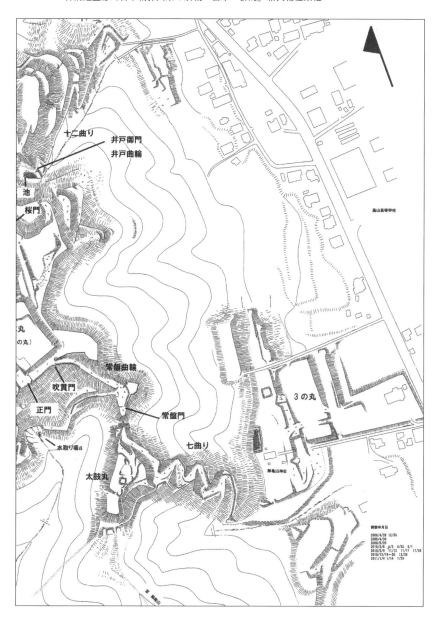

050 新地城
しんち

所在：那須烏山市大桶字新地

別名：新地館

比高：20ｍ

マップコード：222 453 532*58

　新地城は那珂川に臨む比高20ｍほどの河岸段丘上に築かれている。城のす
ぐ西側には国道294号線が通っており、城内には三嶋神社が祭られている。

　土塁や堀を現在もよく残しているものの、新地城についての歴史はまったく
不明である。その特徴は折れを伴った城塁が巡らされていることで、西側の大
手虎口の北側には2段の横矢張出を形成して虎口を厳重に固めている。南側の
虎口の脇にも大きな張り出し部分が形成されている。このように城塁の各所に
張り出しを形成することで、敵に対する死角を減少させる構造となっている。

　きわめて戦闘的な形態を有していることと、城主伝承を残していないことか
らすると、戦時に構築された陣城であった可能性が高いと考える。（余湖浩一）

＊参考　北那須郷土史研究会『那須の戦国時代』下野新聞社1993

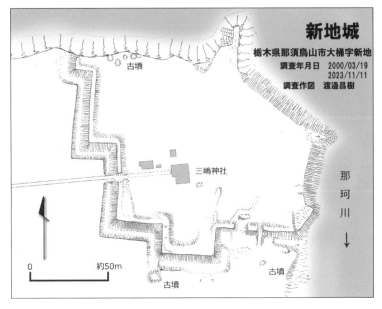

新地城

栃木県那須烏山市大桶字新地

調査年月日　2000/03/19
　　　　　　2023/11/11
調査作図　渡邉昌樹

古墳

三嶋神社

那珂川

0　　　　　　約50m

古墳

古墳

051 加登べ城

<ruby>加<rt>か</rt>登<rt>と</rt></ruby>べ城

所在：那須烏山市森田字根小屋
別名：根小屋城
比高：40m
マップコード：39 779 784*41

　加登べ城は、荒川が蛇行する地点の南側にそびえる比高40mほどの山稜先端部に築かれている。045森田城の西方1.2kmほどの位置である。また、この城の南側には隣接するように055高館城が築かれている。

　加登べ城の歴史についてはまったく不明だが、森田氏の支配領域にあることから、森田城の支城であったかと考えられる。すぐ背後にある高館城は、この城の詰の城であったと想定される。

　加登べ城は、台地の先端部を大きな堀切で分割した単郭の城郭である。城内には井戸が残されているが、かつて宅地であったこともあり、遺構とは断定できない。

　主郭の南側には帯曲輪が造成され、北側には4本の竪堀を入れている。連続竪堀はこの地域には珍しい構造であるが、南側の高館城にも連続竪堀が見られ、両者の築城主体が共通であったことが想定できる。　　　　　　　（余湖浩一）

＊参考　北那須郷土史研究会『那須の戦国時代』下野新聞社1993

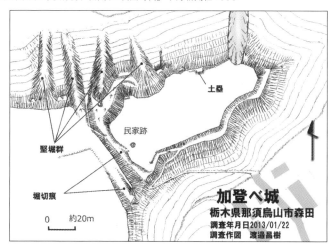

土塁

民家跡

竪堀群

堀切痕

0　　　約20m

加登べ城
栃木県那須烏山市森田
調査年月日2013/01/22
調査作図　渡邊昌樹

052　小志鳥城

所在：那須烏山市志鳥字小志鳥館之内
別名：篠野沢城
比高：50 m
マップコード：529 103 705*52

　小志鳥城は、岩川の東側に聳えている比高50mほどの山稜先端部に築かれている。東側下には烏山と馬頭方面とを結ぶ街道が通っている。小志鳥横穴群の上の山で、現在は公園化されており訪れやすくなっている。

　小志鳥城の歴史について詳しいことは分かっていないが、隣接する西側の山稜に053下川井城があることから、その支城であったと思われる。『那須記』巻7には、大永元年(1521)、岩城勢によって川井城に攻めこまれてしまった上川井出雲は、「浦山に登りて志鳥に出おち行ける」とある。

　単郭ながら周囲には横堀が巡らされ、西側の虎口には出枡形のような構造が見られる。東側には張り出した櫓台が構築されており、その下にも虎口の出枡形形状のものが見られる。小規模ではあるが戦闘的な城館であり、烏山城の支城の047神長北要害とよく似ている。

（余湖浩一）

＊参考　北那須郷土史研究会
『那須の戦国時代』下野新聞社
1993

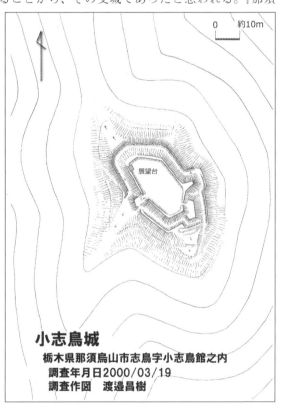

小志鳥城
栃木県那須烏山市志鳥字小志鳥館之内
調査年月日2000/03/19
調査作図　渡邉昌樹

053 下川井城
しもかわい

所在：那須烏山市下川井字東山
別名：城山
比高：50ｍ
マップコード：529 102 201*88

　下川井城は、江川と岩川の間に挟まれた比高50ｍほどの南北に長い山稜上に築かれている。城の下を通っている街道を南下すると烏山に通じ、北上すれば現在の那須町に通じている。下川井のすぐ東側に向かい合う山稜には052小志鳥城があり、西方の平野部には堀ノ内館がある。

　下川井城は那須友家によって築かれたという。友家は同時に上川井城（小堀館）も築いている。そちらはその後、川井氏（上川井氏）を名乗る那須一族の居城となった。

　『那須記』には、大永元年（1521）、岩城常隆が宇都宮・小田・喜連川の加勢を得て烏山城の那須資房を攻めた際、上川井出雲兄弟、同大掾父子、熊田氏らが防戦に当たったとする記事を載せている。その際に「出雲が城を出城に構い」「川井城に楯籠て」といった表現があり、下川井城がこの合戦の舞台となった可能性が高いと考えられる。城攻めに際しては「四方に堀を二重に広々と掘り、壁をぬり、櫓を揚げ、大松を切伏せ、逆茂木に引渡し」と城の様子が活写されている。結局城は落城したが、岩城勢は引き上げていったので、川井氏は城に復帰した。

　天正18年（1590）に那須家は改易となり、川井氏も没落していくことになる。その後、下川井城も廃城となったのであろう。

　下川井城は、山稜上の2つのピーク部を利

下川井城主郭の横堀

用して築かれている。このうち北側のピークが主郭であったと考えられ、切岸と横堀を巡らせるなど、しっかりとした加工が施されている。主郭には明確な虎口は認められないが、南側に台形の郭を配置しており、この部分と木橋で結ばれていたのではないかと想定できる。台形の区画は馬出であったとみてよいだろう。同様の区画はⅡ郭の南東側にも認められ、主要な郭に馬出を配置するというポリシーを持っていたということがわかる。

　また、2つのピークを繋ぐ中央の谷戸部にも段々の郭が造成されており、全体として広大な曲輪面積を生み出している。　　　　　　　　　（余湖浩一）

　＊参考　北那須郷土史研究会『那須の戦国時代』下野新聞社1993

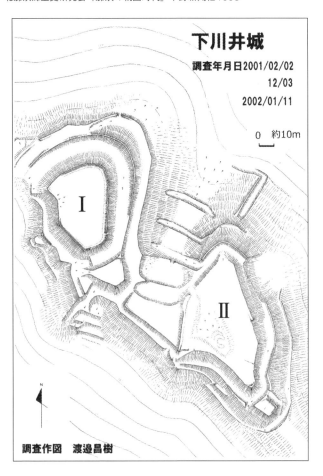

下川井城

調査年月日2001/02/02
12/03
2002/01/11

0　約10m

Ⅰ

Ⅱ

N

調査作図　渡邉昌樹

054 森田城

所在：那須烏山市森田字輪之内
別名：今宮台城
比高：30m
マップコード：222 150 380*87

　森田城は、荒川が蛇行している部分の南側にそびえる比高30mほどの山稜に築かれている。西側の山麓には、大田原氏や森田氏の菩提寺である芳朝寺があり、ここから登城道が付けられている。

　森田城は森田氏の居城であったと伝えられている。森田氏は、那須資隆の長男で那須与一の兄にあたる光隆から始まる。光隆は森田に分地を受けて土着し森田氏を名乗るようになった。

　光隆には子がなく、弟泰隆の子を養子に迎えた。しかし養子にも子はなく森田氏は2代で断絶してしまい、森田城は廃城となる。

　康正元年（1455）年4月19日付の那須資持宛て足利成氏書状には「森田新要害」の文言が見え、享徳の大乱の中で森田城が取り立てられたことが分かる。16世紀になって、下那須家当主の高資は弟の資胤に森田の地を与え、森田氏の名跡を継がせた。『那須記』巻7には資胤謀反の話が載せられている。那須高資と対立した資胤は宇都宮氏を頼って落ちて行くが、千本城で高資が暗殺された後は那須宗家を継ぐことになる。

　森田城は単郭の城館であるが、主郭の周囲には横堀をしっかりと構築している。横堀内部には食い違いの虎口が設置されており、その下の腰曲輪には竪堀が設置されていて、登城ルートを限定している。また部分的には横

森田城の登城道

堀を数段配置し、切通し内部を通って登城させるようにしているため、登城道を上から攻撃することができるように工夫されている。

　森田城だけでは森田氏の居城としては手狭な印象であるが、「輪之内」の平野部を隔てて西方には051加登べ城と055高館城が存在している。これら3城を配置することによって、中央部の輪之内への東西からの入口を防御できるようになっている。森田城、加登べ城、高館城と輪之内がセットとなって広大な城域を形成していたのではないかと考える。　　　　　　　（余湖浩一）

　＊参考　北那須郷土史研究会『那須の戦国時代』下野新聞社1993

森田城

栃木県那須烏山市
森田字輪之内

調査年月日　2006/03/24
　　（補正調査）2023/11/19
調査作図　渡邉昌樹

芳朝寺
境内

大田原氏
累代の墓

森田氏墓

荒川方向

0　　　　約50m

055 高館城
<ruby>高館城<rt>たかだて</rt></ruby>

所在：那須烏山市森田
比高：60m
マップコード：39 779 455*48

　那珂川支流の荒川は、大金付近から本流・那珂川に合流するまでの間、大きく蛇行を繰り返す。その蛇行する川が作り出した肥沃な田園地帯と接するように、**高館城**はある。

　『那須郡誌』によれば、源平の合戦で有名な那須与一宗隆の兄弟たちが、那須地方の様々な地に分地し、各地の氏の祖となった。これを那須10氏という。長男太郎光隆は、ここ森田に分地し、森田氏の祖となった。文治3年(1187)054森田城を築くが、わずか二代で森田氏は途絶。しかし16世紀に上那須、下那須氏が統一された後、烏山城主の那須高資が資胤を森田城に配置し、森田氏は復興することになる。

　さて、この高館城は森田城の西1kmにあり、その位置関係から見て森田城の支城と考えられる。しかし、その歴史については全く不詳である。ただし地形図を見ると森田城、051加登べ城、高

南北に続く高館城西横堀

館城、そして荒川に囲まれた現在「輪之内」と呼ばれる地域が、この3つの城で守られている事は明らかで、高館城が森田城の支城であるという説は納得できる。

　高館城は基本単郭であったと考えられる。主郭はⅠであるが、南北に図中のA、Bのように2つに分かれていたようだ。土塁高さ方向からAが最も主要な郭と言える。Ⅰには東方向を除き、横矢が効いた堀がうねるように南北に走る。Ⅰ

にはCの曲輪から上がっていたようであり、Cは馬出的な役割を果たしていたと考えられる。また南に続く尾根は堀で寸断されていたようである。現在はゴルフ場の建設で、かつての姿は見ることができない。しかし、国土地理院による昭和49年の航空写真や、『栃木県の中世城館跡』掲載の縄張り図から、大きな竪堀が3本、斜面を下っていた様子がうかがえる。それに対し、城の東面は防備が甘く、それは東側が城下方向であった証拠ともいえよう。　　　　（渡邉昌樹）

＊参考　栃木県文化振興事業団『栃木県の中世城館跡』栃木県教育委員会1983、北那須郷土史研究会『那須の戦国時代』下野新聞社1993

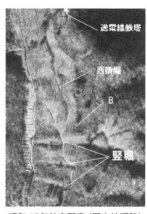

昭和49年航空写真（国土地理院）

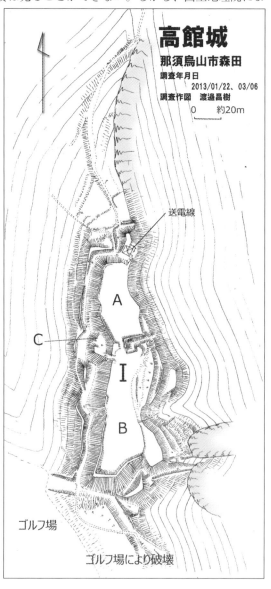

高館城

那須烏山市森田

調査年月日
2013/01/22、03/06
調査作図　渡邉昌樹

0　　　約20m

送電線

A

C

I

B

ゴルフ場

ゴルフ場により破壊

108

056　勝山城

所在：さくら市勝山
別名：氏家城
比高：15 m
マップコード：39 879 719*54

　勝山城は鬼怒川に臨む比高15mほどの河岸段丘上に築かれている。川に面する西側は断崖状の地形となっていて、水運を監視するのに絶好の位置にある。城の東側を通っている街道は、奥州と下野を結ぶ主要な街道の1つである。このように、勝山城は水陸の交通の要衝に位置している。城内は勝山公園として整備されており、さくら市ミュージアム荒井寛方記念館などが設置されている。

　勝山城は宇都宮一族の氏家氏の居城であった。鎌倉時代の建久年間（1190～99）に氏家公頼は氏家領2000余町を得て057御前城を築いて居館とした。その後、勝山城を築いて居城を移転したという。氏家氏は武芸に秀でており、その名前は『吾妻鏡』にもたびたび登場する。

　南北朝時代に入ると、氏家氏の家系は途絶えてしまう。その後は飛山城にいた芳賀高清が入城し、以後は芳賀氏の城となった。勝山城が現在見られるような城として整備されたのは、この芳賀氏の時代であったろう。

　那須氏と小田氏との抗争の中で氏家の地も戦火にまみれたようで、今宮明神の祭礼の記録である「今宮祭祀録」には、享禄4年（1531）に氏家が焦土と化した（黒土に成られ候）ことが記載されている。ただし勝山城が落城することはなかったようである。

　天正18年（1590）の小田原の陣の際に宇都宮国綱は小田原に参陣して所領安堵を得たため、芳賀氏も所領を維持したが、慶長2年（1597）に宇都宮家が改易となると、芳賀氏もその所領を失い、勝山城は廃城となったと考えられる。

　段丘縁部にある100m四方ほどの方形の区画が主郭で、東側虎口の脇には合横矢を利かせた櫓台を設置して厳重な虎口を形成している。西側虎口は、主郭南側の城塁に沿って長く歩かせてから進入させる構造となっている。

　主郭の周囲には外郭部があったが、遺構は残存的で、市街地化によって多くの部分を失っており、旧状は分かりにくくなっている。　　　　（余湖浩一）

　＊参考　ミュージアム氏家編『勝山城』ミュージアム氏家2001

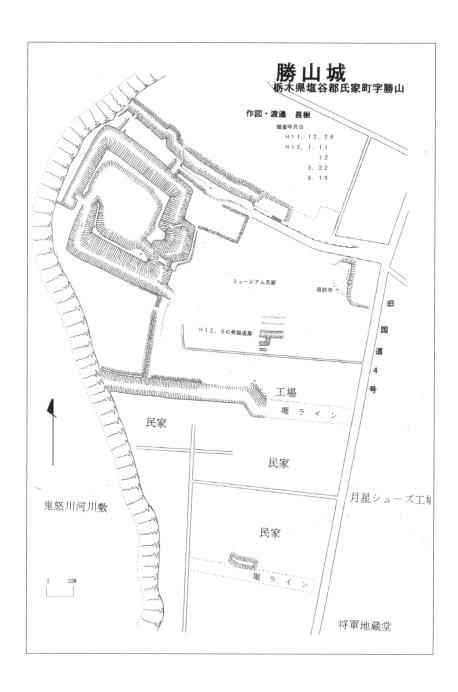

勝山城

栃木県塩谷郡氏家町字勝山

作図・渡邉　昌樹

調査年月日
H11. 12. 28
H12. 1. 11
　　　 12
　　 3. 22
　　 9. 10

ミュージアム氏家

昌玖寺

旧国道4号

H12. 9の発掘成果

工場

堀ライン

民家

民家

月星シューズ工場

民家

鬼怒川河川敷

0　　20M

堀ライン

将軍地蔵堂

057　御前城

所在：さくら市氏家
比高：0m
マップコード：315 055 897*43

　御前城は、奥州街道（国道4号線）が北東側にカーブしている地点の南東側に築かれていた平地城館である。現在はさくら市立氏家小学校の敷地となっている。大正12年（1923）に小学校が現在の地に移転した際に城址は破壊され、現在では北東角の一部に土塁を残すのみとなっている。

　御前城は鎌倉時代の建久年間（1190～99）に氏家公頼によって築かれた。氏家の地に所領を得た公頼は、五行川の水源地帯にあるこの地に居館を築いて水利権を掌握し、この地域の開発領主として武士団を統率していた。氏家氏は宇都宮氏と共に関東御家人として鎌倉に出仕する家柄であり、また公頼は氏家24郷の総鎮守として村落の南端に今宮大明神を祀って、菩提寺として満願寺を開基した。今宮大明神の祭礼の記録は「今宮祭祀録」として下野の歴史を知ることのできる貴重な史料となっている。

　氏家氏は後に南西1.2kmの鬼怒川段丘上に056勝山城を築いて居城を移転することになるのだが、その時期は正確にはわかっていない。

　小学校の建設によってほぼ破壊されてしまった御前城ではあるが、その形状を知ることのできる古図が2種残されている。ひとつは元文3年（1738）に描かれた「御前城図」（塩ノ谷郷土館蔵）、もうひとつは明治2年（1869）に描かれた「御前城絵図」（個人蔵）である（口絵参照）。これらの古図を見ると、南側に張り出した櫓台を持つ150m四方ほどの単郭の城館であったことが想定される。鎌倉時代の居館にすでに張り出しを持った櫓台が存在していたのである。周囲には土塁と水堀が巡らされていた。虎口は南東側に2ヶ所付けられているが、西側のものは櫓台上の神社に参詣するためのもので、後世の改変であろう。本来は東側の1カ所であったと思われる。

　これらの古図を基にして作成した復元図が次頁のものである。なお、明治42年の測量図にも方形の区画が描かれている。　　　　　　　　（余湖浩一）

　　＊参考　ミュージアム氏家編『勝山城』ミュージアム氏家2001

111

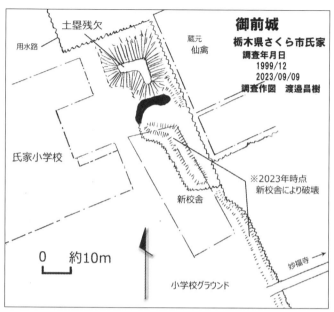

御前城
栃木県さくら市氏家
調査年月日
1999/12
2023/09/09
調査作図 渡邉昌樹

土塁残欠
用水路
蔵元
仙禽
氏家小学校
新校舎
※2023年時点
新校舎により破壊
0 約10m
小学校グラウンド
妙福寺

御前城復元図

（作図 余湖浩一）

058　金枝城

所在：さくら市金枝
比高：40m
マップコード：529 245 465*01

　金枝城は059喜連川城の北東3km、江川の左岸の丘陵上にある。金枝城と喜連川城とは、江川と内川の間にある丘陵の合間を抜ける街道で繋がっている。

　『喜連川町史』によれば、『下野国誌』に天文18年（1549）、西の五月女坂で那須氏と宇都宮氏が合戦を行った際、那須方に金枝近江守義高の名前が見えるとあり、この人物こそが「金枝」を治めていたと考えられる。つまり金枝城は那須方の城郭ということになる。那須氏の城郭に共通するのは、非常に縄張りが巧みだということである。堀や土塁の配置、枡形門や馬出の存在に代表されるように、金枝城にも見事な遺構が現存する。

主郭を囲う堀

　主郭は丘陵の先端部である。大きく広い空堀で全周を囲んでいる。南面には高い土塁が配置される。2ヶ所の開口部があり虎口跡と考えられるが、後世の改変の可能性も否めない。また、この土塁は西側で90度南北にクランクするが、ここにも虎口跡が残る。この虎口に対しては、主郭からの大きな張り出し部が横矢となり睨みを利かすことになる。

　二ノ郭は上下二段に分かれている。上段から下段へは、虎口を伴った長い坂で連結している。二ノ郭下段から四ノ郭へ下る方向には馬出があり、警戒が厳

重である。この馬出は四ノ郭から二ノ郭へ向かう敵を直前で一折れさせ、敵の侵入スピードを抑える効果がある。

　四ノ郭の下には五ノ郭がある。四角く区画されていたと想像され、麓の居館のような空間であったと想像できる。

　三ノ郭は二ノ郭の南にあたる。二ノ郭と三ノ郭の間には大きな堀切りがあり、二ノ郭南面は太い土塁となっている。二ノ郭上段側の土塁が途中太くなっているところから、三ノ郭の半月型の膨らみへ木橋がかかっていた可能性も指摘できる。三ノ郭から外部へは外枡形門が設置されており、その様相はまるで近世城郭のようである。　　　　　　　　　　　　　　　　　　　　（渡邉昌樹）

　＊参考　さくら市史編さん委員会『喜連川町史』第6巻（通史編1）2008

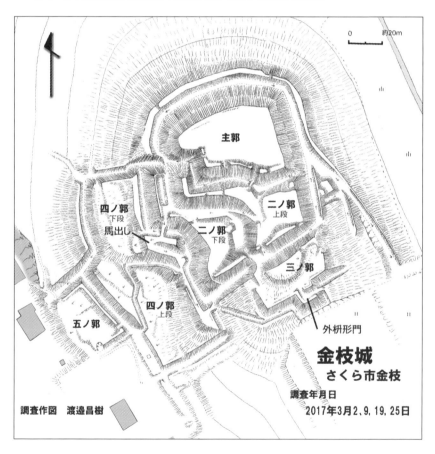

0　　　約20m

主郭

四ノ郭
下段

馬出し

二ノ郭
上段

二ノ郭
下段

三ノ郭

四ノ郭
上段

五ノ郭

外枡形門

金枝城
さくら市金枝

調査年月日
2017年3月2, 9, 19, 25日

調査作図　渡邉昌樹

五月女坂の戦い

　「桶狭間の合戦」と言えば、織田信長が少数の兵力で敵の大将今川義元を討ち取った合戦としてよく知られている。信長が飛躍するきっかけとなった歴史的な戦いであるが、下野にも少数の人数で敵の大将を討ち取るという劇的な戦いがあったことをご存じであろうか。それは天文18年 (1549) 9月27日に行われた、五月女坂の戦いである。

　天文年間の宇都宮家中の錯乱を乗り越えた宇都宮尚綱は、宇都宮氏の勢力を拡大するため、那須氏側に離反した塩谷氏を攻め取ることをもくろんでいた。一方那須高資は、宇都宮家中の混乱の際に宇都宮氏に追われて白河に逃れていた芳賀高照を引き取ることで、宇都宮侵攻の大義名分を得ようとしていた。

　そんな両者が激突したのが、喜連川の五月女坂 (現さくら市早乙女) であった。背後に山稜を控えた旧奥州街道沿いの坂道である。侵攻してきた宇都宮勢は2000騎、迎え撃つ那須勢は300騎であった (『那須記』『宇都宮興廃記』)。

　圧倒的な多数の軍勢を擁していた宇都宮勢は五月女坂に陣取っていた。そこへ少数の那須勢が攻め寄せたが、ひとたまりもなく那須勢は退却していくことになる。ところが、これは那須氏の仕掛けた罠であった。大将宇都宮尚綱自らが先陣となって那須勢を追い散らした後、馬を休ませていたところ、宇都宮勢の側面部から那須氏の伏兵が攻撃を仕掛けてきた。その中で那須勢に属していた伊王野氏の家臣の鮎ケ瀬助衛門尉が放った矢が宇都宮尚綱の胸板を貫いた。尚綱は討ち死にし、宇都宮勢は総崩れとなってしまう。

　以上の記述は主に『那須記』に拠ったが、宇都宮勢2000騎に対して那須勢300騎はあまりに少なすぎる気がする。那須氏には伊王野、芦野、大田原、大関、福原といった上庄勢も加担しているので、実際には彼我の勢力差はこれほどではなかったと考えられる。軍記物の常で、敵を多めに味方を少なめに記述しているのであろう。合戦そのものについては『今宮祭祀録』や『継志集』のような記録とも矛盾しておらず、『那須記』の記事はおおむね正しいものと考えてよさそうである。

　大将を討ち取られてしまった宇都宮氏は、その後芳賀高照、次いで壬生綱房に居城であった宇都宮城を奪われ、本拠地を失ってしまい低迷期に入ることになる。

　そして勝利した那須高資は大躍進を遂げたかというと、そうでもなく、2年後の天文20年に家臣千本氏の居城であった千本城に招かれ謀殺されてしまう。戦いの結果は、両家のその後にとって深刻な結末をもたらすものになってしまったのであった。

（余湖浩一）

059 喜連川城

所在：さくら市喜連川字倉ヶ崎
別名：倉ヶ崎城、蔵ヶ崎城
比高：60ｍ
マップコード：529 153 725*74

　喜連川城は、荒川に臨む比高50ｍほどの台地先端部に築かれている。眼下には喜連川の市街地が広がっており、この地の支配者の居城としてはふさわしい位置にある。現在はお丸山公園として市民に親しまれている。

　喜連川城は平安時代末期に塩谷惟広によって築かれたと言われている。惟広は源氏方の武士として従軍し、屋島の合戦などで戦功を挙げて、喜連川周辺で三千町の領地を与えられ、ここ倉ヶ崎の地に居城を築いた。

　享徳の大乱の際、喜連川城は白河結城氏によって外城を攻め落とされており、この時にはすでに外城が存在していたことが分かる（「足利義政書状」）。

　長享の乱の頃、足利政氏は、那須民部少輔に、塩谷九郎が謀略をもって喜連川城を攻略したことを伝えている（「足利政氏書状写」）。

　戦国時代には塩谷氏の支配が続いていたが、宇都宮氏との抗争を繰り返していくうちに、その勢力は次第に衰退しつつあった。天正15年（1587）には北条氏の攻撃を受けている（「今宮祭祀録」）。

　天正18年（1590）17代塩谷惟久は、小田原の陣への遅参を理由に改易となった。

　その後、小弓公方の子孫である足利国朝に喜連川3500石が与えられた。国朝は古河公方の娘であった氏姫を娶り、古河公方の系譜を継ぐことになった。

　喜連川の足利氏は、後には足利の姓を遠慮して喜連川氏を名乗るようになる。喜連川氏は関ヶ原合戦後に1500石を加増され、4500石の喜連川藩が成立した。

　近世に入ると喜連川城は廃城となり、喜連川氏は山麓に陣屋を築いてそこを居館とした。喜連川氏は幕府の高家となり、明治維新まで続く。

　喜連川城は台地上を大規模な堀切で分割した連郭式の城郭である。主郭の前後の堀切は深さ10ｍ、幅15ｍほどと大規模なものであり、城主の勢力の大きさを偲ぶに余りある。

　Ⅲ郭の虎口の周囲には堀が回り込んでいて馬出状になっている。また、この虎口の前面には強力な横矢が掛けられており、防御の要となっている。

城址は2011年の東日本大震災と同年9月の台風15号によって大きな被害を受けた。そのため現在もまだ復興途上となっている。　　　　（余湖浩一）

＊参考　さくら市史編さん委員会『喜連川町史』第6巻（通史編1）2008

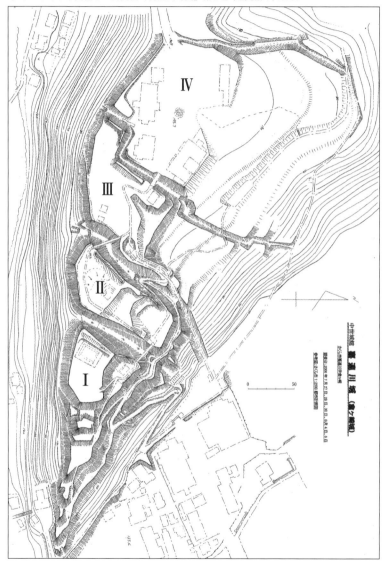

（作図　小川英世　調査日2006.7.27〜8.6）

060 寅巳城

所在：日光市山口寅巳山
別名：寅巳山城
比高：180m
マップコード：132 679 590*53

　寅巳城は、標高445.8mの山上にある。

　地元には城だったという伝承はあるようだが、一般には認知されておらず、筆者が2009年に当地を訪れ縄張り図を作成し、残存状況を明らかにした。

　『篠井村郷土史』には、「寅より巳の年までの4年間、源三位頼政とか神山監物の城跡なりといふ」とするが、詳しい歴史は明らかではない。

　城は、山頂から伸びる尾根や峰に曲輪を設け、堀切で遮断する簡素な構造である。主郭は三角点のある I である。主要部はここから続く細長い尾根上と考えられるが、曲輪まわりの切岸が明確なのは I と II 郭くらいで、あとはほぼ自然地形と言ってよい。主郭の北、堀切（A）から先には堀切と言えるものがない。また、図の堀切（B）手前のピークから北に緩い尾根が伸びているが、ここにも城郭遺構がない。つまり、この城には北に対する警戒心がなく、南、東、西方向からの敵の襲来を想定していると思われる。この城の所在地からいうと、北方面を全く意識しなくて良い日光山勢力によって築かれた可能性を指摘しておきたい。

（渡邉昌樹）

＊参考　児玉幸多・坪井清足監修『日本城郭大系4茨城・栃木・群馬』新人物往来社1979

主郭東の堀切（B）

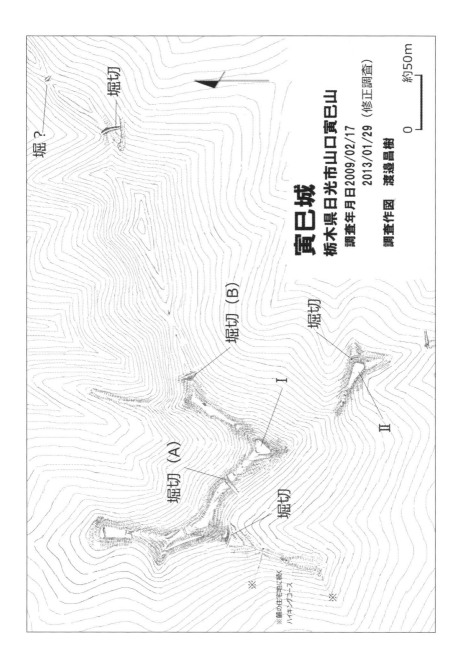

寅巳城
栃木県日光市山口寅巳山
調査年月日 2009/02/17
2013/01/29 (修正調査)

調査作図 渡邉昌樹

0　　　　約50m

堀切

堀?

堀切 (B)

堀切 (A)

堀切

堀切

I

II

※麓の住宅地に通ず
ハイキングコース

061　板橋城
（いたばし）

所在：日光市板橋
比高：200m
マップコード：132 612 081*26

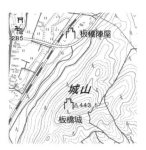

　板橋城は標高443mの城山山頂にある。城跡には麓に駐車場、山へはハイキングコースも整備されており見学しやすい。また、山麓には江戸期の板橋陣屋跡と伝わる場所がある。

　築城年代や築城の由縁には諸説あるようで定かではないが、永正年間（1504〜21）に宇都宮一族の日光山遊城坊綱清によって築かれたと伝わる。遊城坊とは日光山の寺領であり、宇都宮氏と繋がる勢力だったという。天文年間（1532〜55）、宇都宮氏と敵対していた壬生綱房は、後北条氏と関係のある板橋将監親棟に城を攻めさせ、城主とした。天正18年（1590）小田原の役後は、日光山領は秀吉に没収され、結城秀康、松平一生が当地に入り板橋藩となった。

　板橋城は、山の尾根を曲輪、堀切、竪堀で区画する城である。山容の影響だろうが、大きな曲輪は存在せず、細長いⅠ〜Ⅳの曲輪で構成されている。

　主郭は最高所のⅠで、堀切を隔てⅡの郭へつながる。Ⅰの周辺に石垣と称される場所があるが、筆者には自然の物のように見える。

　特徴的な遺構としては、尾根を潰す竪堀の存在である。Ⅱの郭から東へ伸びる尾根と、通称羽黒山Ⅲからの尾根上には竪堀A、Bが走る。これは、竪堀によって、尾根上での敵の動きを妨害する狙いである。山の尾根が東に延びる場所が多く、東側からの敵の攻め込みを想定していたと考える。

　江戸期に入ると、松平一生が1万石の譜代大名として入城し板橋藩を立藩した。この時に板橋城の山麓に築かれたものが板橋陣屋と呼ばれ、現在はJR日光線の線路によって分断されている。昭和21年の航空写真では完全に耕作地として開墾されており、旧状を留めているとは言い難い。図中の"堀跡？"は、堀跡としてネットや城の本で紹介されているものもあるが、何とも言い難い。ただ現地には、周囲より一段高い切岸があり、旧陣屋の外形は残している可能性がある。

（渡邉昌樹）

　＊参考　栃木県文化振興事業団『栃木県の中世城館跡』栃木県教育委員会1983

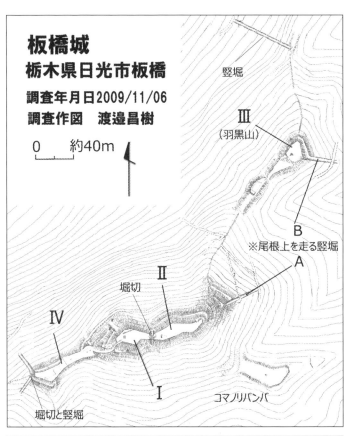

板橋城
栃木県日光市板橋

調査年月日2009/11/06
調査作図　渡邉昌樹

0　　約40m

竪堀

Ⅲ
（羽黒山）

B

※尾根上を走る竪堀

A

Ⅱ

堀切

Ⅳ

Ⅰ

コマノリバンバ

堀切と竪堀

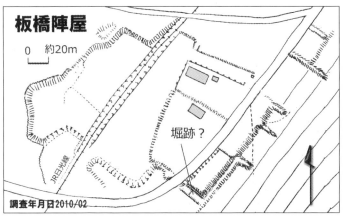

板橋陣屋

0　　約20m

堀跡？

JR日光線

調査年月日2010/02

062 猪倉城
<ruby>猪倉<rt>いのくら</rt></ruby>城

所在：日光市猪倉寺沢
比高：130m
マップコード：132 586 472*64

　猪倉城は泉福寺背後の山であり、市指定史跡として登山道も整備されている。
築城年代は定かではないが、正応年間に（1288～93）鹿沼権三郎入道教阿が在
城したという説と、大永年間（1521～28）に鹿沼右衛門が築いたという説がある。
　猪倉城の間接的な歴史としては、以下の話が残る。天正4年（1576）、宇都宮
方の壬生徳節斉周長が壬生家の内紛で、猪倉城主鹿沼右衛門と共に、日光山勢
力に傾きかけた鹿沼城主壬生綱雄を謀殺。しかし綱雄の息子、壬生義雄に徳節
斉周長は殺されてしまう。この時、鹿沼右衛門も061板橋城の城主、板橋将監
親棟によって攻められ、猪倉城は落城したという。
　遺構は山頂を中心に残存状態は非常に良好である。主郭はⅠで、周囲を土塁
で囲む。北側に虎口があり、最西の嘴状の土壇は矢倉台と思われる。主郭下が
Ⅱの郭である。この郭にあるAは、Ⅲの曲輪群内部を通らずにⅡの曲輪に至
る道Bと、Ⅲの曲輪群の内部を通る道Cが合流する場所であり、大きな枡形門
となっている。Ⅲは南に腰曲輪を多数持つ曲輪群であるが、ここから尾根は2
分する。北東に続く尾根①は、尾根上を堀切で区画し、Ⅳの曲輪で収束する。
ほぼ東に続く尾根②は泉福寺につながる道で、階段状の曲輪が長く続いている。
Ⅱの曲輪から真東に続く尾根③は曲輪Ⅴへ続く。途中は、堀切と最先端の円弧
状の堀で収束する。Ⅱの曲輪から西に続く尾根④は、堀切や竪堀をふんだんに
使い、一つの独立した城郭を思わせる。中心部はⅥの曲輪で、Ⅰと同じように
土塁囲みとなっている。
　この城の特徴的なところは、派生する尾根の末端のⅣ、Ⅴ、Ⅵの曲輪できっ
ちり防御しようとする意思が明確なところだ。例えば、Ⅵの西は峰続きにもか
かわらず、標高420mの三角点山上まで全く遺構がない。そして泉福寺へ向か
う尾根②のみは末端が不明確となっている。これは、泉福寺へ続くこの道が大
手道であったという証にもなろう。　　　　　　　　　　　　　　（渡邉昌樹）

　＊参考　栃木県文化振興事業団『栃木県の中世城館跡』栃木県教育委員会1983

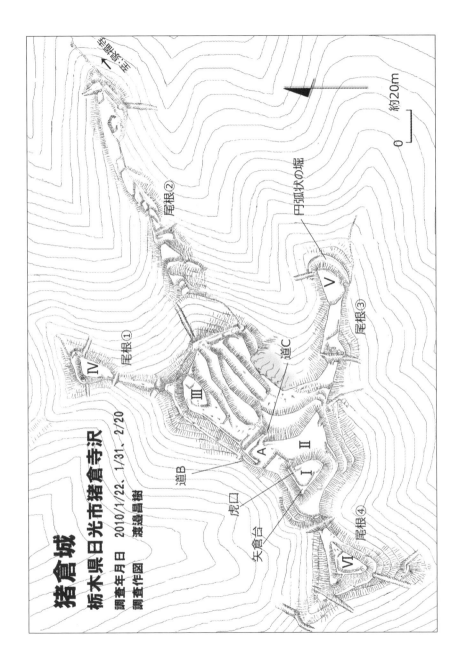

猪倉城
栃木県日光市猪倉寺沢

調査年月日　2010/1/22、1/31、2/20
調査作図　渡邉昌樹

矢倉台
虎口
道B
A
III
IV
尾根①
II
I
道C
V
円弧状の堀
尾根②
尾根③
尾根④
VI

約20m
0

123

063　倉ヶ崎城
（くらがさき）

所在：日光市倉ケ崎
別名：鞍ヶ崎城、茶臼山城
比高：140m
マップコード：132 848 473*61

　標高517mの茶臼山周辺に明瞭な城郭遺構が存在する。一帯は一般のハイキングコースとしても整備が行き届いている。

　『今宮祭祀録』などによれば、天正15年(1587)に大宮城(塩谷町)と、**鞍ヶ崎城**(当城)が再興されたという。城は宇都宮氏家臣、大門資長が守備していたが、日光山勢の攻撃により落城したとされ、その後の歴史は定かではなく、この時に廃城になったと推測されている。

　縄張りであるが、茶臼山全体は西側が急になっているため、普請は茶臼山の峰続きと、峰から東に延びる尾根筋を中心に施されている。ここでは便宜上、第1峰、第2峰、外郭の堀切と呼称する。

　第1峰　平野部に近い山の先端部分に当たるため、最も普請されている場所である。標高490mの小ピークを主郭とし、そこから派生する2つの尾根に曲輪を配置する。南に向かう尾根には、2本の堀切で挟まれた馬出が設けられている。山城としては非常にテクニカルな構造で、文献のとおり天正期のものだろうか。馬出の堀切はそのまま谷に向かって斜めに下り、東尾根から伸びてきた竪堀または通路と谷中で合流する。これは山の東側がなだらかな山容となっているためで、谷からの敵への防御、および城方の連絡通路にしたと考えられる。東尾根は曲輪と堀切で区切る。これは東尾根が頂上に近い部分で非常に傾斜が緩くなっているためである。

　第1峰と第2峰の鞍部は、堀切2本で囲まれた曲輪Aを配する。北側の堀切は西面のみ深い竪堀Bとなっているが、これは山の西側が比較的緩くなっているためと考えられる。

　第2峰　茶臼山の最高所にあり、第1峰から20mほど高所にある。山頂付近に曲輪を配置し、峰続きに小さな堀切Cがあるが、ここから堀切Dに向かい、斜めの通路(竪堀か)が伸びている。堀切Dに合流すると、その先の通路は土塁を伴って東尾根を下っていく。この遺構が尾根を潰すためのものか、通路な

のかは判断に迷う。しかし、第1峰に比べ第2峰は普請量が少なく、備えの中心は第1峰であることがわかる。

　　外郭の堀切　2015年に筆者が新たに確認。第2峰の小さな堀切Cからさらに北240mに長い土橋を持つ堀切を見つけた。城内側は平入の虎口となっている。茶臼山は南北に長い山容なので、当然の構えといえよう。このように、茶臼山は第1峰を中枢部とし、第2峰、外郭の堀切で、山の全方位を警戒している城であることがわかった。　　　　　　　　　　　　　　　　　　　　　（渡邉昌樹）

＊参考　栃木県文化振興事業団『栃木県の中世城館跡』栃木県教育委員会1983

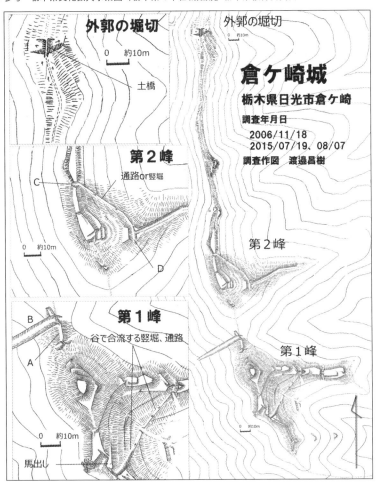

外郭の堀切

外郭の堀切

0　約10m

土橋

倉ケ崎城

栃木県日光市倉ケ崎

調査年月日
2006/11/18
2015/07/19、08/07
調査作図　渡邉昌樹

第2峰

通路or竪堀

C

0　約10m

D

第2峰

第1峰

B

谷で合流する竪堀、通路

A

0　約10m

馬出し

0　約10m

第1峰

064　古山城

所在：日光市小林
別名：小山城
比高：60m
マップコード：132 832 044*0

　日光市今市塩野室郵便局前の独立丘が**古山城**である。草木に覆われ分かりづらいが、北の麓から見上げる城山は崖の上にある要塞である。

　古山城の詳細な史実は不明である。一説には鎌倉時代、建暦3年（1213）5月に和田義盛が和田合戦で北条氏に敗れ、その三男和田義秀が安房へ逃げのび朝比奈義秀を名乗り、最終的に下野に逃れ古山城を築城したという。しかし、信憑性はかなり低いと考えられる。というのも、古山城の現在の縄張りはかなり技巧的で、戦国時代までは下ると思われる。おそらく、日光勢力と宇都宮氏の抗争が繰り広げられる時期に逐次改修されていったと思われる。

　この城は大きく4つの曲輪で構成されている。最高所のⅠは、南北に細長い曲輪である。西側は急斜面であり、北に向かうに従って斜面から巨岩が顔を出し始める。主郭はもちろん最高所であるⅠと考えられるが、下段のⅡ郭は四方を堀に囲まれており、縄張りとしては、こちらの方が主郭にふさわしそうに見

古山城の北の岩崖

える。しかし、Ⅱ郭内部は傾斜が激しく住居は建てられそうもない。居住よりも戦闘を意識した空間だったと考えられる。Ⅱ郭東のⅢ郭は、かなりの面積をもった曲輪である。内部はやはり同様に、曲輪としての加工が甘く、北側

に向かって細い段が設けられている。III郭、IV郭の南側には長い帯状の曲輪が2段取り巻いている。その中央寄りは二重堀になっており、IV郭直下には、堀を渡る土橋Aが設置されている。筆者は、この2段の帯状の曲輪はすべて堀であったと推測している。つまり古山城は急崖、急斜面、郭を取り巻く空堀で、ほぼ全方位を防御できる構造となっていたことがわかる。　　　（渡邉昌樹）

＊参考　栃木県文化振興事業団『栃木県の中世城館跡』栃木県教育委員会1983

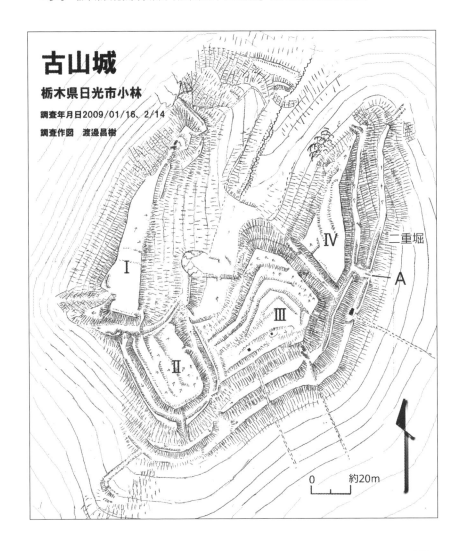

065 轟城
とどろく

所在：日光市轟
比高：20m
マップコード：315 300 005*00

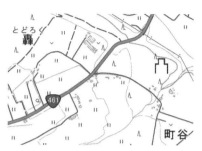

　城は国道461号線が日光市今市から鬼怒川方向に下り始める直前の河岸段丘の凸部先端にある。崖端の城である。

　この城の主は、畠山重忠の末子である重慶法師といわれ、『吾妻鏡』にも登場するものの、それ以外の詳細は不明である。ただし、宇都宮氏・日光勢力関連の城であることは間違いなさそうである。

　城は台地との関係を断ち切るように堀を配置している。堀内には現在水が流れている。南東面のCのみ斜面途中に、一筋、空堀の痕跡が見受けられる。

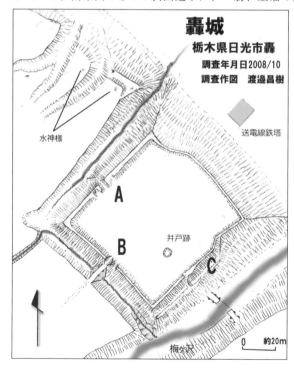

轟城
栃木県日光市轟
調査年月日2008/10
調査作図　渡邉昌樹

水神様
送電線鉄塔
A
B
井戸跡
C
梅ヶ沢
0　　　約20m

　虎口は、Aが最もはっきりしている。土塁の太さもA沿いは太く、土塁の周りに石が貼られていた痕跡がある。Aを正門と見て間違いないだろう。Bについては後世の改変が疑われる。また、城の北西に複数の溝が見られるが、水神を祀る祠があることから、城の遺構ではなく、水流の跡と考えられる。

（渡邉昌樹）

＊参考　児玉幸多・坪井清足監修『日本城郭大系4 茨城・栃木・群馬』新人物往来社1979

066　鶴ヶ渕城

所在：日光市上三依横川

比高：0m

マップコード：716 387 829*55

　国道121号は日光から会津に抜ける街道で、**鶴ヶ渕城**はその街道沿いの男鹿川右岸にある。

　当城は会津田島の鴫山城主の長沼氏の手によって築かれたと言われるが、遺構からは「北の関ヶ原」と言われる慶長5年（1600）の騒乱の時に、会津地方を治めていた上杉景勝が、徳川家康率いる会津討伐軍に備えた防塁と考えられている。

　遺構は、山と男鹿川に挟まれた川沿いの平坦部を、堀一本で遮断するものだ。外部連絡用として、川沿いに角馬出を採用している。横堀は野岩鉄道で遮断されるが、その先には横矢の張り出しが1ヶ所確認できる。その先の堀は、西の山を竪堀となって登っていくが、途中で消滅する。筆者はさらにその先の山も踏査したが、遺構は見当たらない。男鹿川を挟んだ東側の斜面にも西側と同じく竪堀の一部が存在するが、国道建設で破壊されているようだ。城外側が日光方面を向いていることから、通説通り上杉方の防塁であった事は間違いなさそうである。なお、東の竪堀の上部、姥捨て山も砦の跡とする論考が見受けられるが、城郭として認められる決定的な遺構はない。　　　　　　（渡邉昌樹）

＊参考　栃木県文化振興事業団『栃木県の中世城館跡』栃木県教育委員会1983

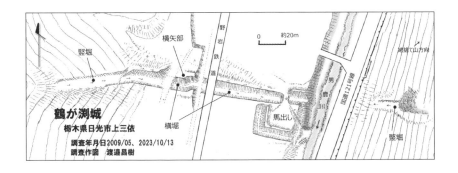

鶴が渕城
栃木県日光市上三依
調査年月日2009/05、2023/10/13
調査作図　渡邉昌樹

竪堀　横矢部　野岩鉄道　約20m　姥捨て山方向　横堀　男鹿川　国道121号線　馬出し　竪堀

067 小倉城

所在：日光市小倉
比高：170m
マップコード：132 461 711*43

小倉城は文挾駅西方、標高390.8mの山頂にある。

日光勢力・桜本坊法印昌安が天文年間（1532～55）に築いたとされている。日光勢力は僧兵集団であり、桜本坊は壬生氏、後北条氏と結びつき、宇都宮氏・佐竹氏と攻防を繰り広げていた。桜本坊宗安が著した「三十講表白奥書」には、天正15年（1587）宇都宮・佐竹軍が当城を襲ったが、同日に奪い返した記録が残る。

城は、山上の2つの郭と、山麓の曲輪群よりなる。曲輪Ⅱは城の最高峰であるが、全体の加工が甘く、Ⅰの残存土塁からも、実質の主郭はⅠと考えられる。主郭南には、土橋を伴った馬出し状の曲輪Aがある。主郭へ登城路は竪堀①-②の間を通るルートも考えられるが、道状の遺構Bの存在から、BからCの尾根に達し、土塁からAに達していたと筆者は考えている。主郭の南下の緩傾斜にはDの曲輪群があるが、遺構として良いものか、判断に迷うところである。（渡邉昌樹）

Ⅱ

Ⅰ

馬出し状
の曲輪
A

C
尾根

①竪堀

②竪堀

B
道状の遺構

小倉城
栃木県日光市小倉
調査年月日
2009/04/29
調査作図
渡邉昌樹

0　約20m

山麓の
曲輪群　D

＊参考　栃木県文化振興事業団
『栃木県の中世城館跡』栃木県教育委員会1983

068 愛宕山城
あたごやま

所在：日光市中小来川
比高：80m
マップコード：489 899 868*50

　愛宕山城は069岩崎城と同様、宇都宮在住の山好きの方が発見した。城は岩崎城の西方約10km、山深い小来川地区にあり、小来川小・中学校の北背後の山である。ハイキングコースが整備されており、八坂神社を経て主郭まで登ることができる。

　城の歴史は定かではないが、小来川は山間部でありながら、鹿沼と日光方面をつなぐ街道が走っており、交通の要衝とも言え、これが築城目的とも考えられる。

　主郭はＩであり、山頂部から派生する3方向の尾根に対し、1段ずつ曲輪を配置する。主郭西は堀切で遮断している。主郭南は、堀切は無いものの、高さのある切岸で防備している。北の尾根続きは、大きな堀切で、完全に外部との連絡を遮断している。遺構からは戦国期のものと考えられるが、宇都宮氏方の城というよりは、日光勢力側のものであったと筆者は推測している。　（渡邉昌樹）

＊参考　筆者WEBサイト『栃木県の中世城郭』

069 岩崎城
いわさき

所在：日光市岩崎
比高：110m
マップコード：132 464 680*65

　この城は筆者ホームページへ寄せられた情報から確認した新発見の城跡である。日光市岩崎観音の西、標高359mの山上にある。もちろん、この城に関する資料、歴史等は明らかではない。

　遺構としては、西面にとにかく大きな三重堀切を配している。それに対し、古賀志山、多気志山城方面（宇都宮氏の勢力方向）へ続く東面の防備の甘さが感じられる。城全体を俯瞰してみると、三重堀切は完全に遮断の意識を持ち、西方向に抜ける通路を設置していない事からも、この城は西から来る勢力を意識して築かれたことがわかる。

　当地から西には067小倉城が見える。北には061板橋城がある。両城とも宇都宮氏と敵対関係にあった日光勢力の城である。この事実からも、岩崎城は宇都宮氏により、対日光勢力として築かれたと推論できる。　　　　（渡邉昌樹）

＊参考　筆者Webサイト『栃木県の中世城郭』

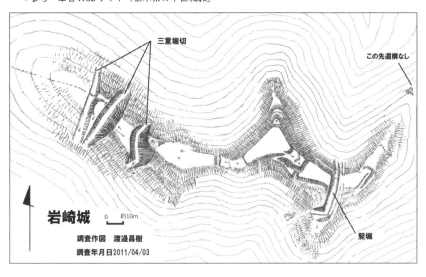

三重堀切

この先遺構なし

岩崎城　　0　　約10m

調査作図　渡邉昌樹
調査年月日2011/04/03

竪堀

070　浅間山城
あさまやま

所在：日光市川治温泉川治
比高：70m
マップコード：367 835 001*36

　会津鬼怒川線、川治湯元駅の目の前の山上にある。この城も2017年に筆者ホームページの読者からの投稿により確認できたものである。よって、この城に関する資料や文献は管見の限り見当たらない。

　このあたりの緊迫した戦況ですぐに思い浮かぶのは、いわゆる「北の関ヶ原」の戦いと戊辰戦争である。しかし、当地の遺構は戊辰戦争時の塹壕とは明らかに異なるもので、中世城郭色が濃いため、「城」と判断している。

　遺構は、独立した山の稜線上に3本の堀切を配置するものである。北側のみ竪堀になっており、高低差からⅠが主郭と判断した。南の鬼怒川方面に対しては抜群の立地である。前述の北の関ヶ原に関してと言えば、監視の方向が徳川軍を待ち構える方向ではある。しかし上杉の城と考えられる鶴が淵城とは約20kmも離れており、対徳川の城としてここまで上杉軍が進軍したかどうか、疑問である。　　　　　　　　　　　　　　　　　　　　　　　　　　（渡邉昌樹）

＊参考　筆者Webサイト『栃木県の中世城郭』

浅間山城
栃木県日光市川治温泉
調査年月日　2017/04/22
調査作図：渡邉昌樹

133

071 高徳城
<ruby>高徳<rt>たかとく</rt></ruby>

所在：日光市髙徳
比高：140m
マップコード：367 445 436*42

　高徳城は、『栃木県の中世城館跡』や『日本城郭大系4』に記載されている。しかし、その正確な所在地、残存状況はわからなかった。

　高徳の地は、宇都宮、日光、塩那方面へ向かう道の合流点であり、眼下を鬼怒川が流れ、陸運だけでなく水運の要衝でもあったと考えられ、城が存在するには充分な条件を揃えている場所である。

　『栃木県の中世城館跡』では山城として解説されており、遺構はあまり残っておらず、言い伝えで高徳仙左衛門の先祖が築いたと記述されている。しかし城の位置については明確に示されていない。『日本城郭大系4』では『栃木県史』からの記述を掲げ、高徳城は平城であるとし、遺構は湮滅したとする。同じく築城者は高徳仙左衛門であり、幕末には宇都宮藩戸田氏が当地に高徳藩を立ち上げ、ここに陣屋を構えたと記載されている。

　2009年、筆者は両書の情報を元に現地を訪れた。平野部には遺構が認められず、高徳寺の裏山、標高490mの三角点に狙いを定め、調査を実施した。その結果、三角点より手前250m、南西の峰先端部に遺構を発見したのである。

　山頂Ⅰが主郭である。周辺には細かな段を作り、虎口等ははっきりしない。Ⅰの北東には、ここが城として判断される決定打となった大きな堀切がある。城はここで完全に外部と遮断されている。

Ⅰの北東の堀切

　Ⅰの南西にはⅡ郭があり、曲輪内の仕切りであろうか、土塁が曲輪の内部を貫いている。

　ここから帯曲輪が北斜面に回り込んだところで、竪堀と堀切、そして斜面を斜めに下る細い道状の遺構がある。筆者はこれを堀を伴った通路と推定しており、斜めに下る堀が、最終的には大きな竪堀

斜面を斜めに下る堀

となって北西に下っていたと推測している。このような斜めに下る堀は、近隣の063倉ケ崎城、064古山城にも見られる。両城は天正15年（1587）宇都宮氏によって再興された城であることから、当城もその息が掛かっているのだろうか。

（渡邉昌樹）

＊参考　栃木県文化振興事業団『栃木県の中世城館跡』栃木県教育委員会1983、児玉幸多・坪井清足監修『日本城郭大系4茨城・栃木・群馬』新人物往来社

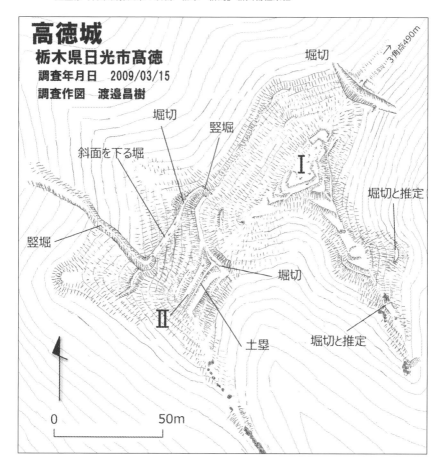

高徳城
栃木県日光市髙徳
調査年月日　2009/03/15
調査作図　渡邉昌樹

堀切
三角点490m
堀切
竪堀
斜面を下る堀
I
堀切と推定
竪堀
堀切
II
堀切と推定
土塁

0　　　　50m

072 中三依城
<ruby>中<rt>なか</rt></ruby><ruby>三<rt>み</rt></ruby><ruby>依<rt>より</rt></ruby>

所在：栃木県日光市中三依
比高：50m
マップコード：716 234 546*14

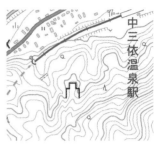

　中三依城は、本書にご協力頂いた小川英世氏により、2013年に新たに確認された城である。地元では城の存在すら知られていない。

　考えられるのは、慶長5年（1600）の関ヶ原の戦いの前哨戦である通称「北の関ヶ原」だ。上杉景勝・徳川家康のにらみ合いである。ここより6km北には、上杉の前線基地と言われる066鶴ヶ渕城があり、当城もこの戦線上の陣城であった可能性は高いと考える。

　遺構は極めて急ごしらえ感が強く、自然地形部が多い。ただし、ⅠⅡ郭を取り囲む堀、土塁は、しっかり折れを設け横矢を効かす。堀の配置から明らかに城の防御方向として北東を意識している。虎口も北から見えない位置にある。わざわざこの地に城を築くには、それなりの意図があったはずで、築城者はある

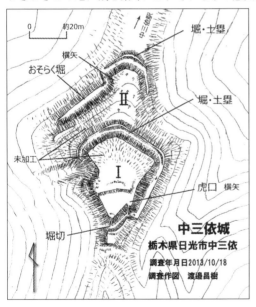

程度の人数が収容でき、且つ、北東に向かって警戒しやすい地が欲しかったと考える。よって筆者は、上杉方を意識した徳川方の陣城ではないかと推定している。先の小川氏は、当地が上杉の統治にあったとして、宇都宮氏再興を狙って上杉方についた元宇都宮家臣団の陣城と推定する。読者は果たしてどう思われようか。

（渡邉昌樹）

＊参考　小川英世『日光市中三依で新たに確認された城館跡について―歴史と文化　第23号』随想舎　2014

073　明神城
みょうじん

所在：栃木県日光市明神
比高：140m
マップコード：132 669 439*57

　東武日光線明神駅から直線距離で1km、標高454mの山が**明神城**である。近隣では国道121号線の平野部を隔て、南東方向に直線距離3kmに061板橋城がある。

　この城は、2013年に筆者ホームページへの読者からの投稿により確認できたものである。よって、この城に関する資料や文献は管見の限り見当たらない。地元の古老にお話を伺っても、ここが城であったという話は聞いたことがないということであった。

　標高454mの山頂を中心に、残存状態は非常に良い。

　主郭は最高所Ⅰである。Ⅰに付随するⅡ、Ⅲには堀切と竪堀を組み合わせて敵の侵入を防ぐ虎口が確認できる。城の南方向にはⅣとⅤの曲輪を配し、Ⅳ・Ⅴ間の堀切は土橋で繋げている。主郭Ⅰの南東続きの細尾根は曲輪として加工し、Ⅵとしている。当城で一番広い空間となっており、特徴的なのは東の先端部近くで、尾根を竪堀で挟み込むように竪堀を四本配している。これらの竪堀に囲まれた空間のみ腰曲輪（通路か？）が設けられていることから、東先端部は物見的な役割があったのかもしれない。

　そこから続く南の尾根にはⅦ、Ⅷの曲輪が続く。両曲輪共に尾根の東面にしか竪堀を設けない特徴的な遺構がある。Ⅷの先には現在熊野神社がある。神社の全周は岩盤に囲まれており、まさに要塞のような地形になっている。熊野神社からⅧに続く尾根には同様に竪堀が施されていることから、この熊野神社の岩盤地帯も城の一部であったことがわかる。

　さて、この城の構造を俯瞰した時に、長い細尾根の曲輪利用、堀切を設けない尾根を挟み込むような竪堀、片面斜面のみの竪堀、などの特徴が近隣の板橋城と非常によく似ている事を掲げておきたい。板橋城は日光勢力圏の城であったが、後北条方の壬生氏に派遣された板橋氏によって占拠された城だ。両城の位置関係や、両城の縄張りの特徴が似ていることから、日光勢力または板橋氏

のどちらかが築城者である可能性を指摘しておきたい。　　　　　（渡邉昌樹）

　＊参考　筆者Webサイト『栃木県の中世城郭』

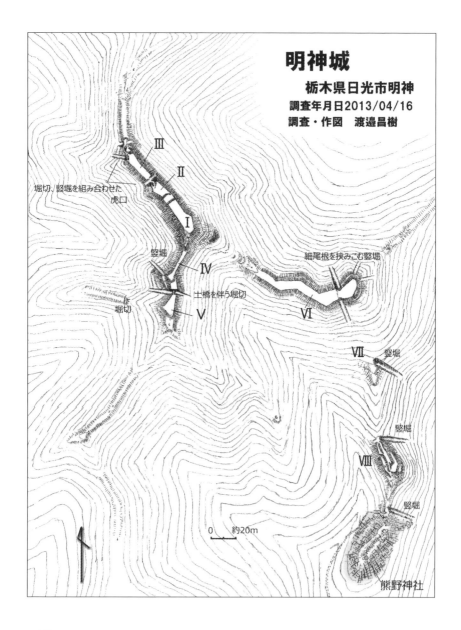

明神城

栃木県日光市明神
調査年月日2013/04/16
調査・作図　渡邉昌樹

堀切/竪堀を組み合わせた
虎口

竪堀

土橋を伴う堀切

堀切

細尾根を挟みこむ竪堀

竪堀

竪堀

竪堀

0　　約20m

熊野神社

074　宇都宮城
うつのみや

所在：宇都宮市本丸町

別名：唐糸城、亀ヶ丘城、亀岡城、亀井城

比高：10ｍ

マップコード：39 481 139*33

　宇都宮城はJR宇都宮駅の南西800ｍほどの位置にある。市街地にある城郭の宿命で、廃城後は市街地開発のため破壊され、本丸の土塁をわずかに残す程度になっていた。平成になって本丸復元の計画が進み、現在は本丸の西側半分が復元されて城跡らしさを取り戻している。だが、かつての威容には及ばない。

　宇都宮城の起源は古く、平安時代に藤原宗綱が当地に赴いて宇都宮氏を名乗り、居館を築いたことに始まる。当時は単郭の小規模な城館だったであろう。

　鎌倉時代の宇都宮氏は鎌倉御家人と宇都宮惣検校を兼ねていた。南北朝時代、芳賀高名に擁立された宇都宮氏綱は北朝方となる。南朝方の北畠勢に攻め込まれこの城に籠城したが、こうした戦乱に際して、複数の郭を構築するなどの大規模改修が行われたと考えられる。

　戦国期の宇都宮氏は、下野を代表する有力大名であったが、一族内での内紛が続き、芳賀氏や壬生氏といった家臣団の専横も目立ったため、存亡が危うい時期もあった。宇都宮氏は後に佐竹氏の支援を得て勢力を回復し、天正期には佐竹義重と共に、反北条氏の勢力の旗頭の一人となっていた。このため下野進攻を目指す北条氏の攻撃を何度となく受け、天正13年（1585）、危険を感じた宇都宮国綱は、平城で要害性の悪い宇都宮城から多気山城へと拠点を移した（「結城晴朝書状」「宇都宮隆綱書状写」）。北条氏が滅亡すると宇都宮国綱は再び宇都宮城を居城とし、豊臣政権下で20万石の大名となったが、慶長2年（1597）、突然秀吉によって改易されてしまう。

　翌年、蒲生秀行が18万石で入城、宇都宮城は蒲生氏によって近世城郭へ改修されることとなる。慶長5年（1600）には奥平家昌が10万石で入城。さらに元和5年（1619）には本多正純が15万石で入城。この本多正純時代に将軍宿泊所となる御殿が本丸に建設され、城域が拡大されて、城下町も整備された。本多氏の後は頻繁に藩主の交代が行われ、江戸の北方をおさえる要地として譜代大名が城主を任されていた。

慶応4年（1868）、戊辰戦争の際に旧幕府軍の攻撃を受けて宇都宮城は城下とともども炎上した。その後、廃藩置県で廃城となり、長い歴史の幕を閉じた。

　宇都宮城は近世城郭らしく、虎口には枡形や馬出が形成され、虎口と二ノ丸の東側には石垣が構築されていた。堀内部に屈曲させた進入路を多く形成しているのも特徴である。遺構が残存していれば非常に見ごたえのある城郭であったろう。

（余湖浩一）

＊参考　江田郁夫編『下野宇都宮氏』戎光祥出版2011

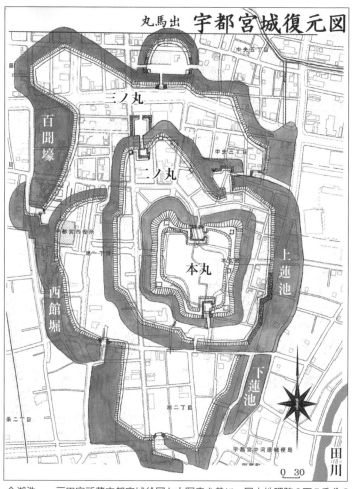

（作図　余湖浩一　戸田家所蔵宇都宮城絵図と古写真を基に、国土地理院2万5千分の1地形図を利用）

075 雨乞山城
あまごいやま

所在：宇都宮市新里町

比高：150m

マップコード：132 472 525*16

雨乞山城は、近年城跡として確認された。既刊資料にもあまり紹介されていない城である。

南3キロには、宇都宮氏が後北条の攻撃に備えた077多気山城があるが、関連性については明らかではない。南東山麓には田中城がある。田中城はかなり破壊が進んでいるが、位置的に雨乞山城の山麓の館という関係であったことは容易に想像できる（地図参照）。

雨乞山城は、南北に走る峰を曲輪と堀切・竪堀で切り刻む縄張りである。一般に知られてないのが不思議なほど、かなりの土木量である。主郭は最高所Ⅰであり、南北約20メートル×東西約10メートルの広さがある。主郭東から南に向かう東斜面は、一面の岩崖となっており、この城が機能していた頃の山容はかなりの威圧感があったろう。山の北側は林道建設がされており、どこまで現状維持できるかが懸念される。　　（渡邉昌樹）

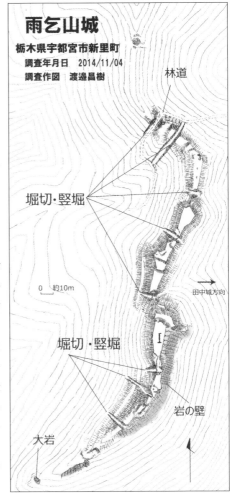

雨乞山城

栃木県宇都宮市新里町

調査年月日　2014/11/04

調査作図　渡邉昌樹

林道

堀切・竪堀

0　約10m

田中城方向

堀切・竪堀

Ⅰ

岩の壁

大岩

076　犬飼城
いぬかい

所在：宇都宮市上欠町字根古屋
比高：20m
マップコード：132 115 405*22

　犬飼城は、姿川と武子川が合流する地点の北側にそびえる比高20mほどの
台地先端部に築かれている。高さはさほどないが、平野部に面しているため見
通しはよく、宇都宮城の南西方向を監視するのによい位置にある。

　犬飼城の歴史について、『姿川村誌』等では以下のような解説がある。

　犬飼城は、康暦元年（1379）に小山城の支城として小山義政によって築かれた。
小山義政は翌年、宇都宮市茂原においては宇都宮基綱と合戦している。

　元亀年間には北条氏康によって
攻め落とされ、犬飼康吉が城主と
なり2800貫の地を所領としたが、
元亀4年（1573）に宇都宮勢によっ
て攻撃され落城。しかし、小山氏
が宇都宮氏の本拠に近い場所に城
を築くことができたのかは疑問で
ある。

　『那須記』巻10には、壬生氏が
宇都宮氏に反乱した際のこととして、宇都宮国綱が今泉兵部大掾、逆面周防守、
新田徳次郎等を呼び「犬垣の郷鹿目堤に出城を構え相防ぐべし」と命じ、城を
築かせたという記事が見える。これが犬飼城のことだとすれば、宇都宮氏によ
って築かれた陣城ということになる。城のある位置や形態からして、天正年間
初期に宇都宮氏が鹿沼方面の監視のために築いた城というのは蓋然性が高いと
考える。

　犬飼城は、その規模のわりには大規模な堀が構築されており、堅固な構えを
見せている。

　Ⅰ郭の西側には大きな横矢の張り出しがあり、虎口に進入する敵に対して厳
重な構えを見せる。その外側の郭の城塁にも複雑な折れが見られる。西側の虎

口の下の堀内部には枡形状の構造が見られ、ここで敵を迎撃できるようになっている。

　南側は山麓部分にも堀が掘られており、山麓から接近する敵に対しても厳重な構えとなっていた。　　　　　　　　　　　　　　　　　　　（余湖浩一）

　＊参考　池田貞夫『宇都宮の中世城館跡』しもつけの心出版 2022　峰岸純夫・齋藤慎一編『関
　　東の名城を歩く　北関東編　茨城・栃木・群馬』吉川弘文館 2011

（作図　小川英世　調査日 2022.1.25,26）

2つの多気山城

　宇都宮市にある多気山城は、栃木県内で最大の山城である。天正14年 (1586) には宇都宮氏の本城として機能しており、北条氏の猛攻にも耐え抜いたという歴史をもっている。「多気山」というのは珍しい名称であるが、実は同じ多気山城という名の城が茨城県つくば市にもある (下図)。この 2 つの城には名称以外にも共通点が見られる。それは城の山麓近くに長大な横堀構造を有していることである (下図の範囲には描かれていない)。

　2 つの多気山城の共通点はそれだけではない。つくばの多気山城は『明光院記』により天正 7 年 (1579) に佐竹氏によって再興された城であることが知られている。宇都宮市の多気山城が築かれたのは、宇都宮国綱が佐竹義重から多大な軍事的援助を受けていた時期であった。つまり 2 つの多気山城に共通する 2 つ目のキーワードは佐竹氏の関与であり、共通する構造は佐竹氏による築城術によるものという可能性が考えられるのである。

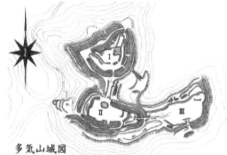

多気山城図
作図　余湖浩一　調査日 2002/1/4

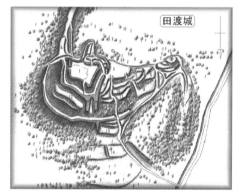

田渡城

　そのように発想すると、興味深い城が佐竹氏の本拠地常陸太田市内にある。それは田渡城で、この城にも山麓近くに横堀が形成されており、ミニ多気山城のような様相を見せているのである。この城こそが、佐竹氏が各所に築く城の原型となったモデル城なのではないだろうか。

　天正16年 (1588) に佐竹氏が支配していた郡山市の大平城にも城の外周を巡るような横堀構造が見られる。このような構造を有している城と佐竹氏との関係を考えることによって、見えてくるものがあるのではないかと考えている。

（余湖浩一）

077　多気山城
たけさん

所在：宇都宮市田下町田下
別名：多気城、御殿山
比高：200m
マップコード：132 381 235*72

　多気山城は、多気不動尊の西の裏山、標高376.9mの山上を中心とする城である。縄張り図をご覧になればお分かりになると思うが、その規模の大きさに圧倒される。山頂から派生する尾根、および山麓をほぼ全て加工している。山麓から東南に少し離れた現在の城西ニュータンの敷地には、かつて外郭の堀があった（割田遺跡）。それをも含めると、東西約1.5km×南北約1.5kmの大城郭となっている。

　多気山城は宇都宮氏の本拠となった城である。康平6年（1063）に宇都宮宗円が築いたのが始まりというが確証はない。戦国期には、後北条氏の勢力拡大に対し危機感を抱いた宇都宮氏が、それまでの居城・宇都宮城から城下町もろとも多気山へ移動したと言われている。工事は天正期に始まったと言われ、天正12年（1584）、14年には、多気山城が後北条氏の侵攻の目標とされている。

　小田原の役の後、宇都宮国綱は本拠を再び宇都宮城に戻すことになる。しかし慶長2年（1597）、突然の改易により宇都宮氏は没落。多気山城もその歴史を閉じることとなった。その後は平城の宇都宮城が江戸期を通じ近世城郭へと発展していくので、多気山城は改変されることもなかった。そういう意味では、多気山城は戦国期末期の城の姿を現代に伝えているということになる。

　多気山城の遺構は広い領域におよぶため、細かな解説はできないが、大きなところで3つ述べておきたい。1つ目は主郭周辺の遺構である。主郭周りは広い曲輪取りで、横堀や土塁を複雑に組み合わせ、いくつもの枡形門を配置し、厳重である。

　2つ目は山麓の長塁である。標高200m付近には、山の東山麓から南山麓、そして西山麓にかけて約2kmの長塁を築いている。特に南から西側山麓斜面については、標高170〜180m付近に長塁を重ねて二重とし、山麓を守る。

　3つ目は先述した割田遺跡の存在である。平成4年に城西ニュータウンの宅地造成で発掘調査が行われた。全長約400mの横矢を伴った長塁を施し、多気

山城の南東側からの敵の侵入を警戒する。これらは完全に南方から攻めてくる後北条氏を意識した遺構であり、その緊迫感、緊張感が手に取るように伝わってくる。

（渡邉昌樹）

＊参考　栃木県文化振興事業団『栃木県の中世城館跡』栃木県教育委員会1983
　　　　児玉幸多・坪井清足監修『日本城郭大系4茨城・栃木・群馬』新人物往来社1979

多気山城主要部

栃木県宇都宮市田下町田下

調査年月日
2008某日
2017/11/5、11/18、12/02
12/03、12/07、12/16

調査作図　渡邉昌樹

この先遺構なし

枡形門

未調査

未調査

主郭

枡形門

食い違い門

未調査

未調査

枡形門

0　　　約50m

多気城跡全体図

宇都官市理蔵文化財調査報告書第42集（平成９年３月）掲載
※宇都宮市教育委員会許可　宮教文第214-1号（図は右が北）

078 徳次郎城
とく　じ　ら　じょう

所在：宇都宮市徳次郎町
比高：田川から10ｍ
マップコード：132 537 427*68

　徳次郎城は、宇都宮氏が敵対関係にあった日光山勢力と対抗するため、戦国時代に宇都宮国綱の家臣、新田徳次郎昌言が築いたと伝わる。田川と日光街道に挟まれた位置にあり、日光街道の日光方面への街道監視はもちろん、田川に接して築かれているところから、河川交通にも睨みを利かせていたと考えられる。また、日光街道を挟んで079下田中城がある事にも着眼したい。城は宇都宮国綱の改易と共に廃城となったと伝わる。

　城は典型的な平城である。主郭はＩで、南北約100ｍ×東西約70ｍという広大な空間となっている。郭内の北と東にもう一本堀が設けられているが、北の日光勢力に対する備えと田川からの河川を利用した侵入に備える強化策と考えたい。Ｉ郭南にははっきりとした堀の折りが見られる。堀に面して土塁が一部開口しており、虎口の跡と考えられる。対岸のⅡ郭方向に木橋を架け、先ほどの折りが木橋への横矢となっていた。

　Ⅱ郭は南北約150ｍ×東西140ｍで、郭Ｉを大きく取り囲む。Ｉ郭と同様に南面に塁線の折が見られる。ここにもＩ郭同様の木橋による虎口が設けられていたと考えたい。Ⅱ郭内には浅い堀が3箇所ほど確認されるが、筆者はⅡ－2郭のものは後世の畑の跡で、近代の改変と考えている。Ⅱ－3郭のものはしっ

徳次郎城主郭Ｉ堀

かりした堀と土塁が残ることから、Ⅱ郭を区画する往時からのものであろう。また、郭内を突っ切るように東西に堀が走っているが、これは明らかに後世の改変である。Ｉ郭がかつて畑として利用され、アプローチの容易化から切り崩されて道となったと思われる。

　資料によってはⅢ郭、Ⅳ郭を徳次郎城の遺構とするものがあるが、1960

年代の航空写真を確認すると、この一帯も畑として利用されていたことがわかる。徳次郎城は残存状況がよい城とされているが、近代の改変との区別に慎重を期す必要がある。 （渡邉昌樹）

*参考　児玉幸多・坪井清足監修『日本城郭大系4茨城・栃木・群馬』新人物往来社1979

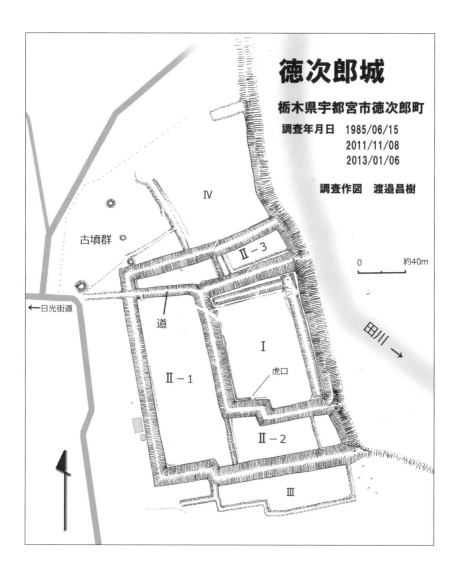

徳次郎城

栃木県宇都宮市徳次郎町

調査年月日　1985/06/15
　　　　　　　2011/11/08
　　　　　　　2013/01/06

調査作図　渡邉昌樹

古墳群

IV

II－3

0　　　　約40m

←日光街道

道

II－1

I

虎口

田川 →

II－2

III

079 下田中城

所在：宇都宮市徳次郎町下田中
比高：70m
マップコード：132 535 495*84

　下田中城もまた、筆者ホームページへの書き込みから新たに確認された城である。菅見の限り、当城発見時にここを城として紹介する資料は見当たらなかった。

　この城は078徳次郎城と日光街道を隔てて1km、標高270mの山上にある。主郭はⅠと考えられるが、切岸は甘い。南端に土橋付きの二重堀切があり、遺構はかなり薄いが、受け取り方では馬出にも見える。そこから60mほど下ると、やはり土橋を伴なった堀切がある。

　Ⅰの北は、岩盤を降り切った所に一本の堀切があり、さらにその先の小ピークを越えた先にも堀切が確認できる。

　いかにも暫定的な造りから、何らかの戦闘の陣城とも考えられるが、徳次郎城との位置関係から考えると、徳次郎の物見の補佐として機能していたと推論する。

（渡邉昌樹）

※参考　筆者Webサイト
　　　　『栃木県の中世城郭』

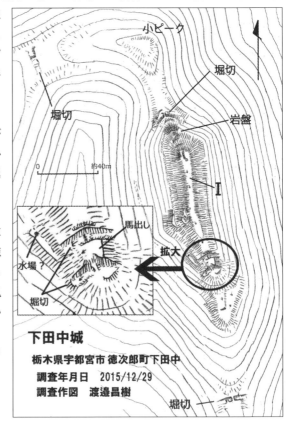

下田中城
栃木県宇都宮市 徳次郎町下田中
調査年月日　2015/12/29
調査作図　渡邉昌樹

080　飛山城
とびやま

所在：宇都宮市竹下町
比高：20m
マップコード：39 491 368*00

　城は鬼怒川の左岸台地上に築かれている。北と西は鬼怒川の侵食を受けた急崖となっており、南と東は台地続きとなり平坦である。北の柳田大橋からは飛山城全貌の勇姿がよく見える。城の東側には143真岡城（芳賀城）へ通じる国道408号線が南北に走っている。

　飛山城は芳賀氏累代の城であった。この地の歴史は古く、旧石器時代、縄文時代、弥生時代、古墳時代との複合遺構も地域にあり、筆者も現地で縄文土器を拾ったほどである。中世の城としては永仁年間（1293〜99）に芳賀高俊が築城したと伝えられているが確証はなく、常陸の南朝方北畠親房に対し、北朝方宇都宮氏の拠点となった記録があるため、南北朝時代の築城とされている。芳賀氏と宇都宮氏は主従関係で密接な結びつきを持っていた。戦国時代には壬生氏に奪われた宇都宮城の奪取を巡り、芳賀氏と同盟した佐竹氏が5000人規模で飛山城に入ったという記録も残る。秀吉の小田原征伐後、慶長2年（1597）の宇都宮国綱改易と共に廃城となったと伝わる。

　飛山城の遺構は鬼怒川に沿う台地端に見られる。東西300m×南北450mほどの広い城域で、大きくⅠ〜Ⅳの曲輪に分かれる。Ⅰはいわゆる主郭である。主郭内部に浅い堀跡が残るが、これは初期飛山城の古い時代の塁線で、そこから逐次拡大して現在の姿になったとする説もある。主郭南の塁線には方形の飛び出しがあり、東側の木橋跡に横矢の効果を持たせている。

　Ⅱ郭は主郭の南側に展開し、主郭を囲うように逆L字形状である。内部は2つに分かれていたようで、浅い堀でⅡ-1、Ⅱ-2に分かれる。Ⅱ郭の南はⅢ郭で、当城最大の曲輪である。虎口は2箇所あったようで、平成4年から始まった調査で発掘された東側の馬出を伴った虎口と、南には土橋を伴った虎口がある。両虎口の外はⅡ、Ⅲ郭を取り囲むように逆L字型の郭Ⅳが取り巻いている。一部民家で破壊されているものの、概ね堀はよく残されている。特徴的なのは、Ⅳ郭の5箇所の張り出し（出構え）の存在だろう。この張り出しで堀を屈折させ、

横矢効果を持たせるとともに堀内の見通しを悪くし、敵の移動の緩慢化を図っている。栃木県内にこれだけ複数の張り出しを持った城郭の事例はない。栃木では飛山城オリジナルのものと言ってよい。 （渡邉昌樹）

＊参考　史跡飛山城跡保存整備委員会『史跡飛山城跡保存整備基本計画』宇都宮市教育委員会
　　　　1988

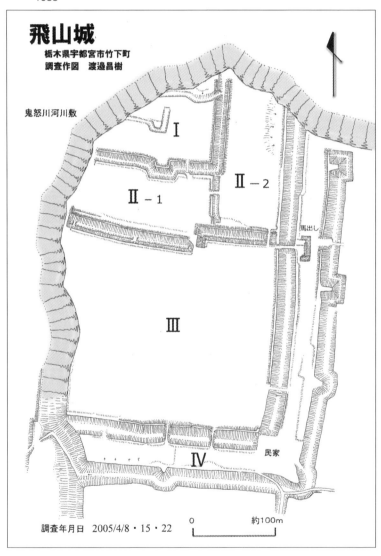

081 西山城
にしやま

所在：宇都宮市冬室町

比高：20m

マップコード：315 045 727*21

　西山城は082峯山城の北西約1.3kmにある。冬室下の集落から西に伸びる谷戸の奥まった低丘陵に位置する。東には山田川が流れ、北300mの直近の山上には086ユウカヘ城がある。

　西山城の築城年代は不詳だが、延喜年間（901〜23）に藤原利仁が築いたという説がある。しかし遺構から見てこれは伝承に過ぎないと思われる。

　城は単郭で、地形に合わせた不等辺な四角形の曲輪で、全周を土塁で囲み、張り出した横矢、コーナー部の矢倉台など、非常に新しさを感じさせる縄張りを持つ。特に東面については、土塁開口前に対岸の土壇から木橋が掛かっていた様相を見せる。主郭へのメイン通路と思われ、木橋には綺麗な横矢が掛けられている。この構造は056勝山城と酷似している。　　　　　（渡邉昌樹）

＊参考　栃木県文化振興事業団『栃木県の中世城館跡』栃木県教育委員会1983

西山城
栃木県宇都宮市冬室町
調査年月日1998/11/27, 28
調査作図　渡邉昌樹

082 峯山城

所在：宇都宮市中里町字峯山
別名：峰城、峯城、龍外城、中里城
比高：20 m
マップコード：315 016 666*11

　峯山城は、南北に伸びる舌状台地状の丘陵南端に位置する。築城は、中里氏によるものと『下野国史』（嘉永3年/1850成立）に伝えられる。中里氏は056勝山城を本拠とした氏家氏の分脈であり、氏家高信の時代に初めて中里氏を名乗ったとされる。

　主郭はⅠであり、基本単郭の城と考えたい。南の堀には土橋が掛かり、主郭入口の両脇には正方形の土塁が残り、特徴的である。北面には遮断を意識した堀切があり、東面の塁線には若干の横矢も掛かる。現在Ⅰの3方向に堀が巡っているが、西面の腰曲輪も堀の名残とすれば、ほぼ全周を堀で囲んでいた事になる。

　なお、南面の緩傾斜Ⅱを地元では「化粧台、青空御殿」と呼ぶようだが、往時からの遺構と判断できるものはなく、近代の改変があるかもしれない。　（渡邉昌樹）

＊参考　栃木県文化振興事業団『栃木県の中世城館跡』栃木県教育委員会1983、児玉幸多・坪井清足監修『日本城郭大系4茨城・栃木・群馬』新人物往来社1979

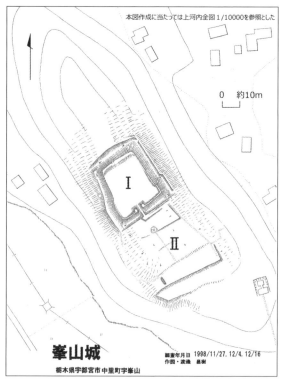

本図作成に当たっては上河内全図1/10000を参照とした

0　　約10m

Ⅰ

Ⅱ

峯山城

栃木県宇都宮市中里町字峯山

調査年月日　1998/11/27, 12/4, 12/16
作図・渡邉　昌樹

083 岡本城

おかもと

所在：宇都宮市中岡本町城ノ内
比高：20m
マップコード：39 699 406*64

　岡本城は鬼怒川の河岸段丘上にある。現在は支流の九郷半川が裾野を洗い、北と東が急崖、南と西は台地続きとなっている。

　岡本城の歴史は不確かな点が多いが、宇都宮氏の北の守りとして、飛山城の芳賀氏の流れを汲む岡本富高が南北朝期に築城し、その後天文19年（1550）に玉生重秀が移ってきたと言われている。

　Ⅰが主郭部分である。主郭南面の堀は折を持ち、南北方向に一度クランクする。主郭虎口に対しての横矢ではなく、あくまでも塁線を曲げ、堀内の敵を狙い撃ちする事と、堀内の見通しを悪くするための造作と考えられる。主郭虎口は、縄張り図のように土橋状になっている。しかしこの土橋は往年のものではなく、2009〜10年の発掘調査では木橋が架かっていたことが判明している。また主郭虎口の城内側の土塁には、下写真のように石が貼り付けられていたことが判明した。

岡本城堀推定図（五重堀の状況）

主郭虎口土塁の貼り石状況

岡本城
栃木県宇都宮市中岡本町城ノ内

調査年月日 1999/11/27, 2008/01/07
調査作図 渡邉昌樹

　岡本城には、東側の崖端にかつての堀の残欠が数箇所あり、台地上を東西に堀
が数本走っていたと考えられる。現地解説版によるとその数には三重説と五重説
があったという。しかし先述の発掘で、主郭の南、約20mに第2番目の堀の存在
が明らかになった。この発掘結果と、現地の東崖端の堀残欠、合わせて地籍図調
査からみて五重堀説が正しいと思われる。また城の西方、字「城ノ内」と字「西町」
の境には現在でも切岸跡と思われる部分があり、南北に走る堀があった可能性が
ある。岡本城の城主が芳賀氏の流れを汲んでいることから、芳賀氏の拠点080飛
山城のように、城の西方は堀が南北に走り、西の台地との境界を作っていた可能
性がある。　　　　　　　　　　　　　　　　　　　　　　　　　　　（渡邉昌樹）

　＊参考　宇都宮市教育委員会『鬼怒川流域の中世城館跡―近年の調査資料を中心に』宇都宮市教
　　育委員会2011

084 下横倉城
しもよこくら

所在：宇都宮市下横倉町
比高：40m
マップコード：132 478 655*77

　城は標高208mの小屋山頂上にある。地形図上は山上まで道がついているが、2023年現在車の通行はできない。

　城主は宇都宮氏家臣の横倉氏の城と伝わるが、詳細は不明である。麓を流れる田川流域には北西約2kmに078徳次郎城、南東約2.5kmに千貫坊城がある。

　当城はこれらの城とともに、田川で形成された谷津の監視と水運を意識した目的で築かれた可能性がある。

　城はⅠとⅡの2郭構造である。両郭とも周囲を堀で囲み、塁線は地形に合わせ曲線を描き、堀中の見通しが効かなくなっている。Ⅱ郭東の塁線は直線的であるが、真ん中に折れが一箇所見られる。これも堀中の見通しを悪くする工夫であり、当城が徹底的に堀内の見通しについて気配りしている事がわかる。

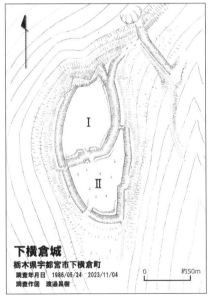

下横倉城
栃木県宇都宮市下横倉町
調査年月日　1986/05/24　2023/11/04
調査作図　渡邉昌樹
0　　　　約50m

　主郭Ⅰの東側の堀は旧状を保つものの、先述の車道の影響を受け、幅が広げられているようだ。南中央には虎口のような土塁の切れ目がある。しかし、ここも後世の改変を受けている。Ⅱ郭にも南西面に出入口があるが、ここも旧状は不明である。このように、この城はかなり後世の改変を受けている。

　なお、当城の北の峯続きには大きな遮断の堀切が設定されている。

（渡邉昌樹）

＊参考　栃木県文化振興事業団『栃木県の中世城館跡』栃木県教育委員会1983

085 外和田城
<ruby>外<rt>そ</rt>和<rt>わ</rt>田<rt>だ</rt></ruby>

所在：宇都宮市駒生町
比高：5 m
マップコード：132 326 604*10

　外和田城は、地元の方が近年確認された城である。管見の限り当城を紹介している資料は見当たらない。077多気山城の西約3 km、東北自動車道沿いの微高地に築かれている。

　城の歴史等は明らかではないが、位置的に多気山城との関係が考えられる。

　遺構としては、一辺が約40 mの正方形に堀、土塁が残る。全周を回っていたようであるが、一部破壊されている。北辺と東辺には、しっかりとした横矢の折れが見られ、方形居館というよりは、戦闘を意識した「城」であったことが分かる。虎口は東辺の土塁開口部と考えられるが、後世に広げられている可能性がある。

　なお、城域は完全な私有地であるので、立ち入りの際は必ず南側のお宅にお断りをお願いしたい。 （渡邉昌樹）

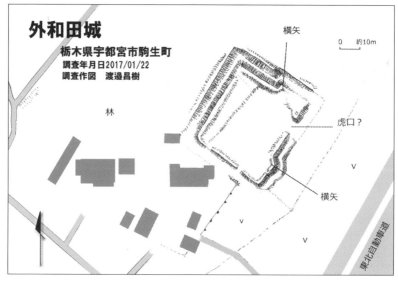

外和田城
栃木県宇都宮市駒生町
調査年月日2017/01/22
調査作図　渡邉昌樹

横矢
虎口？
横矢
林
0　約10m
東北自動車道

086　ユウカへ城

所在：宇都宮市冬室町

比高：80m

マップコード：315 075 220*56

　ユウカへ城は085西山城の北300mの山頂にある。「ユウカへ」は「要害」が極端に訛ったものと思われる。

　築城の歴史は全く明らかではないが、標高が低く視界が効かない西山城を補佐する役目で築かれたと思われる。

　主郭はⅠで、ほぼ全周を堀が回るが、西山城の方向のみ堀が浅くなり、Aの虎口から出入りができる。虎口B前のⅡ郭側には、橋を架けるために高さを合わせた土壇が残る。Ⅱ郭の内部は加工せず、外周の切岸のみ加工している。最北は堀切となり、城の縄張りが北からの敵を意識していることを示唆する。

　現在も城下の県道159号が日光方面に通じるところから、日光山勢力に備えたものとも考えられる。　　　　　　　　　　　　　　　　　（渡邉昌樹）

＊参考　栃木県文化振興事業団『栃木県の中世城館跡』栃木県教育委員会1983

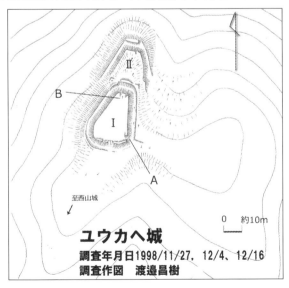

至西山城

0　　約10m

ユウカへ城
調査年月日1998/11/27, 12/4, 12/16
調査作図　渡邉昌樹

087　右岡城
みぎおか

所在：宇都宮市中里字右岡

別名：城山城

比高：20m

マップコード：315 015 465*82

　082峯山城の西方、わずか500mの地に**右岡城**は存在する。現在、残念ながら城は東北自動車道により南北に寸断されている。

　当城の築城歴史については全く明らかではない。『上河内村史』によれば、文安5年(1448)7月6日付の宇都宮氏14代等綱が中里神太夫に宛てた文書から、ここ一帯が右岡郷と呼ばれていたと考えられ、中里氏が治めていた可能性がうかがえる。

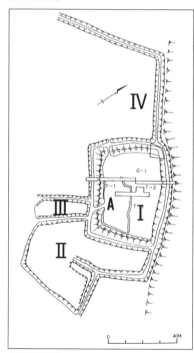

右岡城旧図
（東北自動車道埋蔵文化財調査報告書より）

　城は、北西から南東へ続く舌状台地上に作られている。先述の東北自動車道で寸断されているため、現状からはどのような縄張りかが極めて掴みづらい。しかしながら、高速道路建設時に行われた栃木県教育委員会の調査から旧状を知ることができる。

　主郭はⅠであったことが分かる（発掘調査結果にも同様の記号を付記する）。高速道路に寸断され、現在はその半分以上が失われている。虎口は西端と北西に開口していたようだが、現在は西のA虎口だけが残る。Ⅱ郭は高速道路建設前とほとんど変わらないようであるが、筆者の観察によると、Ⅰに近いところにBの土塁囲みの虎口があり、A虎口と連動していたと考える。Ⅲ内部は、ほぼ傾斜地であるが、北方向に土塁を伴い、両脇を傾斜した空堀が走る。往時は山麓まで伸び

ていた可能性がある。

　東北自動車道を越え、Ⅳは城の中で最も広い空間である。報告書には西面に
堀が存在していないが、実際は堀が現存する。また報告書には無い新たな発見
として、堀切の残欠がⅤの北側に現存している。

　結局、峯山城との関係は現段階では不明なものの、山田川によって形成され
た谷津にできた田園地帯を、2つの城がどっしりと構えて監視しているように
も見える。

（渡邉昌樹）

＊参考　栃木県河内郡上河内村『上河内村史』上河内村1986、栃木県教育委員会『東北縦貫自
　　　　動車道埋蔵文化財調査報告書』日本道路公団東京支社・栃木県教育委員会1972

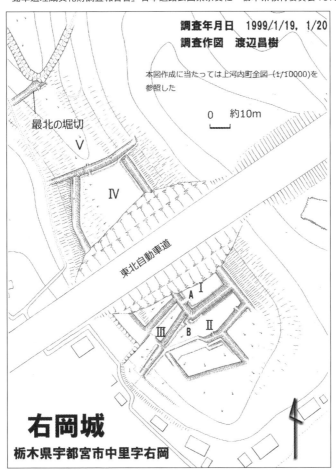

088　鹿沼城

所在：鹿沼市今宮町御殿山
別名：坂田城、亀城
比高：20m
マップコード：132 224 647*40

　鹿沼城は、鹿沼市の中心部にある。鹿沼市役所の西側にそびえている比高20mほどの台地が城址で、御殿山公園として整備されているが、主郭には野球場が建設されるなど改変も進んでいる。

　鹿沼城の起源は古く、鎌倉時代の正応5年（1292）頃、佐野一族の鹿沼権三郎が坂田山に城を築いたのに始まる。その後、鹿沼氏が代々居城としていたが、大永年間（1521～28）、宇都宮忠綱によって鹿沼氏は滅ぼされる。

　鹿沼氏滅亡後に鹿沼城に入城したのは壬生綱重であった。天文元年（1532）、綱重の子綱房が現在の鹿沼城を築いた（『壬生家盛衰記』）。以後は、壬生氏代々の居城となる。

　天正7年（1579）、宇都宮氏を裏切って北条氏についた壬生城主の壬生義雄は、壬生周長を討って鹿沼城に入城した。

　以後、宇都宮氏との対立は続き、天正13年（1585）には宇都宮国綱が佐竹・結城勢と共に鹿沼城を攻め、城際まで攻め込まれ坂田山や城下町が放火されるなど、落城寸前まで追い込まれた。

　天正18年（1590）、小田原の陣の際にも鹿沼城は宇都宮勢に攻められながらも持ちこたえたが、北条氏に属していたため、戦後、壬生氏は改易となった。

　正保4年（1647）、朽木元綱が鹿沼で5000石を加増され御殿山に陣屋を築いたと言われるが、詳細は不明である。

　主郭には野球場が設置されているが、古図を見るとここが主郭であったことは確認できる。現在主郭はⅡ郭よりも低い位置にあり、郭そのものが削られていると考えられる。しかし周囲には遺構がよく残されており、特に主郭南側には深さ10m以上の大規模な横堀が見られ、櫓台を中心に張り出した構造となっている。Ⅱ郭、Ⅲ郭はほぼ旧状を残していると考えられる。また、弓道場の建っているⅣ郭にも土塁が見られる。

　城の北側の坂田山は鹿沼古城というべき場所であり、ここには小規模ながら

横堀を巡らせた堅固な遺構を見ることができる。

　また、鹿沼城の北方300ｍの所にある千手山にも城郭遺構が見られ、鹿沼城に関連した施設、あるいは付城があったものと推測される。　　　（余湖浩一）

　＊参考　鹿沼市編さん委員会『鹿沼の城と館』鹿沼市2002

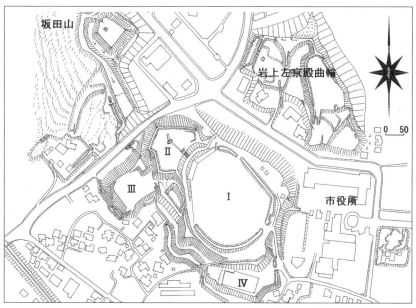

（作図　余湖浩一　調査2023.4.23　※関口和也氏の図を参考にした）

089 金ケ沢城
(かねがさわ)

所在：鹿沼市下久我引田
別名：大芦城
比高：250m
マップコード：132 363 147*07

　金ケ沢城は091久我城の北方、標高約500mの山上にある。位置図をご覧頂ければわかると思うが、非常に山深いところにあるうえ登山道がない。見学をされる方は、十分な装備と時間に余裕を持って出かけていただきたい。

　当城の歴史は定かではない。しかし、その立地から久我氏の築いた久我城の支城と考えられている。久我城は平地に近い城館であるため、金ヶ沢城はそれを補佐する物見的な役割を担っていたと思われる。

　山深い立地とは言え、その縄張りは見事であり、城内の最高所、一番広い主郭Ⅰを徹底的に守り抜こうという意図がくみ取れる。主郭を中心に、敵の侵入しそうな尾根全てに堀切を配している、各尾根には、敵の山腹への回り込みを抑えるために竪堀を設け、最後の締めとして、主郭周りにのみ横堀を配している。

　中でも特徴的なのは、主郭南側の尾根の警護である。

　この尾根は基本的に、堀切1，2の2本で尾根を断絶して守り抜こうという思想と考えられる。

　しかしながら、これを突破された場合、敵方は堀切2を越えて尾根をさらに上方へ突き進む。しかし、頂上に近い所で竪堀2、3、4に挟まれ、

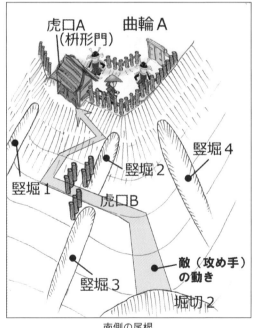

南側の尾根

尾根から山腹への移動を阻まれる。そのまま進むと尻つぼみになり、上部の曲輪Aに待機する城方の攻撃を受けてしまう。仕方なく攻め手は竪堀2と竪堀3の間の切れ目を狙う。おそらくここには、虎口Bがあったと思われる。虎口Bが突破されたとしたとしても、再び今度は竪堀1が尾根上の移動を阻止し、虎口A（枡形門）へ誘導する。その間も、城方は上部の曲輪Aからの攻撃を継続できる。

　このように、非常に山深い立地にこれだけの縄張りを備えた城は珍しい。物見程度であれば通常堀切のみの単郭の城が多い中で、金ヶ沢城には、非常に巧みさを感じるのである。前述した久我城も非常に縄張りが巧みであり、やはり築城者が久我氏である可能性は高いと考える。　　　　　　　　（渡邉昌樹）

＊参考　栃木県文化振興事業団『栃木県の中世城館跡』栃木県教育委員会1983

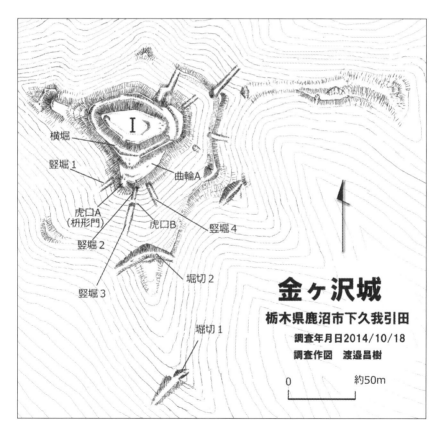

金ヶ沢城
栃木県鹿沼市下久我引田
調査年月日2014/10/18
調査作図　渡邉昌樹

0　　　　　約50m

090 上南摩上の城

<ruby>上<rt>かみ</rt>南<rt>なん</rt>摩<rt>ま</rt>上<rt>うえ</rt></ruby>

所在：鹿沼市上南摩町
別名：竜蓋山城
比高：150m
マップコード：132 156 265*13

　この城は標高320mの山頂にある。光厳寺の裏山に当たり、南山麓には南摩川が流れる。この南摩川に沿って上南摩下の城、そして092滝尾山城と城が連続する。山頂までは明確な道がなく、筆者は光厳寺からの道なき道でのアプローチを行った。

　城主は南摩氏と伝わる。詳細は明らかではないようだが、江戸中期に編纂された毛利家文書『関東八州諸城覚書』には、北条外様、皆川氏の支城として「なんま」との記載がある。この「なんま」が上南摩上の城かどうかはわからないが、この地域が皆川氏の支配下にあった事は間違いなかろう。よって南摩氏は戦国期、皆川氏の元にあり、この城を管理していたと考える。

　山の上の遺構は見事である。主郭はⅠで、南東側に綺麗に四角い枡形門Aの跡が残る。門跡の切岸が岩盤であることから、門には対岸の土塁から橋がかけられていたと考える。主郭西側には三重堀切がある。堀切の堀底の高さが主郭に向かって徐々に高くなり、完全に主郭西側からの通行は遮断されていたと筆者は考えている。

　曲輪Ⅱには枡形門Bがあり、それに連動する馬出状の遺構Cがある。さらにその下段には広さ約50m×50mの四角い曲輪Ⅲがある。

主郭の四角い枡形門跡　（図中A）

曲輪の広さや加工度合いから、この城の中枢はⅠ～Ⅲの曲輪であったと思われる。

　先述の主郭Ⅰ西の三重堀切が続く西の峰続きには、堀切で区切られたⅣ～Ⅷ郭がある。この峰続きは高低差も少なく、主郭前の三重堀切があるとは言え城の弱点であることは間違いない。そのため執拗に堀切を普請したと思わ

れる。Ⅳ郭、Ⅶ郭北側には横矢の張り出しも確認できるが、南側の斜面の加工
は、北側に比べると甘くなっている。地形の影響かもしれないが、曲輪や堀の
配置は総じて北方面から来る敵を想定しているようにみえる縄張りである。こ
の城が皆川方の城であるとするならば、敵対する北東方向の宇都宮氏を意識し
たものだろうか。 （渡邉昌樹）

＊参考　栃木県文化振興事業団『栃木県の中世城館跡』栃木県教育委員会1983

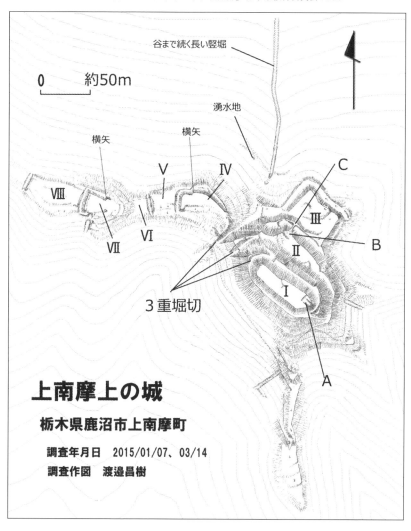

谷まで続く長い竪堀

0　約50m

湧水地

横矢

横矢

Ⅴ

Ⅳ

C

Ⅷ

Ⅲ

Ⅵ

Ⅶ

Ⅱ

B

３重堀切

Ⅰ

A

上南摩上の城

栃木県鹿沼市上南摩町

調査年月日　2015/01/07、03/14
調査作図　渡邉昌樹

167

091　久我城
_く_が

所在：鹿沼市下久我
比高：20m
マップコード：132 303 474*87

　城は下久我の常真寺裏手の舌状台地上に築かれている。

　城の歴史は定かではなく、伝承としては、佐野氏方の久我式部太夫常真とい
う人物がこの地を治め、元亀3年（1572）北条勢が唐沢山城を攻めたとき、常真
も佐野方の武将として出陣し、討ち死にしたという。

　その菩提を弔ったのが常真寺とされ、その後は壬生氏がこの地を治めること
になったと言われる。

　久我城は横矢の効いた、典型的な戦国期の城の様相を見せる。堀の規模も大
きく、主郭Ⅰまわりの遺構は非常に確認しやすい。しかしながら、主郭より以
北は旧状がわからなくなっている。国土地理院の古い航空写真を閲覧すると、
1949年時点で主郭北側が大きく切り開かれ、改変されていた事がわかる。よ
って主郭以北の遺構については取り扱いに注意を要する。

　主郭Ⅰはほぼ真四角な曲輪である。東面を除き土塁が回る。主たる虎口は、
西の土塁の切れ目と考えられる。対岸のⅡ郭と高さが揃えられていることから、
ここには木橋が掛けられていた可能性がある。現在は北と南にも主郭に入れる
道が存在するが、後世の改変と筆者は考えている。主郭への入り口は西の一か
所だけと考えたい。

　さて、主郭の土塁をよく観察すると、西側の土塁の一部が微妙に西方に張り
出している。これは先ほどの主郭西虎口の木橋に対する横矢と考える。これに
呼応するかのように、堀内も微妙に屈折し、堀内の見通しが効かなくなっている。

　この横矢構造は、Ⅱ郭にも確認できる。こちらは、屈折した土塁がひときわ
高く太くなっており、横矢を伴った矢倉台と考えられる。横矢の効果と相まっ
て、矢倉より堀中の敵兵を土塁のさらに上方から狙い撃ちしていたのであろう。

　Ⅱ郭ではっきりしないのが虎口である。主郭のように明確な虎口跡がなく、
北側の塁線のどこかと考えられるが、先述した近代の破壊によってわからなく
なっている。

Ⅱ郭からさらに西から北にかけてⅢ郭が存在する。この郭の堀は丘陵斜面を一直線に北上し、東にクランクして忽然と消える。一番外周の堀と思えるが、残念ながらここも遺構が失われてしまっている。筆者は、この堀は主郭、Ⅱ郭全体を囲んでいた可能性があると考えている。

なお、当城の近隣には北に089金ヶ沢城、南に101老沢城がある。（渡邉昌樹）

＊参考　栃木県文化振興事業団『栃木県の中世城館跡』栃木県教育委員会1983

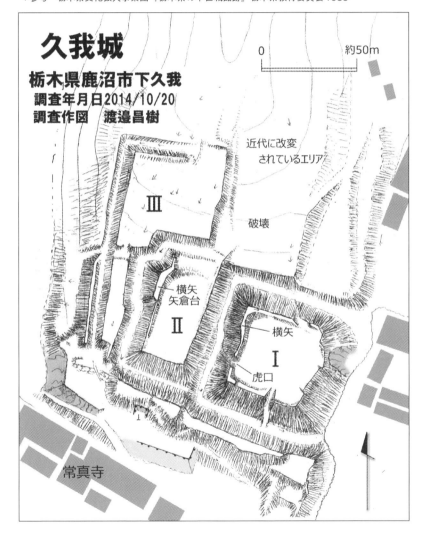

久我城

栃木県鹿沼市下久我
調査年月日2014/10/20
調査作図　渡邉昌樹

0　　　　　約50m

近代に改変
されているエリア

破壊

Ⅲ

横矢
矢倉台

Ⅱ

横矢

Ⅰ

虎口

常真寺

092 滝尾山城
<ruby>滝<rt>たき</rt>尾<rt>お</rt>山<rt>やま</rt></ruby>

所在：鹿沼市下南摩滝尾山
別名：下南摩城
比高：100m
マップコード：132 070 440*78

　滝尾山城は、鹿沼市立南摩小学校西の①山麓の遺構、鹿沼市勝願寺の裏山の②山上の遺構、そして②に続く谷間にある③谷の遺構と、3つの遺構の集合体である。

　もともと下南摩地域は、皆川氏に仕えた高木讃岐守規衡の領地だった。規衡が領内を守るため唐沢山城の佐野盛綱に支援を求めたところ、永正6年（1509）に家臣の赤見広孝が派遣されてきた。そして広孝は永正7年（1510）、滝尾山の麓にそのまま居館を構えて南摩氏を名乗る。その後、広孝の孫の秀村は天正4年（1576）に滝尾山を切り開き、新城を完成させた。しかし秀村は病死し、これを機に壬生義雄が城を攻め落として南摩氏は滅びる。

　天正18年（1590）の小田原の役で壬生氏は後北条方についたため改易された。同時に滝尾山城も廃城となったと思われる。

　①山麓の遺構：①の山麓の遺構は、②に続く北尾根方向を四重の堀切Aで区切っている。尾根方向だけでなく、山麓部にはBやCの横堀、竪堀を配置し、完全に独立できるように考えられている。その他の各曲輪は山の斜面に沿って階段状に配置する構造である。各曲輪へのルートが非常に明確であり、現在もしっかりたどることができる。

　②山上の遺構：ここが「新城」と考えられている。①への尾根続きは堀切と食い違い虎口で断絶しており、①と②は位置的には近いけれども、完全に独立しているイメージを受ける。

　②の遺構としては主郭部の枡形門、そして東の大きな曲輪と南側の横堀が目立つ。この堀からは山下へ道が伸びていたようだが、現在はたどれない。新城専用の登城路だったのだろうか。いずれにしても新城は、曲輪取りも①より大きいのが特徴である。

　③谷の遺構：②に付随した遺構と考える。内部は近代の改変で崩されているが、谷中を東西に区切るような竪堀が伸びており、谷中を分断していたようで

ある。いずれにしても②と③をつなぐ通路状の遺構が山の斜面に残ることから、②との関係は深いと考えている　　　　　　　　　　　　　　　　　　　　（渡邉昌樹）

＊参考　栃木県文化振興事業団『栃木県の中世城館跡』栃木県教育委員会1983

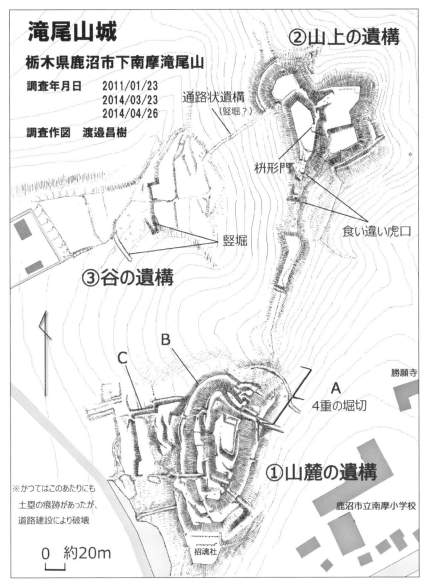

093　千渡城
せんど

所在：鹿沼市千渡
比高：0m
マップコード：132 259 432*81

　千渡城は、比高40mほどの山稜を背後に控えた平地に位置している。現在は寶性寺の境内となっている。鹿沼城の東3kmほどの位置である。

　南北朝時代の延元元年（1336）5月に南朝方の国魂行泰は「干渡城」を攻めているが、あるいは千渡城と関係があるのであろうか（「国魂行泰軍忠状」）。

　『那須記』巻10「鹿目落城言附君嶋備中守城入言」には「福岡城ニハ内蔵助、千渡城ニハ宇賀地新八郎、田野城ニハ佐藤丹波守」などとあり、宇都宮国綱の家臣の宇賀地新八郎の城としている。また同じ項目には「千渡城主　宇賀地左京助」とも記されている。同じ人物であろう。鹿沼城とはかなり近い位置にあることから、鹿沼城に対する、宇都宮氏の最前線の城であったと考えられる。

　現状からは100m四方ほどの単郭方形の城館であったと考えられ、周囲には堀が全周しているが折れはなく、設計の新しさは感じられない。土塁は北側と西側を中心に構築されている。虎口らしきものは4カ所に認められるが、東側のものは車道を通すため後世に付けられたものと考えられる。

（余湖浩一）

＊参考　鹿沼市編さん委員会『鹿沼の城と館』鹿沼市2002

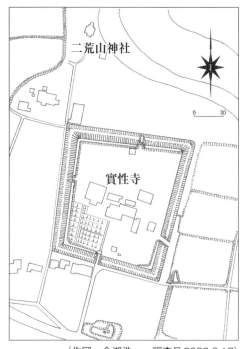

（作図　余湖浩一　調査日2023.6.17）

城の調査で

城の縄張り図描き＝調査について筆者の思うところをまとめてみたい。

①調査時期 (けっして強制ではありませんが)

私の縄張り調査シーズンは寒い時期と決めている。果敢にも夏に中世城館の縄張り調査をされている方がおられるが、お薦めしない。第一に夏は草が多く、遺構を見落とす事が挙げられる。調査年月日が夏の資料については、疑いの目を向けてしまう。

また、夏は危険が多い。虫や獣、そして草深い藪の中に隠れた穴、岩。足を取られ、大きなケガにつながる。寒い草枯れの時期に調査をするのがベストである。

だが、多少寒い時期といっても、春は新緑で気持ちが良いが、獣、蛇たちが動き出す。花粉にもやられる。秋は虫だ。特にクモは産卵期で、クモの巣を顔面に浴びる。蜂も秋だ。卵だった蜂の子が羽化し、数がもっとも多くなる。縄張り調査ができる期間は短いのである。もちろん、全国一律ではない。標高、場所によって、草枯れ時期を選んでもらいたい。

②調査方法

縄張り調査は簡易測量をしながら曲輪や、土塁を描いていく。一日や二日足らずの調査で城を調査するので、時間もなく精密な測量など無理である。かといって曲輪の形や大きさがあまりにも不正確なものは頂けない。

私の持論であるが、縄張り図に期待されるものは、緻密な地形の測量結果ではない。描き手が「この城の縄張りをどう見るか」が伝われば良いのだと思う。よって、縄張り調査の計測は「だいたい」で良いと考える。諸先輩には平板測量される方もおられるが、私は首をかしげる。最近は光学機器を使う方も増えたようだ。かくいう私もGPSなど、いろいろ文明の利器を試してはみた。しかし、結局のところ調査道具は軽微な方が良いと気がついた。私の場合、方位磁石と自分の足＝歩測が自身の縄張り図の測量方法として確立したのだった。このような稚拙な方法ではあるが、今まで文句を言われた記憶がない。逆に正確ですねえと、お褒めの言葉を多く頂いている。

③調査での声かけ (必須)

城跡はほぼ私有地である。もちろん地権者がわかれば立ち入りをお願いするのがベストだ。だが、知らない土地ですぐに地権者などわかるはずはない。よって平城はもちろん山城でも、近くや麓で人を見かけたら、とにかく挨拶をして目的を話そう。話をすれば大体の方が「どうぞ、どうぞ」で、「あとで地主に話しておくよ」と親切に言われることもある。2023年7月、島根県の京羅木山城で、夕暮れ近くに山城に入った男性が遭難した。山に入る前に男性に声をかけられた方が、暗くなっても男性の車が残っているのを不審に思い警察へ連絡。結果、命拾いをされたという話がある。マナーとしても身を守る術としても、声かけは重要なのである。

(渡邉昌樹)

094　龍階城
りゅうがい

所在：鹿沼市引田
比高：160m
マップコード：132 395 023*00

　089金ヶ沢城の北東、標高408.5mの三角点に**龍階城**はある。龍階は要害の
転訛である。

　この城の歴史は定かではない。近隣の金ヶ沢城と対峙する城と考える説もあ
るようだが、確証はないようである。歴史的には不明瞭な謎の城だが、山中に
残る遺構は非常に明確である。

　最高峰Ⅰが主郭である。ここを頂点として、堀切の線が何本も入っている。
北と西の峰続きは、執拗に堀切で刻んでいることがお分かりになろう。特に西
の峰には、二重堀切が明確に残っている。

　南面は長い竪堀を一本山頂から麓までおろしている。南斜面を登り、斜面を
横移動する敵の動きを麓から妨害するためと考えられる。

　東の尾根はだらだらと傾斜が緩い。麓まで続く割には北、西の峰続きのよう
に堀切などの防御施設をあまり設けず、どちらかというと横矢効果を持たせた
虎口A、B等を設けている。唯一の堀切も、ちゃんと人が通れるように土橋付
きの堀切になっている。

　このように明確な虎
口や土橋を持つのは人
の出入りを考えている
証拠であり、そのよう
な遺構は当城でこの東
尾根だけである。よっ
て、この尾根筋が城の
大手道であったと考え
られる。

（渡邉昌樹）

主郭の四角い虎口跡　（図中A）

＊参考　栃木県文化振興事業団『栃木県の中世城館跡』栃木県教育委員会1983

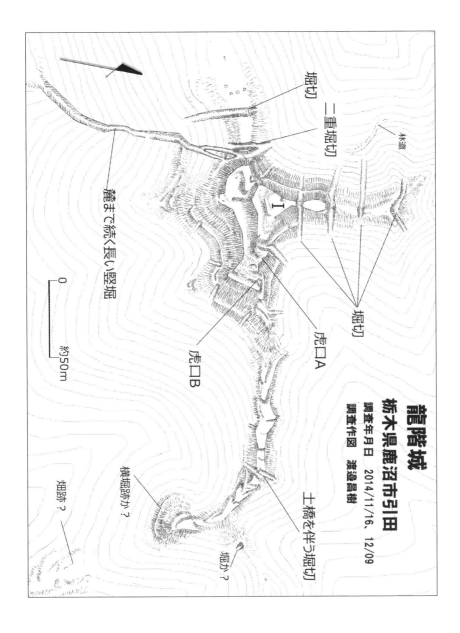

龍階城
栃木県鹿沼市引田
調査年月日　2014/11/16, 12/09
調査作図　渡邉昌樹

堀切
二重堀切
林道
麓まで続く長い竪堀
Ⅰ
堀切
虎口A
虎口B
0
約50m
横堀跡か？
畑跡？
堀か？
土橋を伴う堀切

095 粟野城

所在：鹿沼市口粟野
別名：涛速城
比高：110m
マップコード：132 035 587*74

　粟野城は現在、城山公園内にある。城跡というよりも、一般にはつつじの名所、あるいは「城山スカイローラー」という大きなローラー滑り台のある場所と言った方がわかりやすいかもしれない。4月～5月初旬にかけての「つつじ祭り」には多くの市民が訪れる。

　この城は14世紀、平野将監範久が居城したと伝わる。小山・宇都宮氏連合軍の侵攻を受け、その後は佐野氏の支城となった。

　天正6年(1588)皆川広照の攻撃を受け、佐野氏の援軍も加わったが虚しく落城。皆川氏はこの城に落合徳雲入道を城代として置いたが、天正18年(1590)、羽柴秀吉派遣の上杉・浅野軍の攻撃を受け、皆川本城と共に落城した。

　粟野城の遺構は、標高257mの山頂を中心に広がる。山頂には戦時中の防空監視哨(敵機の来襲を監視し、航空隊や高射砲隊に素早く伝達し、戦闘準備完了までの時間を稼ぐ役目)の跡が残っている。よって戦時中にこの山はかなり改変を受けたと考えられる。山頂付近の曲輪のような遺構は、中世のものか戦時中の工事で均された跡なのか、はっきり断言できない。

　しかし、防空監視哨が置かれた狭い山頂部分は監視の役目が主だったと思われ、人が詰める主要な場所は主郭南の谷間の平坦地Aだったと考えられる。この場所は東西の尾根に囲まれる広い空間であり、山頂部と違い強い風雨も避けられただろう。また、山頂から西に続く尾根には三重堀切があり、栃木県内では珍しい遺構となっている。

　粟野城のもうひとつの特徴は、山麓谷間の遺構である。まずBの谷であるが、Aから延びる谷間でもあり、位置的には居住空間と思われる。しかしこの谷は近代の改変が多く、遺構と確信できる物が少ない。ところが、Cの谷に着目してもらいたい。谷の中には二段の平坦地を作り、その両サイドの山腹から竪堀を落とす構造となっている。特徴的なのは、上段の曲輪には食い違い虎口を構えている点である。栃木県の事例としては唐沢山城にも同様な遺構が見られる

176

が、県内としては珍しい遺構と言える。 （渡邉昌樹）

＊参考　鹿沼市ホームページ（2023）

防空監視哨跡

三重堀切

食い違い虎口

粟野城
栃木県鹿沼市口粟野

調査年月日
2016/12/2.　3.　10. 11
2017/5/20　9/24

調査作図　渡邉昌樹

A

C

B

0　約10m

177

096　粕尾城
<ruby>粕<rt>かす</rt></ruby><ruby>尾<rt>お</rt></ruby>

所在：鹿沼市中粕尾
別名：寺窪城
比高：50m
マップコード：489 386 528*71

　095粟野城を起点に、思川沿いには東西に細長くベルト状の田園地帯が広がっている。ベルト地帯には東から104口粟野岩鼻、099天狗沢、100大塚と城が並ぶわけだが、**粕尾城**はその西に位置する城である。

　下野守護として勢力を伸ばした小山義政は、鎌倉公方足利氏満に対抗して反乱を起こすが、これが永徳2年(1382)の「小山義政の乱」である。結局、義政は追い詰められ、この粕尾城が終焉の地となった(※諸説あり)。彼の正室芳姫は戦の直前に離縁され、実家に戻される。元夫を慕う思いから芳姫は粕尾城を目指すが、思いむなしく近くの谷倉山周辺で殺害されてしまう。このような悲話が残るのも粕尾城である。

　さて、その縄張りは北海道の五稜郭を想像させるヒトデ型である。しかしこれは全くの偶然で、城域に谷部を取り込んだことにより、このような形となった。

　祠のあるIが城の最西端・最高所である。しかし、主郭にしては少々手狭く、周囲の2、3段目の曲輪も含めて「主郭部」とした方が良さそうである。主郭部周りのみ細かな堀切や竪堀が造作されていることからも、そう判断したい。

　さて、先述した五稜郭のような形を作っているのが切岸である。この切岸に沿って空堀が伴っている。ただし、空堀は北、東、南面に存在し、西面のみ存在しない。西面のみ急崖だからであろう。もともと現在の県道・鹿沼足尾線が通る城の西側は川、またはその氾濫原だったと考えられる。城の西側は、川が堀代わりとなっていたため、空堀を造る必要がなかったのだろう。現在の県道が昔は川だったとすれば、かつての粕尾城を通過する街道は、粕尾城の北をかすめる山間部の道と考えられる。粕尾城はこの街道を監視するために作られたと考えたい。

　また城の東側に「館の泉」と称する水源があるが、城の守りもこの方向だけ開放している。これは想定される街道筋に対し大手を設けていたためであろう。

　粕尾城は街道を監視するため、そして敵が街道方向から攻め込んでくる事を

想定したため、必然的かつ偶然的に、この形の縄張りになったのである。

（渡邉昌樹）

＊参考　児玉幸多・坪井清足監修『日本城郭大系4茨城・栃木・群馬』新人物往来社1979

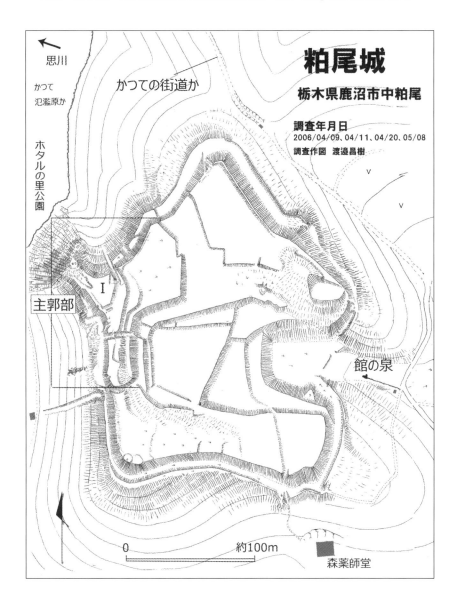

097　諏訪山城
098　諏訪山北城

所在：鹿沼市深程
比高：120m/80m
マップコード：722 279 747*20（諏訪山城）
　　　　　　　132 010 300*38（諏訪山北城）

諏訪山城、北城は思川と八洲カントリークラブに挟まれた丘陵上にある。城の東方向は思川際まで広い田園地帯が広がっている。

　城は室町時代末期に粟野城主でもあった平野大膳が築いたとされ、永正12年（1515）には皆川氏に属したようだ。皆川氏の背後には関東の覇者小田原の後北条氏がついていたため、天正15年（1585）、16年に佐竹氏の援助を得た北の宇都宮氏から攻撃を受けている。

　諏訪山城は主郭Ⅰを頭に南北500m、東西250m程の規模を持つ。細い尾根には徹底的に堀切を配置し「点」で防御している。それに対し、山が広がってくる部分については横堀と竪堀を組み合わせ、東西に流れるように長い堀を構築し、点ではなく「線」で城を守備している（A）。縄張り図ではそのような構造が2箇所に見られる。

　また諏訪山城の各虎口はほぼ枡形虎口、あるいは食い違い虎口を使用しており、それらを連続させることによってさらに防御を高めている（B）。

　南の谷間部（C）には4、5段の削平地を設けており、居住スペースと考える。その前面には食い違い虎口を設けている。

　なお、諏訪山城の別峯は「丸山」

諏訪山城竪堀（南山麓部）

と呼ばれており、城郭関連遺構である（D）。全周を堀が回っており出城的な役割とも考えられるが、諏訪山城の作りとあまりに様相が異なるため、扱いには注意が必要である。

諏訪山北城は諏訪山城の北450mに位置し、筆者が確認するまでその存在が明らかにされていなかった城である。

北城は、諏訪山城の同軸の丘陵上に位置し、縄張り的に非常に類似点が多い。連続する枡形虎口や、虎口の特徴、谷間の使い方までがほぼ一致している。このことから、諏訪山城と北城の築城者は同一であったと考える。

諏訪山北城の最高所はI-1である。南側の斜面は岩塊となっている。小さな枡形虎口を持つ曲輪であるが、内部は非常に狭い。このためこの曲輪は物見的な位置づけであり、実質の主郭は下段のI-2であったと考える。I-2南側の虎口は曲輪端を屈曲させて横矢にし、そこに橋を架ける枡形虎口となっている（E）。いわゆる比企型虎口と呼ばれる形式である。

谷間は諏訪山城と同様に居住用として段築を設け（F）、端末の結界として竪堀、土塁で処理している。

諏訪山城と北城が続くこの山塊はいわゆる城郭群、城郭都市となっている。これだけの規模の城郭が並んで2つも残る事実から、先述の天正15、16年に宇都宮・佐竹連合から受けた攻撃は非常に大規模であったと想像できる。

（渡邉昌樹）

＊参考
栃木県文化振興事業団『栃木県の中世城館跡』栃木県教育委員会1983
児玉幸多・坪井清足監修『日本城郭大系4 茨城・栃木・群馬』新人物往来社1979

諏訪山北城岩塊（I-1曲輪南斜面）

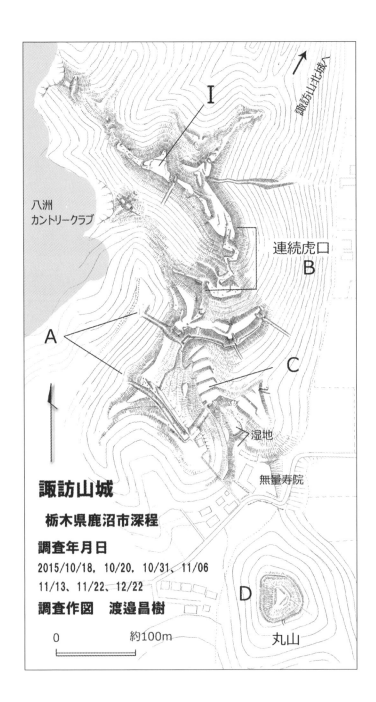

I

連続虎口

B

八洲
カントリークラブ

A

C

湿地

無量寿院

諏訪山城

栃木県鹿沼市深程

調査年月日

2015/10/18、10/20、10/31、11/06
11/13、11/22、12/22

調査作図　渡邉昌樹

0　　　　　　約100m

D

丸山

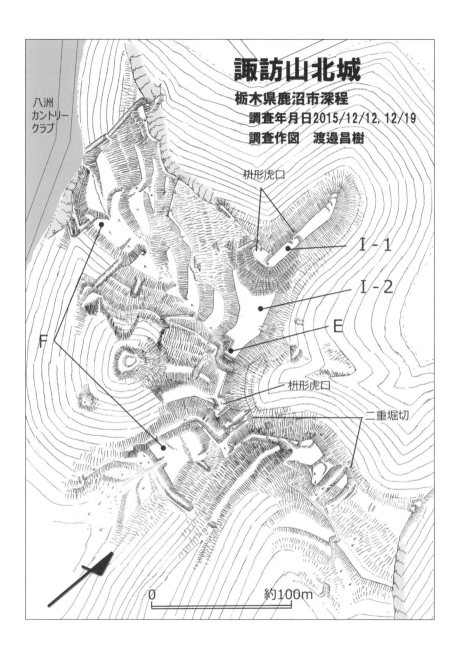

諏訪山北城

栃木県鹿沼市深程
調査年月日2015/12/12, 12/19
調査作図　渡邉昌樹

八洲
カントリー
クラブ

枡形虎口

I-1

I-2

E

F

枡形虎口

二重堀切

0　　　　　約100m

099 天狗沢城

てんぐさわ

所在：鹿沼市下粕尾
比高：60m
マップコード：489 329 089*46

　この城は2017年に新発見された。大越路峠周辺の山塊が思川に向かって下っていく尾根の途中部分にある。

　城の歴史等については全く明らかではない。登城の際、入山のお願いを近隣の数軒にして回ったが、伝承等も地元には全くないようである。

　城の縄張りは、ほぼ南北に延びる尾根を連続した堀切で断ち切っていく単純な構造とも言える。ただし、しつこいぐらいに堀切を重ね、尾根を洗濯板のように切り刻んでいる。

　また、この城を特徴付けるものとして、尾根先端から発生する大きな竪堀がある。主郭Ⅰの頂点から思川に向かって、真っ直ぐ北に竪堀が下っている。竪堀は山麓に近いところで土塁に切り替わる。これは、思川方向から攻め上がってきた敵を完全に二分させ、その上で巨大な竪堀で、敵を山腹全体に横移動させない狙いがあったと思われる。このような麓まで延びる竪堀遺構は097諏訪山城、094龍階城でも見られるものである。

主郭南の矢倉台

　もう一つこの城の特徴的な遺構は図中Aの畝状の竪堀である。最南端の切岸横に3条ほどの竪堀が並んでいる。またその先のB尾根部にも同様に、尾根を狭めるかのように竪堀を連続させた痕跡がある。いずれもはっきりとした遺構ではない。

　なお、城の西側の尾根や東側の山腹部に曲輪のような平坦部があるが、筆者は、

炭焼きなどの近代の改変と判断している。 （渡邉昌樹）

＊参考　筆者ホームページ『栃木県の中世城館』、上澤光綱ホームページ『下野戦国争乱期』
※2017時点

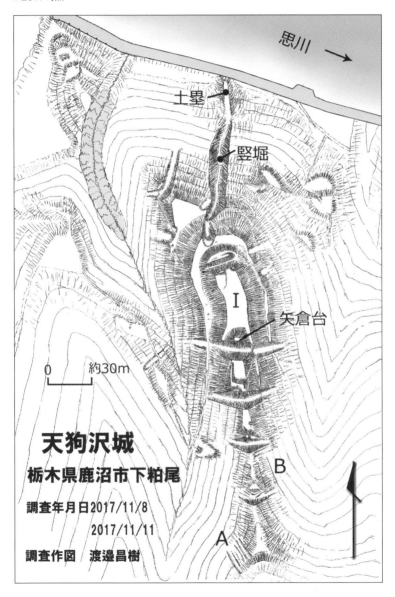

思川 →

土塁

竪堀

Ⅰ

矢倉台

0　約30m

天狗沢城

栃木県鹿沼市下粕尾

調査年月日2017/11/8
2017/11/11

調査作図　渡邉昌樹

B

A

100　大塚城
おおつか

所在：鹿沼市下粕尾字城山
別名：大越路城
比高：80ｍ
マップコード：489 359 065*68

　大塚城は、095粟野城から粕尾の谷戸部に入り込んだところに位置している。街道の北側にそびえる比高80ｍほどの山稜上で、西方2ｋｍには096粕尾城がある。

　城の詳しい歴史については未詳だが、元亀・天正の頃に大塚信濃守綱利が佐野氏の支城として築いたという。実際、大塚家には現在も佐野昌綱の充行状が残されているということで、佐野氏に属した地元豪族大塚氏の居城であったものだろう。皆川方の粟野城を攻略するための拠点となるべき城であった。

　大塚城は山稜上を堀切で分断した連郭式の城郭である。堀切の規模は非常に大きく、Ⅱ郭やⅥ郭では深さ10ｍ以上もある圧倒的な規模となっている。

　南側の登城道はジグザグのルートが設定され、側面部に竪堀を入れることで登城範囲を限定するようになっている。北側の尾根続きの区画には小規模ながら数段の堀が配置され、側面部には一部畝状竪堀のような遺構も見られる。

　なお、大塚城の山麓の民家の周辺には居館の跡かと思われる土塁、堀などの遺構が見られる。残存状況が断片的なので全体形状を復元することは困難だが、平素の居館は山麓にあったと考えられる。　（余湖浩一）

大塚城居館図

（作図　余湖浩一）

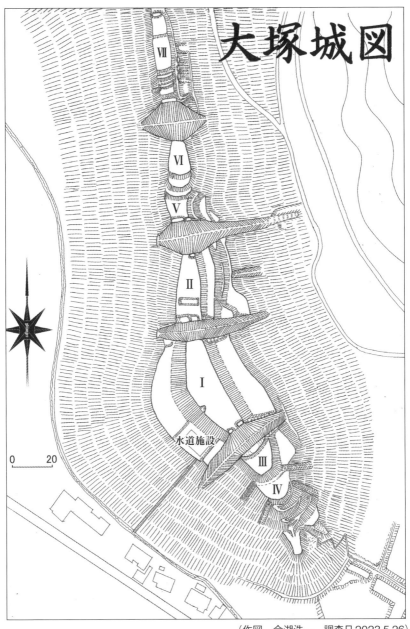

大塚城図

水道施設

0　　20

（作図　余湖浩一　調査日 2023.5.26）

101 老沢城
おいさわ

所在：鹿沼市下久我
比高：100m
マップコード：132 273 567*62

　この城は鹿沼市の城館調査報告『鹿沼の城と館』の発刊後に新たに発見された城である。091久我城の目と鼻の先、荒井川を隔てて真正面に向かい合う小丘陵上にある。城主、城歴については全く不明である。

　城は、山頂のⅠを主郭とし、尾根上に曲輪を施し、堀切や竪堀、主郭前には横堀を配置するシンプルなもので、久我城や089金ケ沢城とは少々毛色が異なる縄張りである。

　久我城、金ケ沢城、老沢城の3城は、標高はそれぞれ違うものの、ほぼ南北に一直線状に並ぶ。想像の域を出ないが、天正15年（1587）に久我氏が滅亡することから、周辺で何らかの戦闘があり、それに付随して整備された陣城とも考えられる。久我城の属城として築城されたものとも考えられるが、むろん定かではない。

（渡邉昌樹）

＊参考
鹿沼市史編さん委員会『鹿沼の城と館（鹿沼市業書7）』鹿沼市教育委員会事務局文化財課市史編さん係2002

竪堀

虎口

堀切

Ⅰ

斜めに下る堀

堀切

この先遺構なし

この先遺構なし

老沢城
栃木県鹿沼市下久我
調査年月日2015/10/09
調査作図　渡邉昌樹

0　　　約30m

102 加園城
<small>かぞの</small>

所在：鹿沼市加園宿
別名：竜ヶ谷城
比高：70m
マップコード：132 219 150*07

　加園城は、加園郵便局と道路を隔てた小丘にある。石灰採掘場となっている
ため一部は破壊されているが、残る部分は非常に見応えがある。筆者の調査当
時は採掘場の方にお断りをして見学したが、現在は地元の方が城の東側に見学
用の駐車場やルートを整備されている。

　歴史としては不確かなところが多いようだが、宇都宮氏の家臣の渡辺綱重が
天文20年(1551)に築いたとされる。渡辺氏は情勢により主君を変え、永禄4
年(1561)の上杉謙信の関東遠征の際には小山氏に属し、謙信に従っていた。

　主郭はⅠである。円形の曲輪であり、周りには土塁が巡る。最西端の土塁は
幅もあり、矢倉台だったと筆者は考えている。主郭内には井戸跡も残り、その
周りには石が散在することから、石組み井戸の可能性がある。主郭南には土塁
が切れ、Ⅱ郭側と木橋で連絡していたようである。

　Ⅱ郭側の木橋跡からは細長い土塁が発生するが、土塁は襟巻のように主郭及
びⅡ郭東側までぐるりと囲む壮大なものである。Ⅱ郭から外部に出るには西の

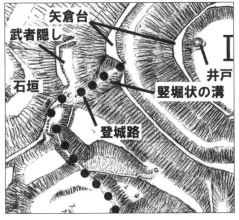

土橋で対岸に渡る。対岸に渡り
切った所に馬出があり、南北に
土塁、通路が延びている。南側
は石灰採掘で破壊されているが、
北側は山を下りⅢ郭方面に向か
う。

　馬出から西郭へ向かう途中に
左図のような遺構がある。主郭
下の土塁が切れて、竪堀状の溝
が下方に向かっているが、筆者
はこの竪堀状の溝が登城路では

ないかと考えている。遺構の状況から、矢や鉄砲などで多方面から攻撃できる

と考えられるからである。主郭および主郭直下の矢倉台も、登城路に対し非常に効果的な位置になっている。また、この登城路途中のL字型の土塁は登城路に対しての「武者隠し」と考えられ、石灰採石場方面からの登城路は図中の●で表した部分と考えたい。ただし、その後どのように主郭、またはII郭に導いていたかは不明である。敵を騙す袋小路の虎口だったのだろうか。今後の研究に委ねたい。この城には石垣が多用されているが、主郭の井戸や、先述の登城路にも石が積まれている。発掘をすればかなりの石垣遺構が顔を出すかもしれない。

　偏見かもしれないが、時代の流れによって次々と主君を変えた城主渡辺氏は、馬出、武者隠し、石垣など、これだけの高度な築城技術をどこから仕入れたのだろうか。加園城は後世の石灰採掘によって削り取られ、大きく変貌しているが、縄張りだけでなく、その歴史までもえぐり取られているようだ。　　（渡邉昌樹）

＊参考　栃木県文化振興事業団『栃木県の中世城館跡』栃木県教育委員会1983

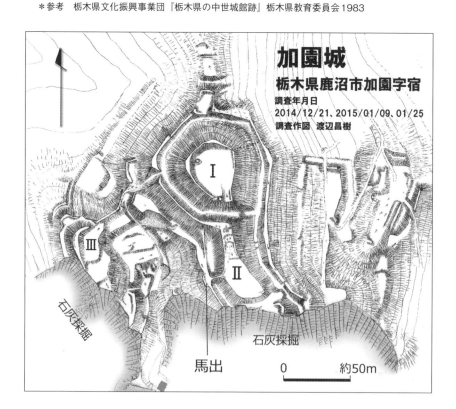

加園城
栃木県鹿沼市加園字宿
調査年月日
2014/12/21、2015/01/09、01/25
調査作図 渡辺昌樹

石灰採掘

石灰採掘

馬出

0　　約50m

103 妙見寺城

所在：鹿沼市口粟野妙見寺
比高：①70m②130m③190m
マップコード：①132 064 375*72

　この城は筆者が仲間と2018年に発見した城である。よって、それまでの鹿沼市の城館調査やその他資料には一切掲載されていない。

　場所は095粟野城北西600mの妙見寺の裏山と、その背後の山の中腹、さらにそこから登った標高333m峰の頂点である。3つの遺構は、明らかに関連を持って築かれたと判断し、これらを総称して「**妙見寺城**」とした。

　新たに確認された城であるが故に、その歴史等は全く不明である。

①麓の城　妙見寺背後の遺構は標高200m、平地部からの比高50mにある。山の先端Ⅰが主郭で、その周りには主郭を囲むように約3段の曲輪が作られている。舌状に延びる尾根を、3本の堀切で3区画に分ける単純な縄張りである。特徴的なのは、②③の遺構が続く西方向から来た道が各曲輪の下を通っている点である。この道をたどれば堀切を渡ることなく主郭に到達できるが、常にⅠ〜Ⅲ

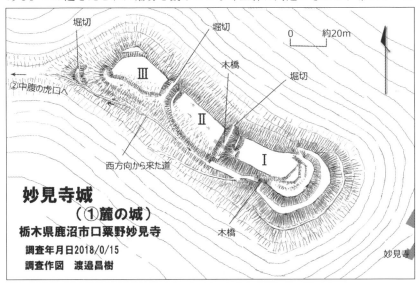

妙見寺城
（①麓の城）
栃木県鹿沼市口粟野妙見寺
調査年月日2018/0/15
調査作図　渡邉昌樹

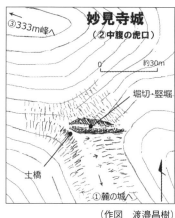

妙見寺城
（②中腹の虎口）

③333m峰へ

0　約30m

堀切・竪堀

土橋

①麓の城へ

（作図　渡邉昌樹）

郭から頭上攻撃を受けることになる。また、この道は主郭南で突然途切れるが、対岸にはそれに呼応するように細い曲輪があり、木橋が架かっていたと考えられる。

②**中腹の虎口**　①遺構から西に山を登った標高270mの地点にある。構造としては、山続きである尾根の付け根に明確な堀切を1本入れ、その流れで竪堀を東面に落としている。堀切は西側のみ削り残し、土橋の虎口としている。この遺構は①遺構と山頂の333m峰を繋ぐ中間地点でもあり、有事の際はそれらを分断させるための施設だったと考える。

③**333m峰**　②の虎口から高さ50mほど山を登ると333m峰に到着する。独立した城であり、山頂部Ⅰが主郭になる。主郭には土塁や堀があり、西は円弧状の横堀が配置されている。この堀一本で北と南に続く尾根を分断する堀切の役割も担っている。東には堀を経てⅡ郭があり、周りには細い帯状の曲輪が回る。主郭の西北、西南、Ⅱ郭の北の尾根には少し山から下ったところに堀切が確認できるが、東に続く尾根だけには堀切がない。この尾根は①②につながっており、333m峰の城が麓の城と関連を持っていた何よりの証拠となっている。333m

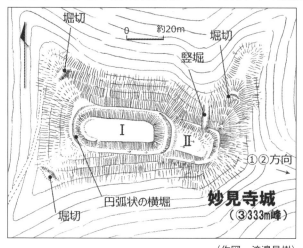

堀切

0　約20m

堀切

竪堀

Ⅰ

Ⅱ

①②方向

円弧状の横堀

堀切

妙見寺城
（③333m峰）

（作図　渡邉昌樹）

峰は最高所にあたることから、妙見寺城の中でも物見的な役割を担っていたのだろう。なお、見学の際は妙見寺の方に許可を得るようお願いしたい。（渡邉昌樹）

＊参考　筆者ホームページ
『栃木県の中世城郭』

192

104 口粟野岩鼻城

<ruby>口<rt>くちあわ</rt></ruby><ruby>粟野<rt>の</rt></ruby><ruby>岩鼻<rt>いわはな</rt></ruby>

所在：鹿沼市口粟野・下粕尾
比高：120m
マップコード：132 004 666*30

　2011年、鹿沼市の遺跡分布調査により新たに発見された。場所は粟野城の西方、粟野中学校裏手の標高262mの山頂である。当然、城の歴史は明らかではないが、位置から考えて粟野城の支城と考えられている。粟野城を起点とし、その南を流れる思川沿いには、粟野城−**口粟野岩鼻城**−天狗沢城−大塚城−粕尾城と河川際に城が5つ並ぶことになる。

　遺構は独立丘のような山上に、コンパクトな縄張りが展開している。主郭はⅠである。主郭に達するために、おそらく虎口であったろう小郭が北部と南部に存在する。その小郭の下は堀を伴った腰曲輪となっている。腰曲輪は主郭をほぼ1周し、各支尾根との接点部には土塁を設け、堀に変化させている。腰曲輪の下方の各支尾根には堀切を設置する。特に西に伸びる尾根は傾斜が緩いのと、峰続きとなっているため、堀切を2箇所設け防備を固めている。

（渡邉昌樹）

＊参考　筆者WEBサイト『栃木県の中世城郭』

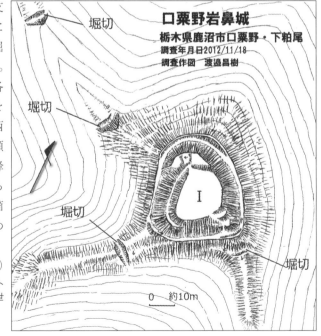

口粟野岩鼻城
栃木県鹿沼市口粟野・下粕尾
調査年月日2012/11/18
調査作図　渡邉昌樹

堀切

堀切

堀切

堀切

Ⅰ

0　約10m

105 壬生城

所在：壬生町本丸
別名：馬蹄城
比高：5ｍ
マップコード：74 606 844*11

　壬生城は壬生町の中心部に築かれた平城である。市街地にある平城の宿命で、遺構の多くは失われているが、本丸は壬生城址公園として整備され、南側半分の堀がかろうじて残存している。また北方100ｍほどの住宅地の中に三ノ丸の土塁の一部がわずかに残されている。

　壬生城は、寛正3年（1462）に壬生氏初代の壬生胤業によって築かれたと伝えられている。その後は壬生氏代々の居城となった。戦国期の壬生氏は鹿沼氏を滅ぼして鹿沼城を奪取した後、鹿沼城を本拠地としたため、壬生城は壬生氏の有力な支城となった。壬生氏の勢力拡大と共に、壬生城は次第に拡張されて大規模な平城となっていったと考えられる。天正16年（1588）7月5日には佐竹義重に攻撃され「巣城許」となったが、落城しなかった。しかし天正18年（1590）、北条氏に属していた壬生氏は北条氏の滅亡と共に改易となった。

　代わって壬生一帯を所領としたのは結城氏であった。この期間の壬生城は廃城となっていた可能性が高いと考えられている。

　関ヶ原合戦後の慶長6年（1601）、日根野吉明が1万5千石で壬生に入部した。日根野氏によって壬生城がどの程度改修されたのか明らかではないが、石高からすると、大規模な工事は行われなかったであろう。徳川家康の没後に日根野吉明は日光東照宮の造営副総督となって活躍しており、その功績もあってか、東照宮の完成後に行われた将軍徳川秀忠の日光社参の際、壬生城が宿泊所として利用された。これが先例となって、将軍の日光参拝の際の宿泊所として壬生城がたびたび使用されることとなった。将軍の宿泊にふさわしい施設とするため壬生城は改修工事を受けているものと想定される。

　寛永11年（1634）日根野氏は転封となったが、新しい藩主は赴任せず、城番が置かれることとなった。

　寛永12年（1635）、阿部氏が2万5千石で壬生城に入部した。以後、三浦氏、松平氏、加藤氏、鳥居氏と藩主が交代し、鳥居氏の時代に明治維新を迎えるこ

とになる。

　壬生城は水堀を4重に巡らせた輪郭式の平城である。主要な虎口には枡形を設置して虎口防衛の要としていた。また、東郭の外側には丸馬出が形成されていたが、これは近世城郭として整備された時に造られたものと考えられる。

（余湖浩一）

＊参考　壬生町立歴史民族資料館『壬生城郭・城下町図』壬生町教育委員会1998

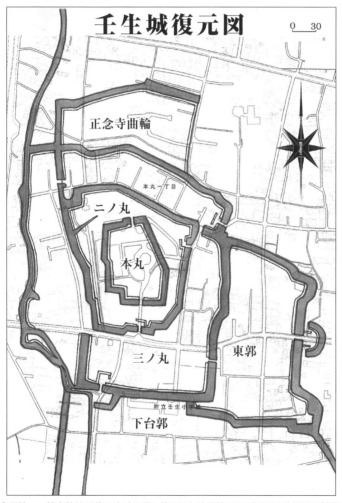

（作図　余湖浩一　精忠神社所蔵壬生城下図を基に国土地理院2万5千分の1地形図を利用して作成）

106 羽生田城

所在：壬生町羽生田
比高：15m
マップコード：74 783 499*87

　羽生田城は黒川の東側の台地縁部に築かれている。現在の壬生町立羽生田小学校の敷地が城址の中心部である。小学校の東側にはかつて大池という池があり、南側は沼沢地であった。

　城の西方には壬生町と鹿沼市とを結ぶ街道が通っており、壬生氏の主要な2つの拠点である壬生城と鹿沼城との中継地点にあたっている。羽生田城の南東5kmには105壬生城、北西8kmに088鹿沼城がある。

　文亀年間（1501〜4年）、宇都宮忠綱の命によって壬生綱重が鹿沼城を攻めて鹿沼氏を滅亡させると、綱重は鹿沼城を与えられた。綱重は鹿沼城主となり、壬生城は嫡男の綱房に任せた。鹿沼領を得た後の壬生氏の支配領域は南北に長く延びていたため、主要な2つの城を結ぶつなぎの城として、羽生田城は重要な拠点となっていたと考えられる。

　沼尻の対陣後の天正14年（1586）、壬生義雄は宇都宮氏を見限って北条方へ寝返った。そのため、宇都宮・佐竹の連合軍が壬生城と鹿沼城との連携を断つため羽生田城に攻め寄せ放火したが、城の守りは固く攻め落とすことができなかった（「宇都宮国綱書状」「佐竹義宣官途状写」）。

　天正18年（1590）、小田原の役で北条氏が滅びると壬生氏も改易となり、羽生田城の重要性は薄くなってしまう。その後、廃城となったのではないかと考えられる。

　羽生田城は沼沢地に面した南側をⅠ郭として、台地続きとなる北側に四重の堀を巡らせた城郭であった。Ⅰ郭周囲の堀は小学校の敷地となって消滅している。Ⅱ郭の堀もほぼ失われているが、西側のプールの脇を通る道が堀のラインを留めている。Ⅲ郭の堀の西側部分は良好に残されている。深さ10m近くある巨大な堀である。Ⅳ郭の堀が外郭のラインを示すものであるが、こちらは西側の民家の脇と、歓喜院の北側にのみ名残を留めている。Ⅲ郭の堀に比べると規模は小さなものであった。

（余湖浩一）

＊参考　児玉幸多・坪井清足監修『日本城郭大系4茨城・栃木・群馬』新人物往来社1979

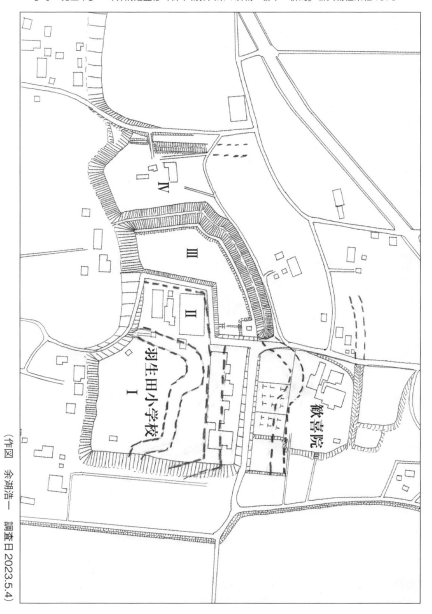

IV

III

II

羽生田小学校

I

歓喜院

（作図　余湖浩一　調査日2023.5.4）

107　児山城

所在：下野市下古山字本城
比高：10m
マップコード：74 702 320*37

　児山城は姿川沿いの低地に臨む微高地上に築かれている。城内を壬生と宇都宮とを結ぶ街道が通っており、壬生方面を監視することのできる位置にある。宇都宮氏の勢力の南端部に当たり、上三川城・多功城と共に、宇都宮氏の南方の境目の城としての機能を果たしていたと考えられる。

　児山城は、南北朝時代の建武年間（1334～37）、宇都宮一族の多功宗朝の次男朝定によって築かれたと伝えられている。朝定は児山の地に分地され、以後は児山氏を名乗るようになる。

　天文7年（1538）7月の「小山高朝書状」には、芳賀高経が「児山と号する地に楯籠り」と、籠城していたことが記されている。芳賀氏は宇都宮家中での政争に敗れて児山城に逃げ込んだようだが、結局宇都宮俊綱によって討ち取られている。

　『宇都宮興廃記』には、永禄元年（1558）、佐野豊綱が多功城を攻めた際、児山兼朝が多功城を救援するために小山城から出陣したが、上杉勢の攻撃に阻まれて討ち死にしてしまったとあるが、その他の史料では確認できない。

　児山城の中心部は栃木県指定文化財として整備され、案内板や駐車場も設置されている。主郭は60m四方ほどの郭であり、周囲には高土塁と堀が巡らされている。主郭の虎口は南側に2か所認められるが、角部に虎口を設置するのは中世城郭では通常見られないことで、南西角のものは後世の改変と考えられる。

　主郭の周囲にはⅡ郭の堀が巡らされていた。この堀は半分ほど埋められてしまっているが、東側と南側は現在でもはっきりと形状を辿ることができる。

　これらの部分を中核として、さらに外郭部が存在していたと考えられ、北側に中城、北西側に西城の地名が残されている。西城には堀跡らしきものがいくつか認められるが、痕跡的になっており明瞭ではない。街道沿いには西の木戸が設置されており、そのまま南側に続く台地縁部が外郭のラインとなっていたと思われる。付近の民家には西木戸に関連すると思われる土塁が残されている。

東側の堀は現存していないが、道路沿いに土手の痕跡をかろうじて認めることができる。このように外郭部はほとんど消滅してしまっている。

（余湖浩一）

＊参考　児玉幸多・坪井清足監修『日本城郭大系4茨城・栃木・群馬』新人物往来社1979、
　　　　江田郁夫編『下野宇都宮氏』戎光祥出版2011

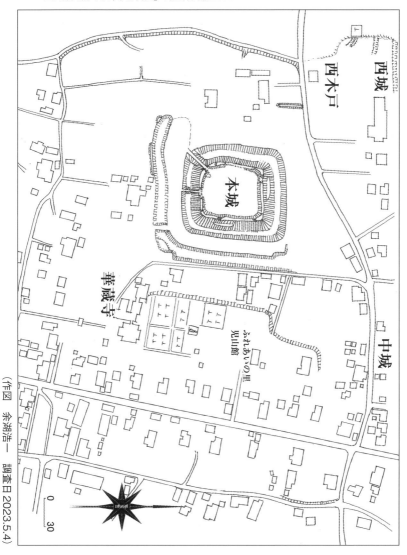

（作図　余湖浩一　調査日2023.5.4）

108 箕輪城
みのわ

所在：下野市箕輪字舘ノ内
比高：10ｍ
マップコード：74 520 483*52

　箕輪城は姿川に臨む比高10ｍほどの段丘縁部に築かれている。主郭に磐裂
根裂神社が祀られているのが目印となる。
　箕輪城という名称の城は各地にあるが、これは中世の豪族の屋敷を中心とし
た集落を示す「箕輪」という名称から転じたものである。
　箕輪城は小山氏によって築かれたと言われるが、壬生氏による築城説もある。
南北朝時代には北朝方の城となっており、暦応2年（1339）、南朝方の軍勢が
194八木岡城を攻め落とすと
「自落」した（「北畠親房御教
書」）。史料では確認できないが、
永禄元年（1558）5月初旬に城
が落城したため、この地域で
は5月の節句に鯉のぼりを上げ
ない風習があるとされる。
　神社のある60ｍ四方ほどの
区画がⅠ郭で、東側を除く三方
向に土塁と堀が構築されている。
　南側の台地続きがⅡ郭だっ
たと思われ、先端部に堀切の
跡が認められる。
　また、北側にも外堀があっ
たと伝えられているが、現状
では確認することができない。
　　　　　　　　（余湖浩一）

＊参考　現地案内板

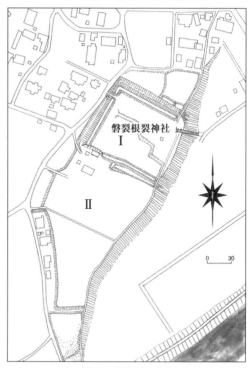

（作図　余湖浩一　調査日 2023.5.4）

古地図と古写真の活用

城郭は開発によって失われてしまうことが往々にしてある。史料に登場する城郭でも現状では遺構がなく、いったいどのような城だったのだろうと首をかしげてしまうこともよくある。そんな時、ネット上での情報を活用して、かつての城の様子を伺い知ることができる場合がある。

榎本城復元図

まずは「歴史的農業環境閲覧システム」。このサイトには、明治時代に描かれた迅速測図が掲載されている。ある程度の規模の遺構を有していた城であれば、明治時代の遺構の残存状況を知ることができるのである。栃木市の榎本城は史料にも何度も登場する重要な城郭であるが、現状では遺構はほとんど残されていない。だが、このシステムを使えば、明治時代に残存していた遺構の状況を復元することが可能である。同様に栃木市の吹上城も、現在は中学校の建設によって遺構はほぼ失われてしまっているが、明治時代にはそれなりの規模の遺構が残されていたことが分かる。ただし栃木県の場合は南部地域しかカバーされていないのが残念である。

吹上城復元図

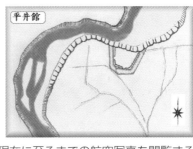

平井館

次に国土地理院の「空中写真閲覧システム」。このサイトからは、戦後直後から現在に至るまでの航空写真を閲覧することができる。こちらは日本全国をカバーしている。航空写真だと画像が小さいので城の細かい形状を把握することは難しいのではあるが、それでも水田地帯にあった城などは旧状を復元できるものもある。右下の那須烏山市の平井館は耕地整理によって完全消滅してしまったが、終戦直後の航空写真から旧状を復元することができた。

これらのような資料を手に入れるのはかつて非常に手間がかかったものだが、現在はネットで簡単に見ることができる。実に便利な時代になったものである。

（余湖浩一）

栃木の城郭を知るための8のコラム

109　細谷城
ほそ や

所在：下野市細谷
比高：0m
マップコード：74 610 529*82

　細谷城は、いわゆる平地城館である。近くを流れる姿川から400mほど西に入った耕作地帯にあるが、地形図でよく観察すると、姿川が形成したと思われる低い河岸段丘上にあることがわかる。

　その歴史等は一切不明だが、位置的には宇都宮氏と壬生氏の勢力境界線上にあると考える。

　構造は極めてシンプルで、単郭で全周を土塁、空堀が囲む。平地城館にしては珍しく残存状況はかなり良好だが、残念なことに西外周部が開墾されてしまっている。また、虎口と推定できそうな場所が3箇所あるが、主郭内部に出入りするために改変があったようで、現時点では明確にできない。なお城域は周囲の民家の方々の生活の場であるため、立ち入りには必ず許可を得るようお願いしたい。

（渡邉昌樹）

＊参考　筆者ホームページ
　『栃木県の中世城郭』

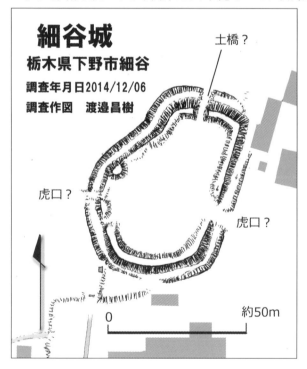

細谷城
栃木県下野市細谷
調査年月日2014/12/06
調査作図　渡邉昌樹

土橋？

虎口？

虎口？

0　　　　　　約50m

110 大山城

<ruby>大山<rt>おおやま</rt></ruby>城

所在：上三川町大山
比高：0m
マップコード：39 061 063*08

　大山城は浄光寺の南西約300m、宅地、耕作地の中にある。訪れる場合はぜひ許可を得て見学していただきたい。

　当城は歴史不詳の城館であるが、位置的には南西約700mにある112多功城に近い。多功城は宇都宮氏の拠点として上杉氏や後北条氏の攻撃を受けた城で、大山城は多功と連携した宇都宮氏の南の守りであったと考えられる。

　遺構は、平野部であるものの旧状をかなり保っている。基本115m×115mの方形部Iを中心に展開していたようだ。個人宅となっている周辺は遺構の改変が否めないが、空堀の位置は往事のままと考えられる。特にIの北西には場所によっては三重の空堀となるところもあり、防御力の高さが感じられる。しかし、当城が宇都宮氏系統の城であるならば、Iの南方向が敵の皆川氏方向であるにも関わらず、堀が1本しかない。かつてはIの南にはさらに厳重な防御施設が施されていたのであろうか。

（渡邉昌樹）

＊参考　栃木県文化振興事業団
『栃木県の中世城館跡』栃木県
教育委員会1983

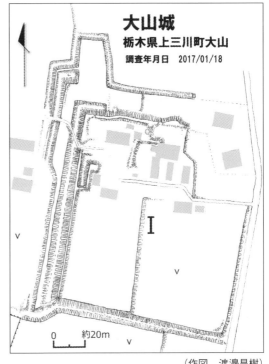

大山城
栃木県上三川町大山
調査年月日　2017/01/18

I

0　　約20m

（作図　渡邉昌樹）

111 上三川城 かみのがわ

所在：上三川町上三川字大町
比高：6ｍ
マップコード：39 035 847*48

　上三川城は、上三川町の中心部に築かれた平城である。現在主郭部分が上三川城址公園として整備され、土塁、堀などがよく残されている。宇都宮領の南端近くにあり、112多功城と共に南の境目の城として重要な拠点であった。

　上三川城は、宇都宮一族の横田頼業が建長元年（1249）に上三川で1000町歩の所領を得て築いたと言われている。その後、横田氏が8代にわたって城主であった。

　南北朝時代には北朝方の城となっており、暦応2年（1339）、南朝方の軍勢が144八木岡城を攻め落とすと「自落」した（「北畠親房御教書」）。

　永享年間（1429〜41）横田綱業は、弟で今泉氏を名乗っていた今泉元朝に上三川城を譲り、その後は今泉氏が城主となって代々続いていく。天文18年（1549）9月の那須氏との五月女坂合戦で、今泉泰光は先陣を切って奮戦した。

　永禄元年（1558）、長尾輝虎の命で佐野豊綱が多功城に攻めてきた時には、今泉泰光が佐野豊綱を討ち取るという活躍を見せた（『宇都宮興廃記』ただし、この合戦は史料では確認できない）。

　天正14年（1586）、下館城主であった水谷蟠龍斎が上三川に攻め寄せた。今泉泰光は薬師寺氏・横田氏らと共に芳賀高武が率いる宇都宮勢に参加して、河内郡砂田で水谷勢を打ち破った。

　天正18年（1590）の「関東八州諸城覚書」（毛利文書）には「かミの川　上川左衛門督」と記されている。

　慶長2年（1597）、宇都宮国綱の継嗣問題がこじれたことから、芳賀氏と対立した今泉高光は芳賀高武に攻め込まれ、上三川城は火を放たれて落城。今泉高光は菩提寺の長泉寺において自害して果てた。その後、宇都宮氏の改易と共に上三川城も廃城となったものと考えられる。

　城址公園となっているⅠ郭はよく残されているものの、それ以外の郭は消滅している。『図説中世城郭事典』の図を見るとⅠ郭の北側にⅡ、Ⅲ、Ⅳ、Ⅴ郭

があり、それぞれに土塁や堀が描かれている。1980年代には遺構を残していたようだが、現在は見る影もない。またⅠ郭の東側にも外郭のラインが存在していたらしいが、これも失われている。現状では単郭の城としか思われないような状況となっている。

（余湖浩一）

＊参考　児玉幸多・坪井清足監修『日本城郭大系４茨城・栃木・群馬』新人物往来社1979、
　　　　村田修三編『図説中世城郭事典１北海道・東北・関東』新人物往来社　1987

（作図　余湖浩一　調査日2023.5.6）

112 多功城
<ruby>多功<rt>たこう</rt></ruby>

所在：上三川町多功
比高：6m
マップコード：39 030 339*04

　多功城は北側の沼沢地に臨む微高地に築かれている。この城は宇都宮一族である多功氏の居城とされている。宝治2年（1248年）、宇都宮頼綱の7男宗朝が多功城を築き居城とし、多功氏を名乗るようになったのに始まる。宇都宮城の南方を押さえる要衝の城で、南北朝時代には南朝方の攻撃を退けている。

　宇都宮氏にとっては重要な拠点であり、天文9年（1540）、宇都宮俊綱は築右京亮の多功在城を慰労している（「宇都宮俊綱官途状」）。

　『宇都宮興廃記』には、永禄元年（1558）に長尾輝虎の命によって佐野豊綱が多功城を攻撃したが、多功長朝はよく守り長尾方の佐野豊綱を討ち取ったという記事を載せる。このことを示す宇都宮広綱充行状も存在するが、永禄元年では輝虎はまだ越山していないため、この記事は誤りだと思われる。ただし、多功原での合戦については「廿九夜中、多功原より敗北候處に」と述べている「上杉輝虎書状」（上杉家文書）もあり、永禄年間に多功原において合戦そのものはあったと考えられる。

　天正2年（1574）正月18日、宇都宮広綱は、壬生口において合戦があり、多功孫四郎が談合を行ったこと、「多功之地」において用心をすることを築三河守に伝えている（「宇都宮広綱書状」）。

　天正12年（1584）12月には北条勢が攻め寄せ多功で合戦となったが、手繁く戦いを行い、多功城に手堅く在城して退けた功で築三河守が宇都宮国綱に賞されている（「宇都宮国綱書状」）。また翌年には国綱は多功石見守に佐竹義重出陣に際しての参陣を求めている（「宇都宮国綱書状」）。このように、宇都宮氏の書状で多功城での在城を賞されているのは築氏であるケースが多い。多功城は実質的に築氏によって差配されていた城であったのかもしれない。

　天正18年（1590）、小田原の役の際、宇都宮国綱に従って多功綱継らの家臣団が小田原に参陣したことにより、宇都宮氏とその家臣団は所領を安堵された。

　こうして幾度かの戦乱を乗り越えてきた多功城であるが、慶長2年（1597）の

宇都宮氏の改易と共に廃城となったと考えられる。

　現在、城の遺構の多くは宅地化やゴルフガーデンの建設などによって失われてしまったが、残存遺構も見られる。水田地帯に面する北側には2重堀が残されており、北西部には土塁と堀によって区画された長方形の郭が確認できる。西側に折れを伴った城塁を有している郭である。現状を見ると、これが主郭のように感じられるのであるが、文化2年（1805）に作成された古図を見ると、これは御蔵屋敷と呼ばれる郭であり、この郭の東側に本郭があったことがわかる。本郭の南側には南郭があり、さらに全体を囲む外郭部分が存在していたようである。

（余湖浩一）

　＊参考　児玉幸多・坪井清足監修『日本城郭大系4茨城・栃木・群馬』新人物往来社1979、
　　　　栃木県教育委員会『栃木県の中世城館跡』栃木県文化振興事業団1983

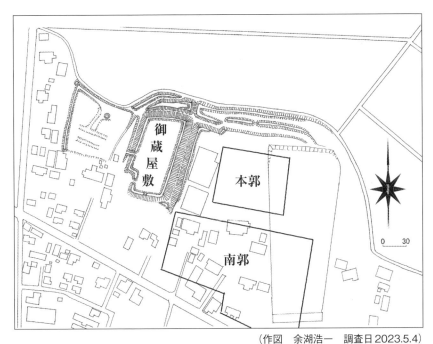

（作図　余湖浩一　調査日2023.5.4）

113 足利氏館

所在：足利市通三丁目
別名：鑁阿寺館
比高：0m
マップコード：34 624 109*33

　渡良瀬川に近い足利市の中心部にある鑁阿寺が**足利氏館**の跡であり、国指定の史跡となっている。

　いうまでもなく足利氏の居館としてよく知られている。その成立年代ははっきりしないが、12世紀に足利氏2代義兼によって築かれたとされるのが通説である。以後、室町幕府を開いて京都に居住するようになるまで、足利氏はこの館を本拠地としていた。

　足利館は長辺が200mほどの、東側がやや短くなった台形状の城館である。豪族の居館としてはかなり大規模なものであり、当時の足利氏の勢力の大きさを示していると言える。

　隣接する南東側には日本最古の大学として知られている足利学校が設置されている。こちらにも土塁と堀が残されている。

（余湖浩一）

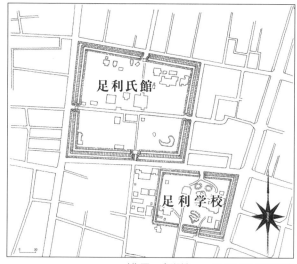

（作図　余湖浩一　2020.12.30調査）

114　足利城

あしかが

所在：足利市足利両崖山
別名：両崖山城
比高：200m
マップコード：34 684 002*14

　足利城は、足利氏館の北方にそびえる比高200mほどの両崖山に築かれている。両崖山は要害山が転じたものと考えられ、周囲に崖の多い地形から両崖の字があてられるようになったものであろう。城址はハイキングコースとして人気で、休日ともなると多くの人が散策に訪れている。入口の織姫公園から城址までは徒歩30分ほどである。

　足利城は、平安時代に足利成行によって築かれたと伝えられているが、これは伝説の域を出ない。

　室町時代に入ると、足利城は長尾氏によって改修され、数度の合戦の舞台となった。享徳4年（1455）、関東公方足利成氏と長尾氏が対立した際、上杉勢が足利領内に攻め込んだが、この際、長尾氏は足利城に籠ったと考えられる。

　永禄7年（1564）11月、上杉謙信は佐野氏の籠る唐沢山城を攻撃した。その際、足利、舘林、新田庄を焼き払ったと記録にあるので、この時も長尾氏は足利城に避難したと考えられる。

　天正12年（1584）北条氏が足利に攻め寄せ、合戦になった（「北条氏直書状」）。天正15年には北条氏照が付城を築いて激しく攻撃した（天徳寺宝衍書状）。その後、北条氏の手に落ちたようである。天正17年（1589）には、北条氏によって改修が行われている（「北条氏直書状」）。天正18年（1590）にもこの地で合戦が行われたようで、やはり北条氏直の感状が数通残されている。

　足利城は急峻な山稜上に築かれた山城で、堀切によって区画した郭群によって構成されている。狭隘な地形を利用しているため、あまり広い郭を造成することはできない。しかし南西側には幅の広い尾根があり、多くの兵が駐屯できるスペースが確保されている。そしてその南端部には大堀切を入れ区画を図っている。この部分は天正期の改修に当たるのではないかと考える。（余湖浩一）

　＊参考　峰岸純夫・齋藤慎一編『関東の名城を歩く　北関東編　茨城・栃木・群馬』吉川弘文館2011

（作図　坂本実　調査日2023.7.15〜2024.2.24）

115　勧農城

<ruby>勧農城<rt>かんのう</rt></ruby>

所在：足利市岩井町
別名：岩井山城
比高：20m
マップコード：34 565 257*24

　勧農城は、渡良瀬川が蛇行する地点に臨む比高20mほどの独立山稜に築かれている。周囲を河川と低湿地に囲まれた要害の地である。

　勧農城を築いたのは長尾景人で、文正元年（1466）に関東管領上杉房顕から足利荘の代官を任じられて入部し、ここを本拠地としたものである。享徳の大乱の際には足利成氏が那須氏らに勧農城の攻撃を命じている（「足利成氏書状」）。また長享元年（1487）には赤堀上野介らに攻撃されている（「上杉定昌書状写」）。後に長尾景長がより要害性の高い足利城に拠点を移すと、長尾氏の支城となった。

　山頂部の土塁を巡らせたⅠ郭が主郭である。北東側には大きな櫓台を備えている。赤城神社のある東下がⅡ郭、南側がⅢ郭であったと考えられる。

（余湖浩一）

＊参考　児玉幸多・坪井清足監修『日本城郭大系4茨城・栃木・群馬』新人物往来社1979

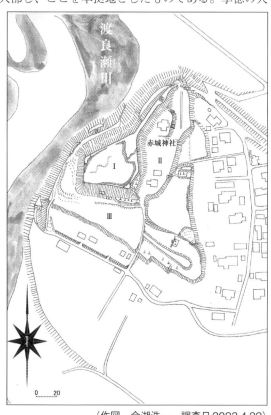

（作図　余湖浩一　調査日2023.4,22）

116　多田木城

所在：足利市多田木町

別名：只木山城

比高：50m

マップコード：64 513 058*43

　多田木城は、JR富田駅の南方にそびえる比高50mほどの山稜に築かれている。周囲には渡良瀬川、秋山川、旗川の合流点があり、佐野方向から足利市街に進入する際にはこの城の北側の街道を通る必要がある。

　多田木城は長尾氏が築いた陣城であった。康正元年（1455）12月、山内上杉房顕・長尾昌賢らが「野州天命・只木山」に布陣していたところ、足利成氏が攻撃を加えたために、山内・長尾らは敗走した（「足利成氏書状写」）。年不詳の11月20日には、小山城攻めの際に、上杉謙信が「多田木山へ打着、一日休陣馬」させている（「上杉輝虎書状写」）。また天正12年（1584）の佐竹義重の新田・舘林出陣の際に「号多々木山所」に陣を張るなど（「佐竹義重書状」）、何度も陣所として使用されている場所であった。

　多田木城は、異形の城というべき城である。山稜を利用しながら上部はまったく加工せず、東側の裾部にのみ何段もの帯曲輪を巡らせた構造となっている。城内には多くの古墳があり、古墳の土手を城塁として利用している。山麓部分のみを陣所として加工した城である。享徳の大乱の中で、長尾氏によって臨時築城された城であるが、佐竹氏によっても多少改修されている可能性がある。

（余湖浩一）

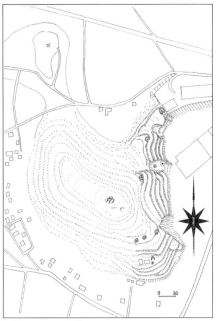

（作図　余湖浩一　調査日2023.4.22）

＊参考　児玉幸多・坪井清足監修『日本城郭大系4茨城・栃木・群馬』新人物往来社1979／黒田基樹『図説享徳の大乱』戎光祥出版2021

117　赤見城

所在：佐野市赤見町
別名：町屋城
比高：5m
マップコード：64 664 013*84

　赤見城は足利氏と山稜を隔てた東側の平野部に築かれている。佐野の中心部より北側に入り込んだ地区で、東側には120唐沢山城がそびえている。

　赤見城は、平安時代末の治承2年（1178）に足利俊綱によって築かれたと伝えられている。足利俊綱は、志田義広の乱に加担して源頼朝に背いたため、源氏軍と戦って敗れ、逃亡する途中で家臣に殺害された。

　鎌倉時代に入って建久元年（1190）、戸賀崎義宗が赤見荘の地頭となって赤見城に入城した。その後、戸賀崎氏は赤見氏を名乗り、代々赤見城を居城とした。享徳の大乱の際、赤見氏は古河公方方となり足利の長尾氏と対立した。文明3年（1471）、赤見城は長尾・横瀬・岩松氏らに攻め落とされている（「足利義政御内書写」）。

　戦国期になると佐野泰綱の支配下となり、唐沢山城の支城として足利方の長尾氏に対する前線の城となった。永禄10年（1567）、赤見宗繁は藤原貞瀧坊に対し神田と伝馬の許可状を出している（「赤見宗繁判物」）。

　天正18年（1590）の小田原の役の後、かつての唐沢山城主で秀吉の側近となっていた佐野天徳寺宝衍は赤見城を隠居城と定めた。

　慶長19年（1614）、佐野氏が改易になってしまうと、赤見城も廃城となったと考えられる。

　赤見城は平城ではあるが、周囲には高い土塁と堀が巡らされていた。かつて1郭内部には赤見保育園が建設され、土塁と堀の一部は破壊されてしまった。現在では保育園は閉鎖されているが、道路側から土塁に登る階段が付けられ、土塁の上を周回することができるようになっている。

　かつての城域は東西約450m、南北約360mにも及び、二ノ丸、三ノ丸も形成されていたというが、現在では宅地化によりⅠ郭以外の遺構はほぼ失われている。

（余湖浩一）

＊参考　佐野市ホームページ　児玉幸多・坪井清足監修『日本城郭大系４茨城・栃木・群馬』新人物往来社1979

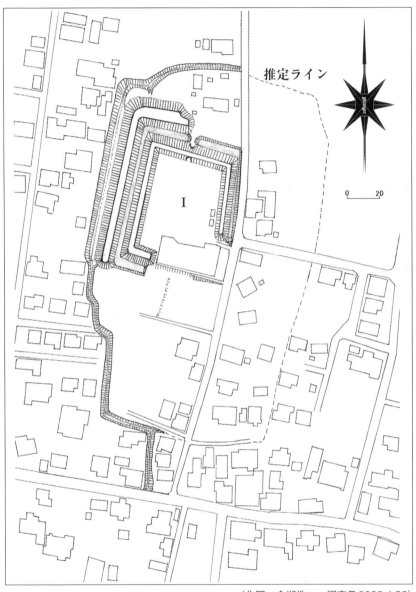

推定ライン

0　　　20

I

（作図　余湖浩一　調査日2023.4.22）

118 赤見駒場城

<ruby>赤<rt>あか</rt>見<rt>み</rt>駒<rt>こま</rt>場<rt>ば</rt></ruby>

所在：佐野市赤見町
比高：140m
マップコード：64 661 407*75

　赤見駒場城は、足利市と佐野市の境界付近に位置している。佐野ゴルフクラブの西方の比高140mほどの山稜で、東側が開けているため、117赤見城のある東方の平野部を眺望できる位置にある。また、尾根続きの西方1kmほどのところには椛崎城がある。

　文明3年（1471）5月30日、足利義政は、赤見城を攻め落としたことを讃える御教書を発出しているが（「足利義政御教書写」）、同時に椛崎城を攻め落としたことを讃える御教書も出している。赤見駒場城は。赤見城と椛崎城とを結ぶ山稜の尾根に位置している。当時、赤見城と椛崎城とが連携していたと思われることから、駒場城は両者を結ぶ繋ぎの城であったと考えられる。

　赤見駒場城は山稜上に堀切を入れて分割した連郭式山城であるが、まとまった広さの郭は先端のＩだけである。尾根基部には二重堀切を入れて防御の要としている。また背後のピーク部の少し先にも小規模な堀切が見られる。

（余湖浩一）

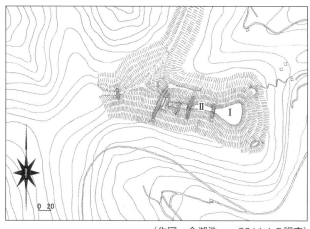

（作図　余湖浩一　2011.1.5調査）

119 大網山城
おおあみやま

所在：佐野市富士町字大網山
比高：100m
マップコード：64 613 774*68

　大網山城は東北自動車道岩船ジャンクションの南西側にそびえている比高100mほどの山稜に築かれている。城の北側の山稜が120唐沢山城と尾根続きになっており、唐沢山城から直線で1.5kmほどの距離に位置している。

　大網城の歴史についてはまったく不明である。しかし、唐沢山城との位置関係から考えて、唐沢山城の南東方向を監視するための支城であったと考えられる。

　大網山城は、山稜上を4本の堀切で区画した連郭式の山城である。中央の一番高い所をⅠ郭として、その下部を取り巻くようにⅡ郭が配置されている。Ⅱ郭の南北の先にはそれぞれ2本の堀切を入れて防御構造としている。

　大網山城の特徴は、虎口がしっかりと形成されていることである。大規模なものではないが、Ⅰ郭には枡形状の虎口が見られる。それ以外の虎口も切通し状になっており、防御しやすくなっている。　　　　　　　　　（余湖浩一）

＊参考
　佐野市ホームページ

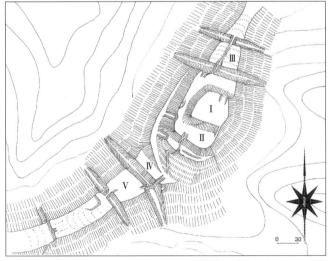

（作図　余湖浩一　調査日2012.1.28）

120　唐沢山城
からさわやま

所在：佐野市富士町、栃本町

別名：栃本城、根古屋城、牛ヶ城

比高：170m

マップコード：64 672 074*36

　唐沢山城は、JR佐野駅の北方、唐沢山神社のある標高241mの山を中心に、最外部（飯積山）や、山下の遺構群まで含めると、東西約1.5km×南北約1.8kmの広い規模を有する。

　築城は藤原秀郷によると伝わる。後に佐野氏が当地を治めたが、戦国時代の下野国南部は相模の後北条氏と越後の上杉氏の勢力に挟まれ、両氏の重要な拠点となっていた。当時の城主佐野昌綱は、二つの勢力の狭間にあって時には上杉、時には後北条方と身を翻した。天正15年（1587）には北条氏康の五男・氏忠を養子に迎え、後北条配下となった。しかし天正18年（1590）豊臣秀吉による小田原征伐で氏忠は高野山へ送られる。代わりに城主になったのが佐野房綱（天徳寺宝衍）である。房綱は氏忠との後継者争いに敗れて上方に逃れ、豊臣方についていた。城主となった房綱は城内の北条勢を一掃し、その後、豊臣近臣である富田氏から信吉を養子とする。慶長5年（1600）関ヶ原の戦いで信吉は徳川方に付き、領地を安堵され佐野藩が成立するものの、唐沢山の麓の佐野城に移り、堅固な唐沢山城は廃城となった。豊臣家との繋がりが深い信吉が家康に敬遠されたとも言われている。

　唐沢山城の縄張りは、その複雑な時代背景から、佐野氏オリジナルのものから、後北条、上杉、豊臣諸氏の影響を受け、継ぎ足されていったものと考えられる。山間部には各氏の影響を受けたと考えられる遺構が残っている。

　代表的なのは主郭周りの①高石垣で、上方に身を寄せていた佐野房綱の時代に整備されたと言われている。また、後北条氏の築城技術と考えられるのが主郭南東300mにある②食い違い虎口遺構である。さらに、上杉方が在城した時に増設された可能性があるものが、谷中で合流する長い竪堀と畝状の竪堀群③である。いずれも諸氏が築いたという確たる証拠はないが、唐沢山城が様々な築城技術の集合体であることは間違いない。　　　　　　　　（渡邉昌樹）

　＊参考　栃木県文化振興事業団『栃木県の中世城館跡』栃木県教育委員会1983

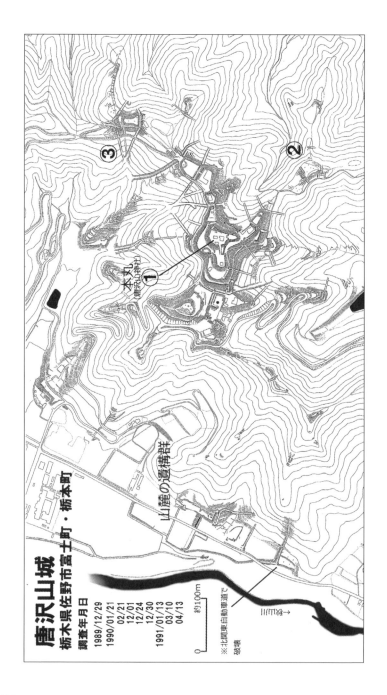

唐沢山城

栃木県佐野市富士町・栃本町

調査年月日
1989/12/29
1990/01/21
　　　02/21
　　　12/01
　　　12/24
　　　12/30
1991/01/13
　　　03/10
　　　04/13

0　　約100m

※北関東自動車道で
破壊

①本丸
（唐沢山神社）

②

③

山麓の遺構群

秋(町)川→

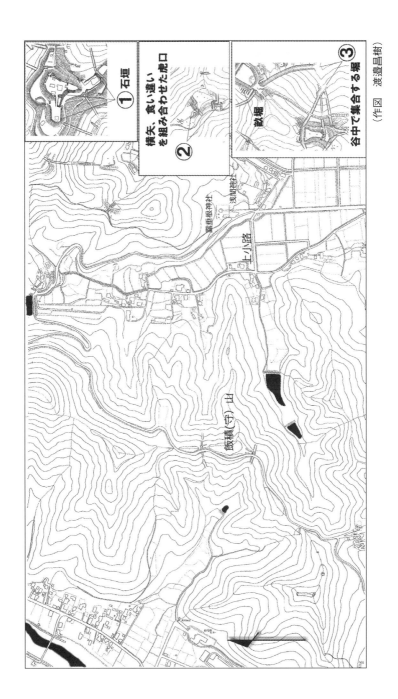

① 石垣

② 横矢、食い違い
を組み合わせた虎口

③ 谷中で集合する堀

竪堀

浅間根神社

土ノ八路

畝積（守）山

（作図　渡邉昌樹）

219

121　佐野城

<ruby>佐野<rt>さの</rt></ruby>

所在：佐野市若松町
別名：春日岡城、姥が城
比高：20m
マップコード：64 519 774*76

　佐野城は、佐野駅前にある小丘に築かれた城である。

　築城者の佐野氏は、ここより北にある唐沢山城を拠点としていた。後北条氏の、北関東進出の圧力から、佐野氏は北条氏康の六男、北条氏忠を養子として迎え、佐野氏を継がせたため、実質、後北条氏の配下となる。この時、佐野氏の後継者争いに加わっていた佐野房綱（天徳寺宝衍）は上方に逃れ、豊臣の元につくことになる。

　小田原征伐の後、氏忠は高野山へ送られた。代わりに豊臣方にいた佐野房綱が佐野の当主に就くこととなる。その後、房綱は豊臣氏近臣である富田氏から信吉を養子に迎えて佐野家の安泰を図った。

　しかし、関ヶ原の戦い後、慶長7年（1602）佐野信吉は徳川家康の意向を受けて、要害堅個な唐沢山城から麓に下ろされた。様々な説があるが、信吉が豊臣系だったからとも考えられる。

　麓に移り、春日岡の惣宗寺の跡地が新しい佐野城となった。その後も佐野氏の本拠として存続したが、整備半ばの慶長19年（1614）、突如佐野氏が改易される。この時に佐

（国土地理院航空写真　1958）

野城は廃城となったと考えられる。

　城は連郭式の平山城で、かつては約370ｍ×南北約500ｍの規模を有した。

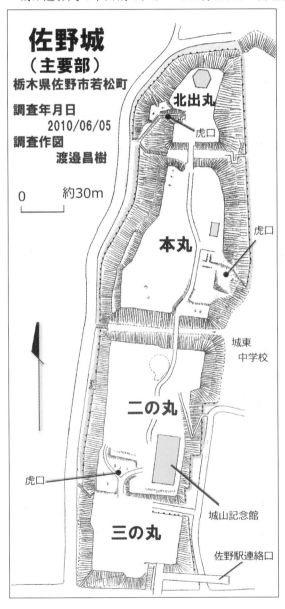

佐野城
（主要部）

栃木県佐野市若松町

調査年月日
　　　2010/06/05
調査作図
　　　渡邉昌樹

0　　　約30m

北出丸

虎口

本丸

虎口

城東
中学校

二の丸

虎口

三の丸

城山記念館

佐野駅連絡口

主要部は公園となり、曲輪や堀切などが残されている。外堀（水堀）は区画整理等により消滅しているが、1958〜61年頃の航空写真を見ると、外郭の水堀の跡がくっきり残っている。現在よく残るのは主要部で、南から三の丸・二の丸・本丸・北出丸と並び、各部分は堀切によって仕切られている。

　佐野城は1988〜98年にかけて佐野市による発掘調査が行われ、発掘成果は公園内にも残されて旧状が偲べるようになっている。また、築城によって移転した惣宗寺は今日でも「佐野厄除け大師」の愛称で広く知られ、その山門は佐野城の移築城門と伝わっている。

（渡邉昌樹）

＊参考　栃木県文化振興事業団『栃木県の中世城館跡』栃木県教育委員会1983

122　浅利城
<rt>あさり</rt>

所在：佐野市閑馬町
別名：閑馬城
比高：200ｍ
マップコード：64 871 597*83

　浅利城は示現神社の西側にそびえる比高200ｍほどの山稜に築かれている。山麓近くには松岳寺という寺院があるが、この寺院は居館跡のような雰囲気がある。

　浅利城は宝徳3年（1451）、佐野一族の神馬七郎忠光によって築かれ、天文15年（1546）、川越の合戦で神馬氏が討ち死にすると廃城となったという。

　天正13年（1585）、北条氏政・氏直の命を受けた長尾顕長は、彦間の126須花城を改修して佐野氏への押さえとし、7月7日、近隣の領主に佐野宗綱を攻めるように要請した。北条氏直が南方から120唐沢山城に圧迫を加えるのに呼応して、北西方向からも攻めかかる勢いを示すためであった。膳所藩主石川忠総が江戸時代初期に記録した覚書によると「長尾顕長は閑馬と彦間という所に2つの付城を築いて夜攻めにした」とあるという。

　彦間の城とは須花城のことであるが、閑馬の城がどの城であるかはっきりしていない。しかし、発達した虎口構造を持ち、石積みも多用している浅利城のことであった可能性が高いと言えるだろう。

　浅利城のある山稜は急峻なため、Ⅰ郭以外に居住性のある郭はなく、郭面積の大きな城ではない。しかし技巧的な構造

崩落したと思われるＡの石積みの跡

が見られる。Ⅰ郭の虎口は、下の帯曲輪から何ヵ所もの虎口を経由するように
なっている。虎口脇のAの部分には大量の石材が散乱しており、この部分に
は本来、かなりの石積み構造があった可能性が高い。

　Ⅰ郭南東のBの部分にはテラス状の小郭を何段も配置して、登城ルートは折
れ曲がり、簡単にⅠ郭下まで到達できないようになっている。

　東側の尾根を降った先端部Cには枡形虎口と思われるものが残されており、
松岳寺の脇からこの尾根に登ってくるのが大手道だったと考えられる。

　このように浅利城は大規模な城ではないものの、厳重な虎口構造を持ってお
り、石積みも各所に見られる。天正期の城と見てよいものであり、長尾氏が築
いた付城に認定するのに十分な構造をもった城である。　　　　　（余湖浩一）

＊参考　齋藤慎一『戦国時代の終焉』中央公論社2021

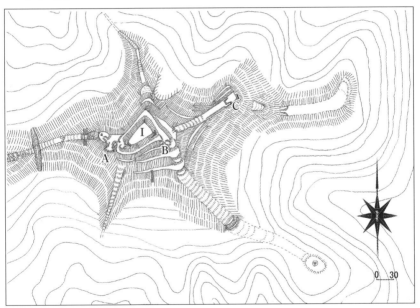

（作図　余湖浩一　調査日2023.4.29　渡邉昌樹氏の図を参考にした）

123　阿土山城
（あどやま）

所在：佐野市千波

別名：アド山城、安土山城

比高：240ｍ

マップコード：489 088 182*57

　金剛院の東側にそびえている比高240ｍほどのアド山が**阿土山城**の跡である。地図上ではアド山と表記されているが、これは明治時代にカタカナで登録されたためと考えられ、本来は阿土山もしくは安土山であったと言われている。

　平安時代に安戸太郎純門によって築かれた城と伝えられているので、その始まりは古い。ただし、城内のあちこちに見られる石積みや長大な竪堀の存在などからして、その後は改修されて使用されていたと考えられる。広い郭はないので、大人数を籠められる山城ではない。

　伝承によると、永禄2年（1559）以後は佐野氏の城となり、慶長3年（1598）には天徳寺宝衍が居城したとも言われている。　　　　　　　　　　（余湖浩一）

＊参考　佐野市ホームページ

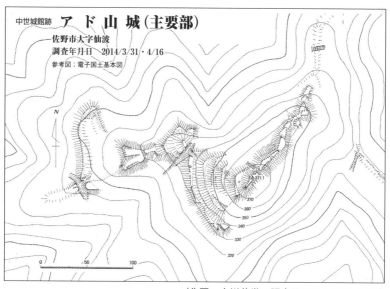

中世城館跡　**ア ド 山 城（主要部）**

佐野市大字仙波

調査年月日　2014/3/31・4/16

参考図；電子国土基本図

（作図　小川英世　調査日2014.3.31, 4.16）

124 　鰻山城

所在：佐野市戸奈良町
別名：戸奈良城
比高：30ｍ
マップコード：64 727 744*65

　鰻山城は旗川に臨む河岸段丘上に築かれており、川面からの比高は30ｍほどある。しかし、南西の市街地側からだと比高は20ｍ未満である。

　鰻山城は平安時代末期の文治2年（1186）に戸奈良五郎宗綱によって築かれたと伝えられている。戸奈良五郎宗綱は佐野実綱の子であった。宝治元年（1247）の宝治合戦で三浦氏に加担した宗綱は、父実綱とともに討死し、鰻山城も廃城になったと言われている。

　鰻山城は、段丘部分の最頂部を主郭として、南側には二重堀切を入れ区画している。主郭の下には土塁囲みの郭がある。この土塁囲みの郭は巨大な枡形のような形状をしており興味深い。

　伝承では鎌倉時代に廃城となったということだが、実際は後の時代にも改修されて使用された可能性がある。

（余湖浩一）

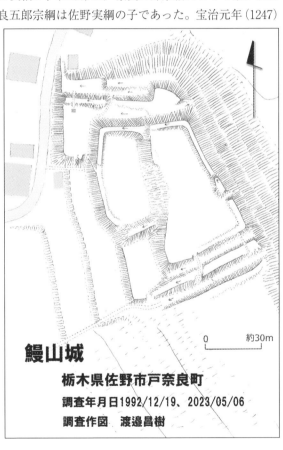

鰻山城
栃木県佐野市戸奈良町
調査年月日1992/12/19、2023/05/06
調査作図　渡邉昌樹

0　　　　　約30m

225

125　小野城

所在：佐野市飛駒町字根古屋
別名：要谷山城、飛駒城
比高：200ｍ
マップコード：489 162 451*58

　飛駒地区の最奥部近く、その名も根古屋森林公園の背後にそびえている比高
200ｍほどの山稜が**小野城**の跡である。要谷山城とも呼ばれているが、要谷は
要害すなわち城を示す一般名称である。

　小野城は佐野氏の家臣であった小野高吉によって天正年間初期に築かれたと
言われている。しかし天正10年（1582）、長尾氏の家臣であった小曾根筑前に
よって攻められて落城、以後は長尾方の小曾根氏の城となった。長尾氏が
唐沢山城に向けて築かせた彦間の城をここに当てる説もあるが、唐沢山城の付
城としては、少し山中に入り込みすぎていると思われる。　120

　公園内にあるため、城の登城道は数カ所から付けられているが、一番分かり
やすいのは「展望台→」という案内が出ている入口からである。このルートだ
と金毘羅社の前を通ってⅢ郭の下に出るようになっている。

　小野城は地形なりに削
平した数郭から成る山城
で、山上は狭隘な地形だ
ったために、それほど広
い郭面積を確保すること
はできていない。北側に
長く尾根が延びており、
この方向には2本の比較的
大きな堀切を入れている。

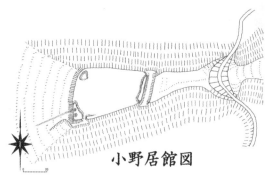

小野居館図

　小野城の特徴の1つは、あちこちに石積みが見られることである。山中に岩
が多かったこともあり、石材には不足しなかったようである。

　西側の尾根には10以上のテラス状郭が段々に配置されている。かなり念入
りな構造で、大手道はこのルートだった可能性が高い。

　なお、城の北西側の山麓には居館跡と言われる遺構も見られる。尾根基部を

堀切で区画しただけの単純な構造の遺構であるが、それなりの平場は確保されている。

（余湖浩一）

＊参考　児玉幸多・坪井清足監修『日本城郭大系4茨城・栃木・群馬』新人物往来社1979

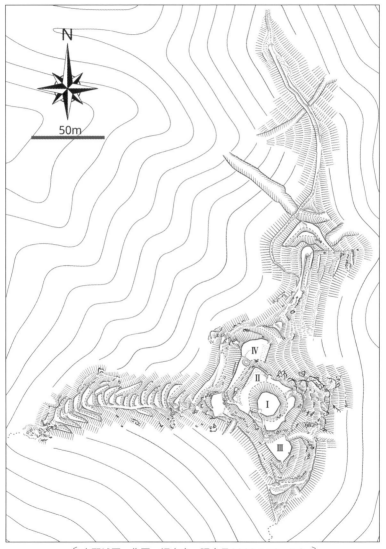

小野城図　作図　坂本実　調査日2023.5.10～7.9
小野居館図　作図　余湖浩一　調査日2023.4.29

126 　須花城<ruby>須花<rt>すばな</rt></ruby>

所在：栃木市下彦間

別名：彦間城、數葉那の寄居、小坂城

比高：70 m

マップコード：34 839 893*47

　須花城は、足利市名草から通じる峠越えの街道と、佐野方向に向かう街道との合流点の南側にそびえる比高70 mほどの山稜に築かれている。この峠道を押さえることのできる位置である。東側の街道をそのまま降りて行けば、やがて佐野氏の本拠地のある120唐沢山城へと到達する。

　須花城は、もともとは佐野氏によって築かれた城であったが、後に長尾氏に奪われてしまう。『石川忠総覚書』には、足利の長尾顕長が佐野宗綱に対して彦間と閑馬の2つの付城を築いたことが記録されている。このうち彦間の城が須花城であったと思われ、佐野氏から奪った城を、唐沢城に対する付城として改修して使用していた様子が伺える。

　天正14年（1586）元旦、長尾方の小曾根越前が籠っていた須花城（『新田老談記』では「須花城」であるが、『唐澤城老談記』では「数葉那の寄居場」とある）を攻略しようと進軍してきた佐野元綱は、乱戦の中、一騎で前線に突出しすぎたために長尾方の豊島七右衛門の放った鉄砲によって討ち取られてしまった。

　大将が討ち取られてしまうという事件はよほど印象的だったらしく、『唐沢城老談記』『新田老談記』『唐沢城軍談』『佐野宗綱記』など諸書に記録されている。佐野氏当主の討ち死にという事態によって、この地域の勢力図は塗り替えられていくことになる。歴史の転換点の舞台となった城である。

　須花城は山稜上を堀切によって区画した連郭式の山城である。主郭とⅡ郭の周囲には土塁が巡らされているが、それほど広い曲輪ではない。Ⅲ郭は傾斜地形だったようで、数段に削平されており、まとまった郭面積を確保するには至ってない。周囲に掘られた堀切などもそれほど大規模なものではなく、急造された印象の強い城である。

　ただし、虎口には工夫が凝らされており、Ⅰ郭、Ⅱ郭の虎口の下には帯曲輪を配置して虎口に迫る敵を城塁上から攻撃しやすくしている。東側先端の虎口から進入した場合も、城塁側面部を通らせることで敵を迎撃することを意図し

ている。

　西側には切通し状の通路が掘られ、その先の鞍部には三重堀切を形成して城
の入口の防御構造と成している。　　　　　　　　　　　　　　（余湖浩一）

＊参考　齋藤慎一『戦国時代の終焉』中央公論社2021

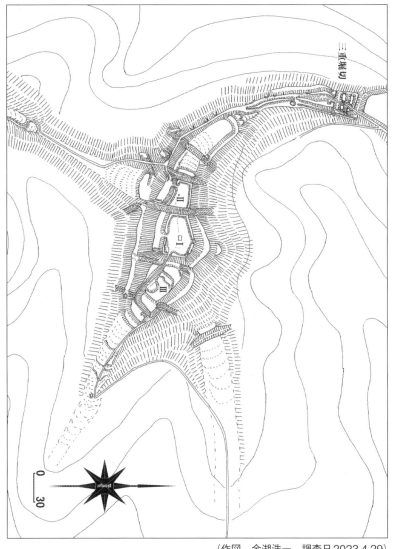

127　正光寺城
しょうこう じ

所在：佐野市下彦間町
別名：悪戸城
比高：20m
マップコード：64 810 894*05

　彦間川の南岸に正光寺があるが、その背後の微高地に**正光寺城**が築かれている。西方600mの地点には向かい合うように126須花城がそびえて見えている。
　正光寺は貞応2年（1223）の開基であり、城が築かれる前から存在していた。正光寺城は、寺院を利用して築かれた陣城であったと考えられる。
　天正13年（1585）年、長尾顕氏は、佐野宗綱の120唐沢山城を攻略するために、須花城、122浅利城の2城を付け城として整備した。この目障りな城を攻略するために佐野宗綱が出陣した折、須花城攻撃の拠点として構築された陣城が正光寺城と考えられる。天正14年（1586）元旦、佐野宗綱は兵を率いて長尾勢に合戦を挑むが、一騎で突出しすぎたために鉄砲によって討ち取られてしまい、佐野勢は敗退した。
　正光寺城は東西24m、南北24mほどの小規模な単郭の城館で、南側に食い違いの虎口を持ち、東西に横堀を入れて区画している。規模も小さく急造した感の強い城で、いかにも陣城といった雰囲気を残している。この城を大将の陣地として、その下の数段の平地部分に兵員を駐屯させていたものと考えられる。

（余湖浩一）

＊参考　峰岸純夫・齋藤慎一編『関東の名城を歩く　北関東編　茨城・栃木・群馬』吉川弘文館2011

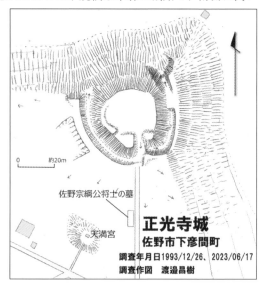

佐野宗綱公将士の墓

天満宮

正光寺城
佐野市下彦間町
調査年月日1993/12/26、2023/06/17
調査作図　渡邉昌樹

128 城之山城
<ruby>城<rt>き</rt></ruby><ruby>之<rt>の</rt></ruby><ruby>山<rt>やま</rt></ruby><ruby>城<rt>じょう</rt></ruby>

所在：佐野市飛駒町
別名：じょうのやま城
比高：250ｍ
マップコード：489 015 274*34

　城之山城は標高450ｍ、比高250ｍの山城である。登城するための登山道はなく、麓の安養寺に車を置き、その谷間から登るのが手っ取り早いのではなかろうか。

　この城の歴史は明らかでない。近隣の城との関係から長尾氏築城の可能性も秘めているが、よくわからない。

　Ⅰが最高所で主郭と考えられる。Ⅰには西面に土塁の一部が見られ、南に向かって坂虎口があったと想像できる。主郭の南には腰曲輪があるが、他は曲輪としての加工が甘いものが多い。城の弱点である西、南東、北方向の尾根続きにはそれぞれ堀切を2本以上配置する。特徴的なのは、各堀切に土橋を設けているところである。この城のコンセプトとでもいえようか、築城者のこだわりが感じられるところである。

（渡邉昌樹）

*参考『田沼町史
　第3巻 資料編2
　原始・古代・中世』
　田沼町1984

城之山城

栃木県佐野市下彦間町

調査年月日2016/05/16
調査作図　渡邉昌樹

0　約10m

土橋を伴う堀切

Ⅰ

土橋を伴う堀切

129　西方城

所在：栃木市西方町本城
別名：鶴ヶ丘城
比高：130m
マップコード：722 191 321*26

西方城は曹洞宗長徳寺の西方、真名子カントリー倶楽部、トムソンカントリー倶楽部に挟まれた山中にある。

　宇都宮氏の一族、西方氏の山城で、伝承では永仁元年（1293）に宇都宮泰宗の子・景泰によって築かれ、この時西方氏を称したという。

　戦国時代、宇都宮氏は結城氏や佐竹氏と結びつき、後北条氏と対抗していた。西方城は、宇都宮領の中でも皆川氏や壬生氏といった後北条氏側の領主達との境界にあり、幾度となく抗争を繰り返した。このため、宇都宮氏の対皆川防衛戦略として、戦いの度に西方城は縄張りの熟成度を上げていったと考えられる。

　西方綱吉の時代に小田原征伐があったが、綱吉は西方領をはなれ市貝赤羽に移った。小田原の落城後は、西方近辺は結城氏の領地となったが、その後、慶長8年（1603）、藤田信吉が西方藩を成立させ、西方城の東側の二条城を陣屋を構えると、西方城自体の機能は停止したと思われる。

　西方城の縄張りは、境目の城にふさわしく見事である（図A）。紙面の関係上、多くは語れないが、ほとんどの城郭縄張り用語がこの城で説明できるのではと思うほど技巧的である。特に挙げるならば、通称「東の丸」から主郭までのルートは、道を何度も折り曲げながら、内枡形門、外枡形門、馬出、横矢、木橋跡等、あらゆる手を使い込んでいる。

　また、北の山腹を降りる竪堀は直角に折をつけながら降下し、まるで近世城郭の登り石垣を連想させるような構造となっている。

　なお、主郭の西側は真名子カントリー倶楽部となり一部が破壊された。しかし2016年、筆者が栃木県文書館蔵の西方城の古絵図をたよりにゴルフ場を隔てた西の峰を調査したところ、絵図に呼応する曲輪（図B）を発見した。あわせて記しておきたい。　　　　　　　　　　　　　　　　　　　　（渡邉昌樹）

＊参考　村田修三『図説中世城郭事典 1 北海道・東北・関東』新人物往来社1987、
　　　　栃木県文化振興事業団『栃木県の中世城館跡』栃木県教育委員会1983

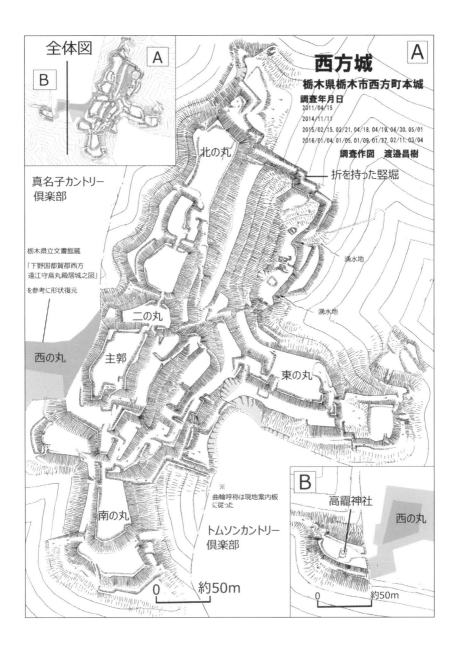

全体図

B

A

西方城

栃木県栃木市西方町本城
調査年月日
2011/04/15
2014/11/11
2015/02/15, 02/21, 04/18, 04/19, 04/30, 05/01
2016/01/04, 01/05, 01/09, 01/27, 02/11, 03/04

調査作図　渡邉昌樹

A

折を持った竪堀

北の丸

真名子カントリー
倶楽部

栃木県立文書館蔵
「下野国都賀郡西方
遠江守烏丸殿居城之図」
を参考に形状復元

湧水地

湧水地

二の丸

西の丸

主郭

東の丸

※
曲輪呼称は現地案内板
に従った

B

高龗神社

西の丸

南の丸

トムソンカントリー
倶楽部

0　　　　約50m

0　　　約50m

130 二条城

所在：栃木市西片町本城
比高：50m
マップコード：722 192 254*23

　二条城は、西方城から東側に延びる尾根の先端部、比高50mほどの地点に築かれている。思川の流路沿いの平野部を見下ろすことのできる場所である。現在、城の先端部分は東北自動車道によって削られてしまっている。

　二条城というと京都の二条城を連想してしまうが、ここでの二条は条里制に伴うものではなく、御城が転じたものであると思われる。関東地方には他にも類例がある。

　二条城の築城時期については明らかではない。129西方城の支城として築かれたという説や、もともとの西方氏の居城であったという説があるが、いずれも確実なものではない。

　慶長8年（1603）、藤田能登守信吉は西方を拝領し、西方藩の藩主となった。その際に二条城が大きく改修されたと考えられている。

　発掘調査からは縄文時代から近世までの遺物や柵列が検出されている。出土したかわらけと内耳土器は16世紀頃のものと見られ、西方城と同時期に城が存続していた可能性を示している。

　また茂木孝行氏は、西方城よりも大きな主郭を有していること、主郭の周囲に鉢巻き石積みが見られること、虎口が西方城よりも大きく造られていること、全体的に曲輪法面の完成度が高いこと等から、近世城郭の要素が多いとされている。つまりこの城は、藤田信吉によって大きく改修されているものと考えられる。

　元和元年（1615）、大坂の陣の際の不始末によって藤田信吉は改易に処されてしまう。これによって二条城も廃城となったと考えられる。藤田藩が成立してから廃城となるまではわずか12年ほどであった。

（余湖浩一）

＊参考　栃木県教育委員会『二条城跡』2022

234

中世城館跡　二条城
栃木市西方町本城
調査年月日　2020/12/20・2021/1/4・3/15・29
参考図：電子国土図

N

II

I

ゴルフ場

高速道路

長徳寺

開山不動尊

0　　　　50　　　　100

（作図　小川英世　調査日 2021.1.4, 3.15, 29）

235

131 真名子城

所在：栃木市西方町真名子
別名：赤壁城、高谷城
比高：100m
マップコード：722 190 463*53

真名子城は栃木市と鹿沼市とを結ぶ街道沿いにそびえる比高100mほどの山稜に築かれている。ゴルフ場を挟んですぐ東方には129西方城があり、南西2kmには136布袋ヶ岡城がある。

赤辺山（赤瓶山）に築かれた城で、そのため別名を赤壁城と呼ぶ。伝承では永正年間（1521〜28）宇都宮正綱によって築かれ、家臣の岡本秀卓が城主となったと言われているが、西方氏によって築かれたとする説もある。いずれにしてもこの地域は宇都宮氏と皆川氏勢力の境界に近く、皆川氏を監視するための境目の城として築かれたものと考えられている。

戦国期になると真名子城は皆川氏に奪われていたようであるが、天正16年（1588）、佐竹義重の支援を得た宇都宮国綱は西方城に本陣を置き、皆川広照が籠る097諏訪山城を攻め落とした。佐竹・宇都宮連合軍はさらに真名子城・布袋ヶ岡城を攻め落とし、皆川広照は城から脱出して皆川城へ戻った。こうして真名子城は再び宇都宮方の城となった（「佐竹義重書状写」、『皆川正中録』）。

天正18年（1590）の小田原の役の後、当地域は皆川氏の支配地とされたため、境目の城としての真名子城の重要性は失われており、その頃には廃城となったのではないかと考えられる。

真名子城は、山頂部に主郭を置き、その周囲を三重の帯曲輪で囲んでいる。土郭部は狭隘だが、メインとなる郭群は土郭から西側の山稜の中腹、さらに山麓にかけて展開している。殊に山麓近くにある二重堀切は真名子城では最も規模の大きな防御構造物となっている。南側の山稜は長く延びており、郭造成の加工は施されていないものの、要所要所に堀切を入れて防御機能の要としている。西側方向にメインの郭群を配置しているのは、西方の皆川氏を警戒してのものだったと思われる。西側地区は根小屋と呼ばれ、隣接する円満寺のある堀ノ内と共に真名子城の居住区だったと想定できる。

山稜の斜面に主要となる郭群を造成し、メインではない尾根部分に堀切を入

れるといった特徴は、すぐ近くにある布袋ヶ岡城と共通するものである。

（余湖浩一）

＊参考　都賀町史編さん委員会『都賀町史』都賀町1987

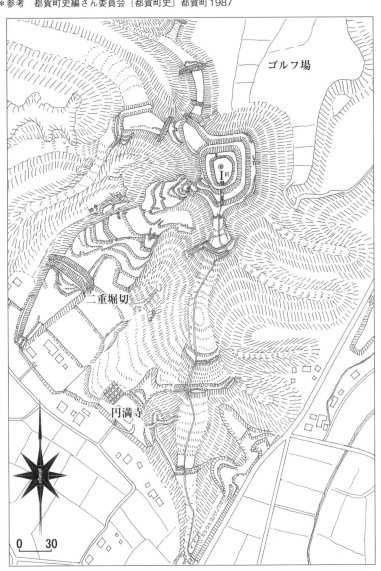

（作図　余湖浩一　調査日2023.4.23　現地案内板を参考にした）

132 藤沢城<ruby>藤沢<rt>ふじさわ</rt></ruby>

所在：栃木市鍋山町

別名：鍋山城

比高：30ｍ

マップコード：722 093 484*71

　藤沢城は永野川に臨む比高30ｍほどの台地縁部に築かれている。栃木市の中心部からはかなり北西の谷間に引っ込んだ位置に当たっているが、南側を通る街道は栃木市方向に通じている。

　藤沢城の城主は小曽戸氏であった。永禄7年（1564）、小曽戸図書助は当地での北条氏政との戦いで戦功を挙げた（「佐野昌綱書状」「上杉輝虎印判状」）。小曾戸氏らは佐野家中において鍋山衆という一団を率いていた。

　天正16年（1588）、小曽戸摂津は佐野氏を継いだ北条氏忠から合戦に際して兵糧と金銭の徴収を命じられている（「佐野氏忠書状」）。

　藤沢城は単郭の城館だが、その特徴は複雑な折れを伴った城塁にある。南側の虎口には合横矢の張り出しが設置され、虎口を厳重に防衛している。東側の城塁には2段の折れが認められ、城塁からの攻撃の死角を減らそうという構えが見て取れる。　　　　　　　　　　　　　　　　　　　　　　　　（余湖浩一）

＊参考　杉山博「北条氏忠の下野佐野領支配」『駒澤史学』駒澤大学1973

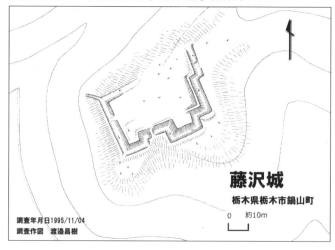

藤沢城

栃木県栃木市鍋山町

0　約10m

調査年月日1995/11/04
調査作図　渡邉昌樹

133　不摩城
_{ふ　ま}

所在：栃木県鍋山町根古谷
別名：秋葉城
比高：100m
マップコード：722 091 440*45

　不摩城は、旗川の南端にそびえている比高100mほどの山稜先端部を利用して築かれている。東方1kmほどの所には向かい合うようにして132藤沢城がある。

　不摩城は梅沢隼人の城であったと言われるが、詳細は不明である。むしろ藤沢城の小曽戸氏と何らかの関係があったのではないだろうか。藤沢城よりも不摩城の方が地元豪族の詰の城にふさわしい城なのである。「小曽戸系図」の「親治　小曽戸要害主」とある要害がこの城を指している可能性がある。

　不摩城は北東に延びた尾根を堀切で区画した連郭式の山城である。先端の主郭Ⅰは堀切側に大きな櫓台を配している。その先のⅡ郭は南側が張り出した構造になっている。

　山麓からの登城道は主郭下の2本の竪堀の間を登って行くようになっており、

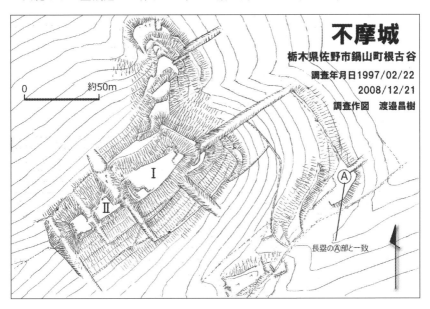

不摩城
栃木県佐野市鍋山町根古谷
調査年月日1997/02/22
2008/12/21
調査作図　渡邉昌樹

0　　約50m

Ⓐ

長塁のⒶ部と一致

主郭塁上から攻撃しやすいように工夫されている。北側山麓からの通路は多数のテラス状郭を経由しなければならないようになっている。なお、この南側の尾根にも出城と思われる長塁遺構が見られる。

（余湖浩一）

*参考　栃木県教育委員会『栃木県の中世城館跡』栃木県文化振興事業団1983

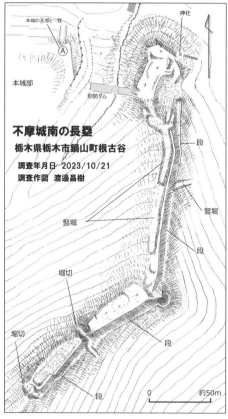

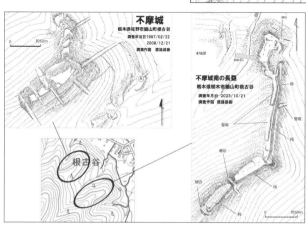

134 皆川城

所在：栃木県栃木市皆川城内町
別名：法螺貝城
比高：70m
マップコード：64 832 251*43

　皆川城は、東北自動車道栃木インターの西約1.5kmに位置する。その勇姿は、東北自動車道を下り方面に走れば栃木インター手前に現れる。

　築城者は皆川氏であり、その前身の長沼氏が15世紀後半、秀宗、氏秀の頃から、本格的に皆川を領したことに始まるという。

　16世紀に入り、宗成の代には皆川荘を中心に領土の拡大が行われた。宗成の弟、成忠は皆川城の南、富田に富田城を構え、皆川城をサポートした。その後、皆川広照の頃には、北方の支配地は現在の鹿沼市南魔城にまで広がったという。小田原の役の際、皆川広照は後北条側に付いていたが、小田原開城前に離反し、秀吉から助命されている。広照はその後徳川家康に仕え近世を生き抜くが、皆川城自体は、天正19年（1591）に広照が栃木城に移ったため廃城になったと言われている。

　以上の史実から、皆川には近世になるまで他の氏族が入ったことがない事になり、この城の縄張りは皆川氏オリジナルなものとして判断して良いと考える。

　縄張りは、まさに典型的な輪郭式である。主郭Iを中心に、それを囲うように曲輪群が取り囲む。横堀や竪堀を途中に配置しながら、遺構は山麓まで続く。現在の栃木市役所皆川出張所は、かつての山麓の居館跡である。昔の航空写真を見ると、一部ゴルフ場で潰れてしまっているが、山麓をぐるりと堀が1周していた様子が読み取れる。

　また主要部の東には、古城（白山台）と呼ばれる小丘がある。さらにその西に東宮神社の小丘があり、どちらも城郭遺構が存在する。これらの事実と皆川城まわりの地籍調査から、城とその城下町範囲は東方の永野川まで至っていたと推定できる。

（渡邉昌樹）

＊荒川善夫『戦国時代の下野皆川氏と皆川城』栃木私学第25号 2011／渡邉昌樹『皆川城の山麓遺構について』中世城郭研究第29号 中世城郭研究会2015

皆川城主要部

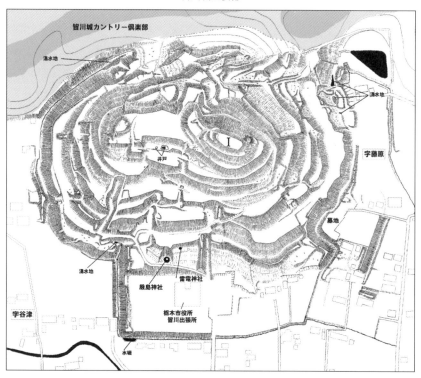

皆川城全体図

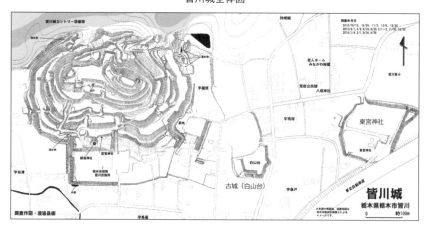

135 神楽ヶ岡城

所在：栃木市都賀町富張
別名：富張城
比高：30m
マップコード：722 102 664*86

　神楽ヶ岡城は、比高30mほどの独立台地に築かれている。下を通っている街道を東側に向かえば、105壬生城を経て宇都宮方向に通じている。北方2kmには129西方城、北西2kmには131真名子城、西方1.5kmには136布袋ヶ岡城など、付近には拠点的な城郭がいくつも存在しており、軍事的緊張感が高まった場所であることがわかる。

　南側にある三宮神社の社伝によると、神楽ヶ岡城はもともとは西方氏によって築かれた城であった。南北朝時代の観応の擾乱の際、西方綱景が足利尊氏方として上野で足利直義方と戦った時、三宮大明神の御加護で数度の合戦に勝利したため、三宮大明神に幣を捧げて本国西方富張の要害に帰陣したという。この「富張の要害」が神楽ヶ岡城と考えられている。かつてこの地は遠見張と呼ばれており、それが転訛して富張になったと言われている。なお、神楽岡合戦では益子貞正が戦功を挙げている（「益子系図」）。

　戦国期になると、神楽ヶ岡城は皆川氏の城となり、宇都宮方向に備える城として皆川氏によって整備されたと思われる。

　天正16年（1588）、佐竹勢の支援を得た宇都宮勢は、西方城を本陣として皆川勢に攻撃を加えた。真名子城に退却した皆川勢は、そこも守り切れずに布袋ヶ岡城まで退却したが、布袋ヶ岡城も攻め落とされてしまった（「佐竹義重書状写」「宇都宮広綱書状」）。神楽ヶ岡城についての趨勢については記録に残されていないが、おそらくこの時に宇都宮・佐竹勢によって攻め落とされたものと考えられる。

　神楽ヶ岡城は南北に長い台地を堀によって区画した大規模な城郭である。城の北側にある主郭は長軸100mほどもあり、多数の兵員を籠めておくことができるようになっている。

　その南側のⅡ郭は傾斜地形だったようで、そこを削平して数段の平場を生み出している。Ⅱ郭の南側には堀によって囲まれた長方形の区画が形成されている。

これはⅡ郭と接続した馬出であったと考えられる。

　神楽ヶ岡城は戦時の陣城として必要な規模を備えた城郭であった。

（余湖浩一）

＊参考資料　都賀町史編さん委員会『都賀町史』都賀町1989

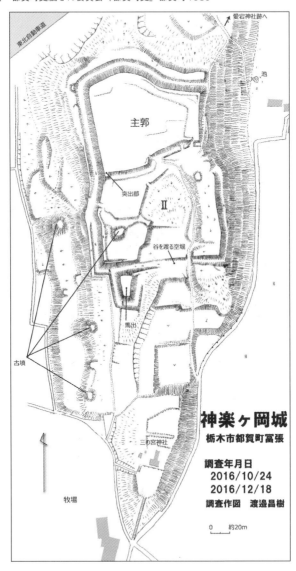

136　布袋ヶ岡城

所在：栃木市都賀町深沢字要害山

別名：深沢城、要害山城

比高：90ｍ

マップコード：722 099 488*58

　布袋ヶ岡城は、旧西方町と佐野市とを結ぶ国道293号線の南側にそびえる比高90ｍほどの要害山に築かれている。栃木植物園大柿花山のすぐ南側の山稜である。城の北方3kmには131真名子城が、北東3kmには129西方城がある。

　布袋ヶ岡城を築いたのは藤原秀郷であると伝えられているが、これは伝説の域を出ない。

　現在見られるような大規模な戦国期の城郭を築いたのは皆川氏である。布袋ヶ岡城は東方の宇都宮氏を意識した境目の城であった。皆川氏は家臣の柏倉兵部左衛門をこの城に入れて、宇都宮氏に備えさせていたという。

　元亀3年（1572）12月26日、佐竹勢が来襲して、深沢城（布袋ヶ岡城）を始めとする皆川方の11城を落として在陣した（「佐竹義重書状写」「宇都宮広綱書状」）。この戦いにおいて平野大膳亮や加藤信濃守の軍忠が賞されている（「佐竹義重官途状写」「芳賀高継官途状写」）。

　天正13年（1585）、皆川広照は、深沢の地を取り戻すことを伊勢神宮に立願し、その後取り返している。

　天正16年（1588）、佐竹・宇都宮勢は皆川勢を打ち破り、布袋ヶ岡城等を攻め落とした（「佐竹義重書状」）。Ⅰ郭の上辺りの平坦地からは現在でも炭化した焼き米が出土するそうで、こうした数次の戦いの中で城が炎上したことがあったのだろう。それ以降、布袋ヶ岡城は廃城となったものと考えられる。

　城は宇都宮方向にあたる東側の斜面に多くの郭を造成している。切岸は高く鋭く削られており、土木量は非常に多く、皆川氏がいかに宇都宮氏を警戒していたかがよくわかる。段々の郭の左右には大規模な竪堀を入れて、側面部からの攻撃にも備えている。

　通常の山城とは異なり、山上の尾根部分には大規模な防御構造は見られない。とはいえ、6本の堀切によって区画された連郭式の縄張りを見ることができる。

（余湖浩一）

（作図　余湖浩一　調査日2023.4.22）

　現在のデジタル技術の発展は目覚しいものがある。「航空レーザー測量」は、航空機から発するレーザー光線の反射を利用して、建物や植物などを除いた地表面の標高を検出する技術である。それをもとにして地表面を細かく正方形に区切り、それぞれの中心点に標高データを持たせたデータをDEM（数値標高モデル）データという。この正方形を細かくすればするほど、地表面のデータは精密なものとなる。そしてこのDEMデータを用いて、3Dの地形図や地形の立体模型などを作ることが出来るのだ。

　この3Dの地形を表現する方法がいくつかある。代表的なのはアジア航測の赤色立体図である。これは、等高線を使わずに、尾根と谷は明暗で、傾斜の緩急を彩度（赤色）で区別し、それらを重ねあわせることで、回転しても拡大縮小しても立体感が失われない図である。他にも朝日航洋が開発した「陰影図」、国際航業が考案した「ELSA MAP」など、様々な3Dの地図表現が生まれている。

　「CS立体図」は、長野県林業総合センターが考案した微地形表現図だ。土地の起伏（凸凹）や傾斜（緩急）の特徴を図示した画像となっており、尾根（凸地）は「赤色」、谷（凹地）は「青色」、急傾斜地は「暗色」、緩傾斜地は「明色」で表現させる。栃木県では、G空間情報センターを通じて栃木県が提供する航空レーザー計測に基づく森林資源データが公開されており、だれでも自由に利用することができる。

　もともとこれらのデータは、林業に携わる人が災害危険地形などを判読するなどの、地形判読技術習得のために作られたものであった。しかしこの立体表現は、山の中の城跡の痕跡を見事に映し出すことができるのである。城の土塁は赤色に、切岸の鋭さは色の明暗で、堀は青色、平坦な曲輪は白く映し出されるところから、縄張りがそのまま見えるのである。既知の城はもちろんのこと、未知の城跡と思われる陰影も、この地図表現から発見に導かれる可能性が大なのである。しかし、地図に見られる怪しい場所が本当に城であるか否かについては、現地調査が必須である。荒廃した山の中の畑なども、時に曲輪状に映し出されてしまうのだ。

　栃木県においては令和3年から4年に実施されたレーザー測量で「微地形図（CS立体図）」が公開された。この立体図が公開されてから、ざっと眺めるだけで筆者は現在20箇所以上の未知の城跡候補を発見した。次頁図がその例であるが、立体図による候補の地に実際に訪れ、縄張り調査をし、城跡であると判断した新城である。やはり現地を調査しないと確証は持てないし、陰影に映し出されない遺構もある事が判明した。

栃木の城郭を知るための8のコラム

コラム　CS立体図

　現在、発見した新城は筆者ホームページに掲載して公開するとともに、市区町村の教育委員会、生涯学習センターなどに情報提供している (2023年12月現在、栃木市以外の返答はない)。

　このようなCS立体図を利用した城館調査が、今後の市区町村の城郭研究に浸透していくことを願っている。　　　　　　　　　　　　　　　　(渡邉昌樹)

【事例1】　那珂川町　035戸田城南の遺構

図①　地形図

　国土地理院の地形図である。この山のすぐ北側が035戸田城である。

```
https://maps.gsi.go.jp/#16/36.752038/140.113513/&b
ase=std&ls=std%7Cslopemap&blend=1&disp=10&lc
d=slopemap&vs=c0g1j0h0k0l0u0t0z0r0s0m0f0&d=m
```

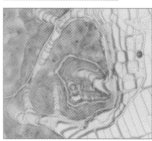

図②　CS立体図

　上記に対応する場所のCS立体図が左図である。山の中に明らかな城郭遺構と考えられる陰影が浮かび上がっている。

```
CS立体図　栃木県森林資源データ
https://www.geospatial.jp/ckan/dataset/
csmap_tochigi
```

東戸田城南の城郭遺構
栃木県那珂川町片平

図③　現地縄張り図

　現地を調査した縄張り図がこの図である。CS立体図のように谷を囲う堀 (一部平坦地) がまわる。また、西への尾根続きにはCS立体図では映し出されない二重堀も確認できた。

　この堀の存在の形態から当地を城郭遺構と判断できた。それと同時にCS立体図だけではなく、現地の調査も必須である事がわかった。

【事例2】 鹿沼市 櫃沢城（仮称）

図① 地形図

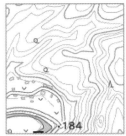

https://maps.gsi.go.jp/#17/36.529985/139.594485/&b
ase=std&ls=std%7Cslopemap&blend=1&disp=10&lcd
=slopemap&vs=c0g1j0h0k0l0u0t0z0r0s0m0f0&d=m

図② CS立体図

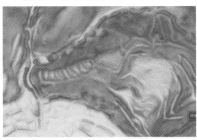

　上図に呼応する場所のCS立体図が左図で
ある。山の中に城郭遺構と考えられる陰影が
浮かび上がっている。

CS立体図　栃木県森林資源データ
https://www.geospatial.jp/ckan/
dataset/csmap_tochigi

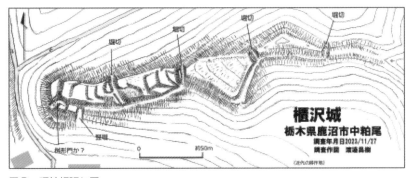

図③ 現地縄張り図

　現地調査の結果、新発見の城を断定できた。さて、この山の南600mに096粕尾城がある。
資料では、粕尾城の別名を寺窪城とした上で、鎌倉公方足利氏満と小山義政が対峙した「小
山義政の乱」の折、義政が寺窪城から逃れ、討ち死にした場所が「櫃沢城」とされている。
寺窪城の北の沢が櫃沢と呼ばれているところから、櫃沢城は、粕尾城の北の台地とする
説と、寺窪城から粕尾川を隔てた対岸の地とする説がある。今回のこの遺構発見で、こ
こが櫃沢城として最有力であり、前説が正しいということになるのだろう。ネット上の
地図では、伝小山義政の墓の位置と合わせ、後説の地を櫃沢城としているものがある。

（参考　児玉幸多・坪井清足監修『日本城郭大系4茨城・栃木・群馬』新人物往来社 1979）

137 川連城
かわつれ

所在：栃木市片柳町
比高：0m
マップコード：64 716 344*68

　川連城は、大平山の東麓、永野川の東側に築かれた平地城館である。応仁年間（1467～69）に川連仲利によって築かれたと伝えられている。川連城は皆川氏と佐野氏の境界付近に位置しているため、両者の争奪戦が展開され、永禄6年（1563）には皆川俊宗によって占領された。天正6年（1578）には佐野氏によって奪取され、さらに天正16年（1588）には再度皆川氏に奪い返されるなど、数度の騒乱の舞台となった城館である。

　それほどの城館であったが、平地城館の宿命で、耕地整理や宅地化などによって遺構の大部分は失われてしまった。Ⅰ郭の北側から西側の堀跡が水田となって確認できるが、それ以外の遺構は部分的なものばかりである。

　右図では『栃木県の中世城館跡』の図や古い航空写真などから堀のラインを推定してみた。少なくとも三重の堀に囲まれた輪郭式の城郭だったと考えられる。Ⅱ郭西側には枡形虎口が形成されていた。

（余湖浩一）

＊参考　栃木県教育委員会『栃木県の中世城館跡』栃木県文化振興事業団1983

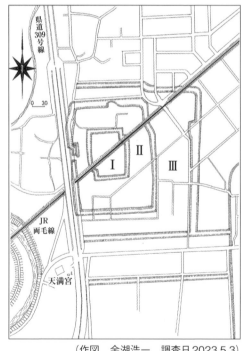

（作図　余湖浩一　調査日2023.5.3）

138　祇園城

ぎ　おん

所在：小山市城山一丁目
別名：小山城
比高：20ｍ
マップコード：74 216 761*02

　祇園城は思川の東岸の段丘上に築かれていた。現在は城山公園として市民の
憩いの場となっている。城の東側には奥州街道（国道4号線）が通っており、水
陸の交通を押さえる要衝の地であった。

　祇園城は、139鷲城・140中久喜城と共に小山氏城館群として国指定の史跡
に認定されている。祇園城とは変わった名称であるが、これは城内に京都祇園
牛頭天王社を祀っていたことにちなんでいる。

　祇園城は小山氏の居城として知られているが、いつ頃から小山氏が居住して
いたのかははっきりしない。ただし発掘成果からは南北朝時代の遺物が検出さ
れており、南北朝時代にはすでに城として機能していたと考えられる。永徳2
年（1382）3月、小山義政の乱の際で敗れた義政は「祇薗城」を焼いて撤退した
ことが知られている（「頼印大僧正行状絵詞」）。

　小山義政死後は結城氏系小山氏の居城となっていた。永享の乱の頃、足利持
氏は那須五郎の祇園城攻略を讃えている（「足利持氏書状写」）。

　天正3年（1575）、織田信長は長篠合戦での勝利を小山秀綱に伝えている（「織
田信長書状」）。

　天正4年（1576）に小山氏が北条氏の軍門に降った後は、北条氏照が入城し、
北関東攻略のための軍事拠点として整備されていく。したがって現在の祇園城
の遺構は北条氏の影響を強く受けていると考えられる。古図を見ると遺構はさ
らに広大に展開していたようだが、市街地化が進んでいるため、現状では次頁
の図の範囲でしか構造を把握できない。

　天正18年（1590）に北条氏が滅亡した後は、結城秀康の持ち城の1つとなる。
さらに慶長6年（1601）に結城秀康が越前に転封となると、一時期、本多正純の
居城として用いられていた。その後、本多氏は宇都宮城に拠点を移し、祇園城
は廃城となったと考えられる。

　小山氏の主要城郭だっただけあって、祇園の城塁は鋭い切岸形状となって

おり、堀も深く幅広に掘られており、堅固な様相を見せている。

　祇園城の遺構で目立っているのはⅠ郭の北側にある角馬出である。角馬出は北条系の城郭によく見られる構造物であり、北条氏によって構築された可能性が高いとみてよいだろう。馬出のような遺構はⅤ郭にも見られる。ただし、こちらは東西に長い長方形という珍しい形状のものである。またⅢ郭には枡形虎口が見られる。　　　　　　　　　　　　　　　　　　　　　　　　　（余湖浩一）

＊参考　峰岸純夫・齋藤慎一編『関東の名城を歩く　北関東編　茨城・栃木・群馬』吉川弘文館 2011

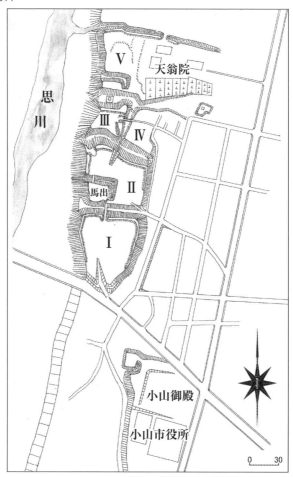

（作図　余湖浩一　調査日 2023.5.3）

139 鷲城
<rt>わし</rt>

所在：小山市外城
別名：外城
比高：20m
マップコード：74 184 257*52

　鷲城は、思川に臨む比高20mほどの河岸段丘上に築かれている。現在も城内には城名の由来となった鷲神社が祭られている。138祇園城・140中久喜城と共に「小山氏城館群」として国指定の史跡に認定されている。

　鷲城がいつ築かれたのかは明らかではないが、永徳2年（1382）に小山義政が鎌倉公方勢と戦った小山義政の乱の際に拠点的な城郭として登場する。

　『鎌倉大草紙』には「鷲の城の外郭を攻め破る」「堀をうめさせんと埋草を寄せて責む」など鎌倉方が鷲城を攻めた様子が活写されている。

　また、「烟田重幹軍忠状写」には「鷲城東戸張口」「新城外城没落の時」「鷲城放火の時、切岸に於て合戦」「鷲外城外壁破却」「鷲城堀填」といった文言が見られ、戦いの様子を垣間見ることができる。「外城の攻撃」「堀を埋めさせる」といった内容は「鎌倉大草子」と共通している。城は堅固に持ちこたえていたが、兵糧が乏しくなり、和議に応じることになり、「祇園城、新城、岩つぼ、宿城」も開城した（「頼印申状案」）。

　鷲城がその後、どのようになったのか史料には出てこないが、結城系小山氏の支城として維持されていたのではないかと考えられる。発掘調査からは15世紀以降の遺物も検出されており、戦国期まで鷲城が使用されていた様子が伺える。現在見られる巨大な堀や土塁、虎口構造などは、天正4年（1577）に小山氏の城郭を接収した北条氏照の手が入っている可能性が高いと考えられる。

　鷲城は大きく2つの郭によって構成されている。いずれの郭も広大であり、主郭であった中城の方は東西200mほどの規模を有している。東側の区画は失われているが、西城との間の堀は深さ・幅ともに20m近くある巨大なものとなっている。堀は西側方向では横堀となっており、Aの虎口から2段の横堀を通って中城内部に進入していくルートが形成されている。虎口はBの部分にも形成されており、こちらは横堀内部を通らせるルートとなっている。

　この横堀に面する中城側には高土塁が形成され、土塁上から横堀内部を攻撃

しやすくしている。

　西城は宅地化が進んでおり、遺構の残存状況はよくないが、Cの部分には物見台と呼ばれる土塁と堀が残されている。また堀は埋められているものの、南側の切岸のラインは現状でも確認することが可能である。　　　　（余湖浩一）

＊参考　峰岸純夫・齋藤慎一編『関東の名城を歩く　北関東編　茨城・栃木・群馬』吉川弘文館
　　　2011

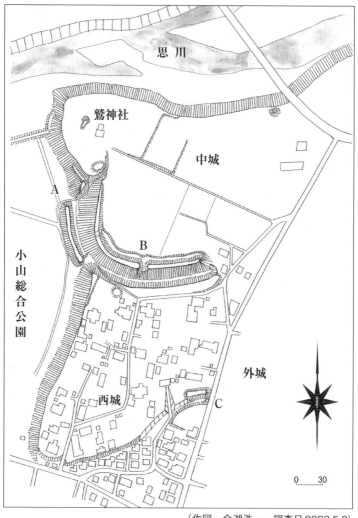

（作図　余湖浩一　調査日2023.5.3）

140　中久喜城
<ruby>中<rt>なか</rt></ruby><ruby>久<rt>く</rt></ruby><ruby>喜<rt>き</rt></ruby>

所在：小山市中久喜字城ノ内、西城

別名：岩壺城

比高：6m

マップコード：74 161 814*74

　中久喜城は江川と西仁連川に囲まれた微高地に築かれていた。かつては沼沢地に浮かぶ島城の地形であったと思われる。現在、Ⅰ郭の中央部にJR水戸線の線路が通っているため内部が分断されている。

　中久喜城は、138祇園城・139鷲城と共に「小山氏城館群」として国指定の史跡に認定されている。

　中久喜城を築いたのは平安時代末期に小山に移住してきた小山政光であったとされ、小山氏の初期の居城ということになる。その後、小山氏は祇園城、鷲城も築くが、いつまで中久喜城を居城としていたのかははっきりしない。明らかなのは永禄9～12年（1566～69）頃に小山政綱の隠居城となっていたということである。

　その後、中久喜城は結城氏に奪取されていたようで、天正15年（1587）には結城晴朝の養嗣子朝勝の居城となっていたことが確認される。さらに天正18年（1590）の羽柴秀康の結城氏継承の後には、結城晴朝の隠居城となっている。このような経緯からすると、現在見られる中久喜城の遺構は永禄から天正期のものであったと見るのがよさそうである。

　先端部の東西120mほどの城ノ内と呼ばれる区画が中久喜城の主要部である。北側に物見を配置し、南側に虎口を置いている。この虎口に至るまでは東西の城塁下を長く歩かせる構造になっていたようだ。台地続きの部分にも虎口があったと推定されるが、遺構が消滅しており明らかではない。

　城のある台地の北西部分には西城の地名が残っており、中久喜の外郭部分Ⅱが存在していたと考えられる。こちらも宅地化によって遺構が失われており、旧状は分からなくなっている。台地縁部を歩いてみたが、帯曲輪状のものがわずかに見られる程度で堅固な城郭構造は見出せなかった。

　なおⅠの北側にⅢ郭があったという説もあるようで、確かにⅠとⅡだけでは城の形状が南北に細長くなりすぎるため、北側にⅢ郭を設置するのは合理的に

思える。しかし遺構は存在しておらず、確証が持てるものではない。

（余湖浩一）

＊参考　峰岸純夫・齋藤慎一編『関東の名城を歩く　北関東編　茨城・栃木・群馬』吉川弘文館 2011、市村高男「当主の居城と前当主（または継嗣）の居城」『城郭と中世の東国』高志書院 2005

（作図　余湖浩一　調査日 2023.5.3）

141 法音寺城

<ruby>法音寺城<rt>ほうおんじ</rt></ruby>

所在：野木町友沼
比高：10ｍ
マップコード：45 853 826*48

　法音寺城は思川の南東側の河岸段丘上に築かれている。すぐ南側には奥州街道（国道4号線）が通っており、南下すれば古河に、北上すれば小山に至るという交通の要衝にある。法音寺に隣接しているため法音寺城と呼ばれているが、法音寺は元和元年（1615）の開基であり、廃城後に建立されたと考えられるので、往時は別の名で呼ばれていたはずである。

　古河や小山近辺では何度も争乱が起こっているので、戦時に際して築かれた陣城であった可能性が高い。永享13年（1441）、小山小四郎は野木原の合戦で武藤・石原らを討ち取っており（「足利義教感状」）、あるいはこの合戦に関連した施設であったかもしれない。

　法音寺城は長辺が100ｍほどの単郭の城郭であったと思われる。古河城か祇園城に対して、奥州街道や思川の水運を押さえることがこの城の主要な目的だったと想定できる。　　　　　　　　　　　　　　　　　　　　　　　　（余湖浩一）

法音寺城
栃木県野木町友沼
調査年月日2014/10/25
調査作図　渡邉昌樹

湿地帯
墓地
堀の想定ライン
法音寺
0　約10m

142　針ヶ谷氏屋敷

<ruby>針<rt>はり</rt>ヶ<rt>が</rt>谷<rt>や</rt>氏<rt>し</rt></ruby>屋敷

所在：野木町南赤塚
比高：0m
マップコード：45 795 082*60

　根渡神社の南側の山林に入り込んでみると、堀が残されているのがすぐにわかる。これが**針ヶ谷氏屋敷跡**であるという。

　歴史について詳しいことは不明だが、小山氏の家臣であった針ヶ谷河内守の屋敷という伝承だけが残されている。

　堀の残存状況が部分的なので旧状がそのまま判別できるわけではないが、山林内部にある家屋の北西部の堀Aは、確かに屋敷を囲んでいた堀のように思われる。その北側に残る堀Bは、内側の堀と平行に掘られているので、外堀であった可能性が高い。理解しづらいのはそのさらに外側にある堀Cで、2本目の堀と鋭角的に交差する形状になっている。城館の堀としては異形と言える。そもそもこれが堀なのかも含めて、今後の検討が必要であろう。

　（余湖浩一）

根渡神社

0　　約10m

針ヶ谷氏屋敷
栃木県下都賀郡野木町南赤塚
調査年月日　2017/01/17
調査作図　渡邉昌樹

C

B

参道

A

143 真岡城

もおか

所在：真岡市台町字城内
別名：芳賀城、舞が丘城
比高：10m
マップコード：39 076 787*04

　真岡市の中心部にある真岡小学校が**真岡城**の跡である。市街地の中の比高
10mほどの独立台地に築かれた平山城であった。

　真岡城は芳賀氏の居城である。真岡城の築城については「芳賀系譜」に「伊
賀守高貞代に真岡城を取立、五所より引越」とあり、芳賀高貞の代に真岡城を
築いて五所（御前城）から移転してきたものと考えられる。

　芳賀氏の本姓は清原氏で、花山院の勅勘を被った清原高重が当地に配流され、
芳賀氏を名乗るようになったのに始まるとされる。

　鎌倉時代初期、芳賀高親は宇都宮頼綱に従って源頼朝の奥州合戦に従軍した。
この頃には宇都宮氏の家臣団に編入されていたが、清原氏出身の芳賀氏は宇都
宮家中において清党と呼ばれ、益子氏の紀党と並ぶ2大勢力として力を増していく。

　南北朝時代以降、芳賀氏は宇都宮氏との血縁関係を繰り返しながら、宇都宮
家の一門として家中での存在感を高めていった。

　天文18年（1549）、五月女坂の合戦で宇都宮尚綱が討ち取られてしまうと、
家中は混乱し、それに付け込んだ壬生綱房は宇都宮城を占拠した。芳賀高定は
幼い嫡子広綱を真岡城に引き取って庇護し、弘治2年（1556）壬生氏を追って宇
都宮城を回復した。永禄7年（1564）、芳賀高定は生田目氏を真岡城に在城させ、
番・普請をさせている（「芳賀高定書状」）。天正4年（1576）には壬生綱雄を鹿
沼城で殺害して宇都宮氏の支配を安定に導いた。天正5年（1577）に北条氏の侵
攻に備えて真岡城を大きく改修したと言われているが、史料的な裏付けはない。
天正18年（1590）の小田原の役に際し、芳賀高武・多功綱継等の家臣は宇都宮
国綱と共に小田原に参陣したため、宇都宮氏は本領安堵に成功し、芳賀氏も6
万石と言われる所領を維持することができた。「関東八州諸城覚書」（毛利文書）
には宇都宮城の次に「もう賀ノ城　波賀十郎」と記されており、重要視されて
いたことがわかる。

　ところが慶長2年（1597）、秀吉によって宇都宮国綱が突然改易されてしまった

ため、芳賀氏も所領を失うことになった。これによって真岡城は廃城となった
が、江戸時代になって4郭跡に天領支配のための陣屋が設置された。

　真岡城は、台地上を堀切によって4つの郭に区画した連郭式の城郭である。
城の周囲には行屋川から引水した水堀が巡らされていた。小学校が建設された
際に堀切の多くは埋められており、改変が進んでいる。それでも縁部を歩いて
みると、腰曲輪や土塁、虎口などの残存遺構を見ることができる。最南端のⅣ
郭のみが城山公園として訪れやすくなっている。　　　　　　　　（余湖浩一）

＊参考　真岡市史編さん委員会『真岡市史第6巻原始古代中世通史編』真岡市1984

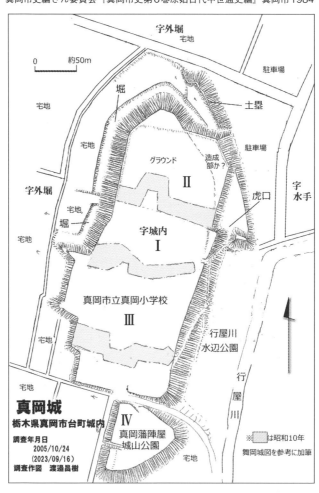

144 八木岡城

<ruby>八木岡<rt>や ぎ おか</rt></ruby>

所在：真岡市八木岡
別名：矢木岡城
比高：10m
マップコード：74 599 575*24

八木岡城は田園地帯に浮島のように存在する。元々は五行川が形成した微高地に築かれていた。1948年の古い航空写真（下掲）では、城の西直下に五行川が接しており、西面は川を堀替わりにしていた姿が想像できる。しかしながら、川の侵食・氾濫または耕地開発によって、現在はかなりの城域が削り取られてしまっていると考える。

八木岡城は、永仁年間（1293～99年）080飛山城の築城者と言われている芳賀高俊の子である高房が、八木岡肥後守を名乗り築城したという。南北朝期には南朝方として常陸方面に春日顕国が派遣され、暦応2年（1339）下野方面に攻撃を開始した際、北朝方であった八木岡城は落城した。戦国時代になると、結城氏の家臣、下館城の水谷正村が下野へ進出し、天文13年（1544）、当時の城主八木岡貞家が迎撃するも戦死し、落城となった。

主郭はⅠである。当城の最高所であり、西側には深い空堀を有する。一部、堀が緩く蛇行するのは横矢の効果を意識したものと思われる。主郭に入る虎口は明らかでない。主郭内の現状では、人が居住するにはあまりにも狭すぎる。主郭は大きく削り取られた可能性が高いと言えよう。

Ⅱ郭は主郭を囲っていたようだ。Ⅱの西側には堀の残欠が南北にあることから、全体が堀で囲われていたと考えたい。またⅡ郭はかなり広い曲輪であるが、その南半分に郭内に堀状の遺構が確認できる。これは二重堀の効果を持たせたのだろう。

国土地理院航空写真（1948）

AはⅡ郭の虎口と考えられ、通路を矢印で示してみた。城外側の東の堀方面からⅡ郭の土塁の切れ目であるA虎口を通り、Ⅱ郭上段へ上がらせているが、その間、Bの大きな矢倉台が睨みを利かせており、いわゆる枡形門のような構造を取っていたと考えられる。　　　　　　　　　　　　　　（渡邉昌樹）

＊参考　栃木県文化振興事業団『栃木県の中世城館跡』栃木県教育委員会1983

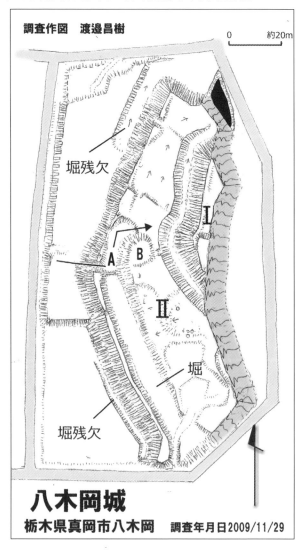

調査作図　渡邉昌樹

0　　　約20m

堀残欠

Ⅰ

A　B

Ⅱ

堀

堀残欠

八木岡城
栃木県真岡市八木岡　調査年月日2009/11/29

262

145 桜町陣屋
さくらまち

所在：真岡市物井

比高：0m

マップコード：487 242 514*18

　桜町陣屋は国指定史跡の桜町史跡公園となっている。ここは元禄11年（1698）に宇津氏の陣屋が置かれたところであったが、文政5年（1822）には小田原藩主大久保忠眞の命を受けた二宮尊徳が桜町領の復興事業を行うための役所が設置された。100m四方ほどの規模の陣屋である。

　現在も役所の建物や井戸が残り、周囲には土塁が巡らされている。表門には土塁による枡形虎口が形成されていた。

　隣接して二宮尊徳資料館があり、併せて訪れることができる。　　（余湖浩一）

＊参考　現地案内板、真岡市ホームページ

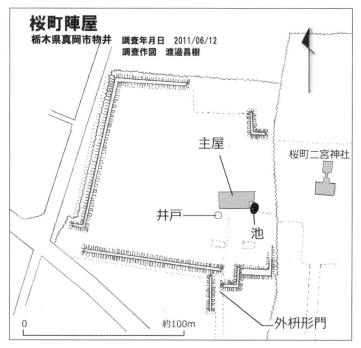

桜町陣屋
栃木県真岡市物井　調査年月日　2011/06/12
調査作図　渡邉昌樹

主屋
桜町二宮神社
井戸
池
外枡形門
0　　　約100m

146　長沼古館
<ruby>長<rt>なが</rt>沼<rt>ぬま</rt></ruby>

所在：真岡市長沼字古舘
別名：長沼古城
比高：0m
マップコード：74 382 846*36

　長沼には2つの城址が存在している。長沼氏の居城であった長沼城と、それ以前の居城の**長沼古館**である。長沼城は遺構が消滅しているが、古館には土塁と堀の一部が残されている。宗光寺の境内が古館の跡である。

　長沼氏は小山氏の一族で、当地に移り住んで長沼氏を名乗るようになった。福島県の長沼氏、千葉県成田市の長沼氏、下野の皆川氏などは、この長沼氏の流れであるという。

　当地の長沼氏は文明年間（1469〜87）には滅んだと言われているので、現在見られる遺構はそれ以前のものということになる。

　宗光寺の北側には二重堀を、西側には折れを伴った堀を見ることができる。（余湖浩一）

＊参考　児玉幸多・坪井清足監修『日本城郭体系4茨城・栃木・群馬』新人物往来社1979

147　中村城
<ruby>中村<rt>なかむら</rt></ruby>

所在：真岡市中字峰寺前
別名：中村館
比高：0m
マップコード：74 565 636*47

　中村城は西に鬼怒川を望む真岡台地上にあり、東1kmに真岡第3工業団地、北西500mには現在も流鏑馬が行われる中村八幡宮がある。

　保元元年（1156年）、奥州伊達氏の祖と言われる藤原朝宗が荘園でもあった中村荘に館を築き、中村氏を名乗った。これが中村城であり、以来中村氏の居城となった。中村氏は概ね宇都宮氏との関係が深く、中村経長の代に宇都宮公綱を頼り家臣となったようである。天文13年（1544年）には中村玄角が水谷正村と戦い敗れ、その後中村城は廃城となり、当地は水谷氏の領地となった。

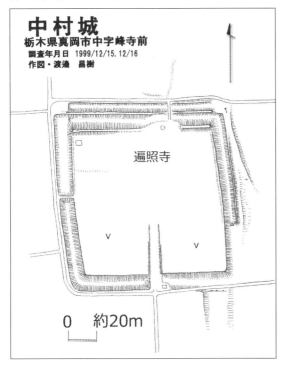

中村城
栃木県真岡市中字峰寺前
調査年月日　1999/12/15, 12/16
作図・渡邉　昌樹
遍照寺
0　約20m

　遺構はいわゆる方形居館タイプで、現在の遍照寺周りに堀、土塁がよく残っており、旧状を偲ぶことができる。全周を堀が巡っていたようであるが、北側のみ二重の堀となっている。1940年代の古い航空写真を見ても、当時から二重の堀は北側のみであったと思われ、全周を二重堀でまわしていたかは不明である。

（渡邉昌樹）

＊参考　栃木県文化振興事業団
　　　　『栃木県の中世城館跡』
　　　　栃木県教育委員会1983

148 桑窪城

所在：栃木県高根沢町大字桑窪

別名：八木要害　桑久保城

比高：25ｍ

マップコード：39 682 822*62

　桑窪城は徳明寺の東の丘陵、標高147ｍの南北に延びる台地上に位置する。

　当城は建久年間（1190〜1199）に桑窪修理助秀春か谷口筑前守によって築かれたとされている。谷口氏（矢口氏）は在地の土豪として戦国時代末期には宇都宮氏に属しており、桑窪城は対那須氏への前線拠点と考えられている。

　基本単郭の城と思われるが、南北にⅡ郭、Ⅲ郭を配置していたと考えられる。主郭Ⅰは大規模な堀と土塁で全周を固めている。虎口は南北にあり、南側は土橋で城外と繋ぎ、土橋にはその両袖の土塁から合横矢が掛けられている。土橋の先には馬出を思わせる土壇があるが、現在の姿が往時のままなのかははっきりしない。

　主郭北の虎口は解釈が難しい。土塁の切れ目から通路が堀に降りていたのであれば、Ａの土壇は矢倉台である。もし、対岸のⅡ郭からＡに向かって橋が架けられていたとすれば、Ａは橋脚台である。ただし、Ⅱ郭からＡへはかなりの距離があり、高低差もあることから、この時代にこれだけ長く斜めの橋が架けられたかどうか、疑問の残るところである。

　主郭西を巡る土塁上は通路として使われていたようだ。Ⅱ郭に近い部分に竪堀、土塁上には土壇を設け、土塁上の通路幅を狭める工夫がなされている。

　Ⅱ郭は郭としての加工が甘いが、北には台地を横断するような形で堀切、竪堀が構築されている。

　Ⅲ郭は現在畑と化し、遺構と判断できるものはない。Ⅱ郭同様に台地を仕切る堀があったか

主郭土橋とⅢ郭側の土壇

もしれないが、ここから斜面がかなり広がってしまうので、城の関係者が居住するスペースだったとも想像できる。 （渡邉昌樹）

＊参考　栃木県文化振興事業団『栃木県の中世城館跡』栃木県教育委員会1983

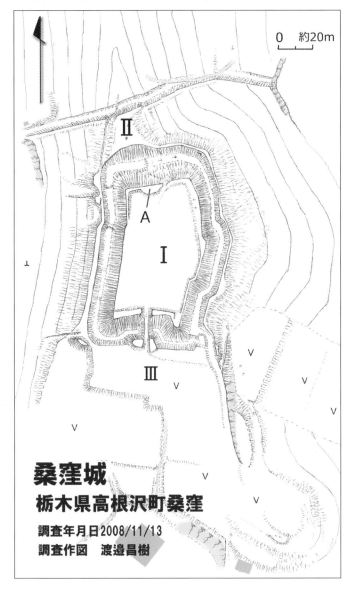

0　約20m

Ⅱ

A

Ⅰ

Ⅲ

Ⅴ

Ⅴ

Ⅴ

Ⅴ

Ⅴ

Ⅴ

Ⅴ

桑窪城
栃木県高根沢町桑窪

調査年月日2008/11/13
調査作図　渡邉昌樹

149 舟戸城
<ruby>舟<rt>ふな</rt></ruby><ruby>戸<rt>ど</rt></ruby>城

所在：芳賀町西水沼字舟戸
比高：20m
マップコード：39 377 460*23

　舟戸城は野元川に沿った南北に長い舌状台地に築かれている。南には国道123号線が通っており、交通の要衝であった可能性がある。

　築城者は不詳であるが、伝承では、応永年間（1394〜1428）の水沼主水勝侶、天文年間（1532〜55）の宇都宮氏家臣・水沼五郎が挙げられる。宇都宮二荒山神社「家臣面付帳」には、宇都宮国綱（1568〜1608）の時代に、風間信濃守が在城していたとある。

　城は台地を南北に堀で分断するものである。東斜面は急崖のため普請はされていないが、西面は傾斜が緩やかであり加工が施されている。主郭はⅠで、北、西、南に堀が回る。虎口は北と南にあったと思われる。Ⅱには横矢を伴った折を持つ土塁、堀が残る。Ａは現在道となるが、堀を利用して作られたものと判断する。なお、北方の天満宮内に土塁があるが、その方向性から、城の遺構とするには慎重を期す。　　　（渡邉昌樹）

＊参考　芳賀町史編纂委員会『芳賀町史』芳賀町 2003

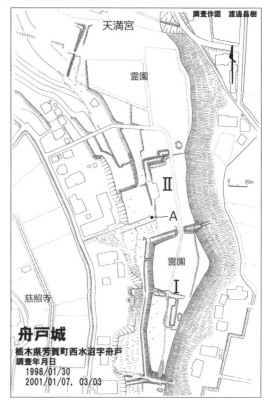

調査作図　渡邉昌樹

天満宮

霊園

Ⅱ

Ａ

Ⅰ

霊園

慈照寺

0　　　20m

舟戸城
栃木県芳賀町西水沼字舟戸
調査年月日
1998/01/30
2001/01/07，03/03

150 杉山城

所在：市貝町杉山
比高：40m
マップコード：39 598 365*17

　杉山城は千本氏の支城と言われ、薄根家継が築いたとされるが、薄根氏自体の詳細も不明である。しかし、小貝川に沿って当城の北に大谷津城がある。大谷津氏は那須一族千本氏についていることから、杉山城は千本氏の支城とも考えられる。そうであれば、千本氏の没落で大谷津は落城していることから、同時期に杉山城も廃城となったと思われる。

　主郭はⅠである。四方をしっかり堀で固めている。虎口は西、南にあり、どちらも小さな土橋で城外と結び、その先は馬出し状の小郭となっている。北コーナーも橋をかけた虎口の可能性がある。

　主郭外の4方向の支尾根には必ず小郭を配置し、その小郭周りを堀切や横堀で防御を固める。小郭に所々に横矢を設けたり、谷間の曲輪を竪堀で挟む構造などは、縄張りの先進性を感じさせる。　　　　　　　　　　（渡邉昌樹）

＊参考　栃木県文化振興事業団『栃木県の中世城館跡』栃木県教育委員会1983

杉山城
栃木県市貝町杉山

調査年月日
1991/03/15, 03/22
調査作図
渡邉昌樹

0　　　　約25m

151 文谷城

所在：市貝町文谷
比高：20m
マップコード：39 537 302*07

　文谷城は150杉山城の南西2kmの小貝川沿いにある。この城は正治年間(1199
〜1200)に稲毛田氏の寵臣、文谷治部助政資が築いたものとされ、その後、稲
毛田城と共に廃城となったという。

　遺構は山上に逆コの字を描くように堀が配置されており、竪堀は西斜面のも
のが深く、154ひめ城同様に西方向(宇都宮氏方向)を意識した造りとなっている。

　主郭Ⅰから出ると出桝形門の機能を持った半円の小郭があり、対岸のⅡ郭突
起部と橋で繋がっていた。東斜面に長い竪堀が2条あり、調査当時は東の平地

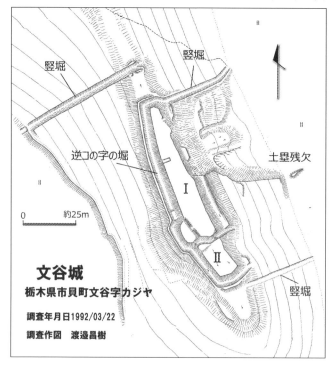

竪堀

竪堀

逆コの字の堀

土塁残欠

0　　　約25m

Ⅰ

Ⅱ

竪堀

文谷城
栃木県市貝町文谷字カジヤ

調査年月日1992/03/22

調査作図　渡邉昌樹

部に土塁が残存
していたので、
南北の竪堀間に
平地居館遺構が
あった可能性が
ある。

　　　（渡邉昌樹）

*参考
　栃木県文化振興事
　業団『栃木県の中
　世城館跡』栃木県
　教育委員会1983

152 村上城
<ruby>村<rt>むら</rt>上<rt>かみ</rt>城</ruby>

所在：栃木県市貝町市塙
比高：70m
マップコード：39 509 383*75

　城は永徳寺背後の観音山（172m）の山頂にあり、「観音山梅の里」として整備され、梅まつりが毎年開催されている。

　築城に関しては平安時代末頃まで遡ると考えられているが、永和4年（1378）に益子正宗の次男・村上新助良藤によって現在の遺構のように整備されたと言われ、宇都宮氏系である益子氏の家臣の城として存続したらしい。

　縄張りは観音山山頂を中心に、同心円状に曲輪を配置した輪郭式である。主郭はⅠで、ほぼ全周に堀と土塁が回る。南側には大きな張り出し部が設けられる。その張り出し部のすぐ横に土塁の開口部があり、虎口と考えられる。開口部と堀を挟んだ対岸には、切岸の高さを合わせるような高まりがあることから、この虎口には堀を渡る木橋が架かっていたと想定できる。先ほどの張り出し部はこの木橋に対しての横矢である。主郭の西側、東側にも主郭への通路が見られるが、これは後世の改変とみていいだろう。

　主郭の外は、北から東にかけてⅡ郭が取り巻く。Ⅱ郭は堀で3つに分かれていたようである。Ⅱ郭も主郭同様に、周囲を堀が取り巻いている。

　Ⅱ郭の外はⅢ郭となる。自然地形の先に、やはり同心円状の堀が突然現れる。堀は北西から東、そして南に回って収束している。最北側に外部に通じる虎口がある。

　全体を俯瞰すると、西側に対しては堀が回っていないため防御が甘く感じられる。どちらかというと北と東方向に防御の重きを置いているようにも見える。しかし当城の西側には桜川が直下を流れており、西への防御は川が水堀として機能していたということだろう。永徳寺、観音堂などで主郭南が大きく改変されているが、南側にも遺構があったとすれば、この城は全方位に防御施設が施されていたと考えられる。周囲には、文谷、杉山、大谷津などの那須方（千本氏系）の城が多い環境の中、なぜか宇都宮氏系である村上城がぽつんと切り込んで存在しているところが興味深い。

（渡邉昌樹）

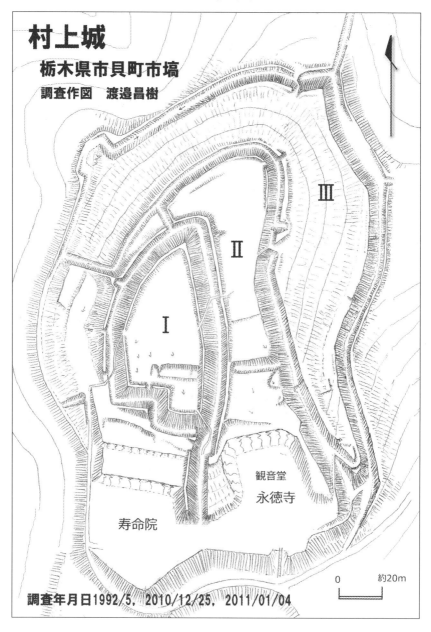

村上城

栃木県市貝町市塙

調査作図　渡邉昌樹

III

II

I

観音堂
永徳寺

寿命院

0　　　約20m

調査年月日1992/5，2010/12/25，2011/01/04

153　山根城

所在：市貝町市塙字山ノ根
比高：30m
マップコード：39 448 145*44

当城は真岡鐵道市塙駅東方200m、「記念樹の森」として公園整備されている。

詳細な記録は残っていないが、那須資隆 の十男為隆（那須余一宗隆の兄）が建久年間（1190～1199）に築城した千本城の支城の一つとされ、ここ一帯の城と同様、那須氏系の城郭だったと考えられる。

主郭はⅠである。四方を堀が巡り、堀の外縁部は土塁である。北辺に横矢が見られることから、ここに堀を渡る木橋が南北に架けられていたと考えられる。西方には主郭から麓まで下る竪堀があり、そこから南面は切岸を連続させ、段々に曲輪を配置する。途中に水場も確認できる。東との繋がりは堀切を幾重にも重ね、完全に断絶している。

この連続堀切のさらに東方に芦原城があったというが、筆者調査の時点で宅地として造成されており、遺構は見当たらなかった。　　　　　（渡邉昌樹）

＊参考　栃木県文化振興事業団『栃木県の中世城館跡』栃木県教育委員会1983

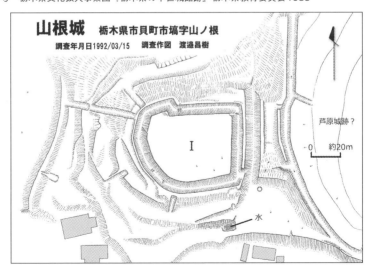

山根城　栃木県市貝町市塙字山ノ根
調査年月日1992/03/15　調査作図　渡邉昌樹

芦原城跡？

0　　　約20m

Ⅰ

水

154　ひめ城

所在：市貝町大字大谷津
比高：40m
マップコード：39 627 750*62

　ひめ城は大谷津城の南西、小貝川を隔てた丘陵上にあり、大谷津城の出城と言われている。大谷津城は烏山城主・那須資持の養子である大谷津右衛門政永が永正13年（1516）にこの地を領し、対宇都宮氏の館を造ったことに始まる。このひめ城は、政永の養子、茂永が築城したという。

　この城は基本単郭の城である。Ⅰが主郭で、堀が3方向に回っていたようだ。東寄り（図では上側）には堀がなく、腰曲輪状となって開放されている。堀の存在する方向が宇都宮氏方面であり、堀のない方向が大谷津城側である。このことから、ひめ城が大谷津城の出城だったという可能性は極めて高いと言えよう。大谷津城の前線基地としてひめ城は築城されたと思われる。

　虎口と思えるものは3箇所あるが、西のものは後世の改変かもしれない。主郭南東側には副郭が存在したようである。

（渡邉昌樹）

＊参考　市貝町教育委員会『小貝川ゆくて遥かに』市貝町　1998

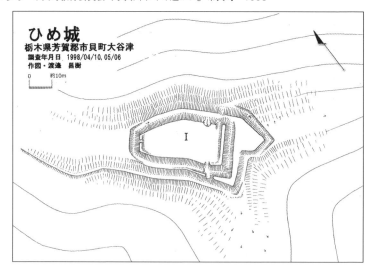

ひめ城
栃木県芳賀郡市貝町大谷津
調査年月日　1998/04/10, 05/06
作図・渡邉　昌樹
0　　約10m

Ⅰ

155　茂木城

所在：茂木町小井戸
別名：桔梗城
比高：70m
マップコード：188 727 047*54

　茂木城は、真岡鐵道の茂木駅北方にそびえる山上にある。城山公園として整備され、秋には南斜面いっぱいに曼珠沙華の花が開く。

　治承4年（1180）宇都宮宗綱の次男・八田知家が源頼朝より茂木保の地頭職に任命される。その後知家は三男・知基に地頭職を譲り、茂木氏を名乗らせた。その茂木知基によって、建久年間（1190〜1199）に茂木城は築城されたとされる。

　茂木氏は弘治2年（1556）に佐竹氏に攻められ、その後佐竹氏の影響下に入ったようである。天正13年（1585）には天谷場の合戦で北条氏・結城氏らの連合軍に城を落とされているが、佐竹氏の援軍を得て奪回している。文禄3年（1594）に佐竹義重の命により、茂木氏は常陸国小川城へと移った。後、文禄4年（1595）には佐竹氏に属する須田治則が城主となるが、慶長15年（1610）、佐竹氏と共に秋田に移る。代わって細川興元が茂木に入り、城下の陣屋設営に伴って山上部は廃城となった。

　茂木城は近世まで存続した城にふさわしく、規模が大きい。駅からの姿は山城のように見えるが、城山頂上部は平坦となっている。その平坦部を大きく堀で区分けして城郭としていたが、平坦地ゆえに耕作地として開墾され、旧状がそのままかというと疑問がある。

　主郭はⅠであり、Ⅱ、Ⅲ、Ⅳが主要部と考えられる。主郭部の西縁辺部には非常に高く幅のある土塁を施している。Ⅱ郭東には鏡ヶ池があったようで、この城の水源だったようである。主要部Ⅰ〜Ⅳ曲輪の塁線には直角の折ひずみや張り出しがみられ、横矢としている。現在通行用の橋が架けられている場所も、Ⅳ郭側からの横矢が睨みを利かす構造となっている。

　いずれにしても、各曲輪の面積は非常に広く、かなりの人数が在番していたと考えられる。なお、曲輪Ⅲの北の二重堀の先の台地上も城跡としている図が散見されるが、筆者の調査当時は畑や荒れ地となっており、明確な城郭遺構は確認できなかった。このため筆者の縄張り図には何も書き込んでいない。1947

年の航空写真を見ても、既に一帯は全面、畑、田と化している。ただし、国土地理院1/25000の地図上、字名が「館」となっているところから、城に関連する場所であった可能性は十分にある。　　　　　　　　　　　（渡邉昌樹）

＊参考　栃木県文化振興事業団『栃木県の中世城館跡』栃木県教育委員会1983

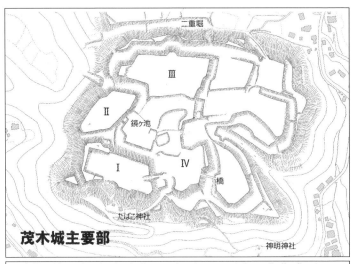

茂木城主要部

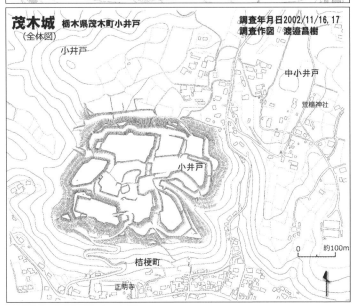

茂木城（全体図）　栃木県茂木町小井戸

調査年月日2002/11/16, 17
調査作図　渡邉昌樹

0　約100m

156 飯村根古屋城
いいむらねこや

所在：茂木町飯字根古屋
別名：根古屋古館
比高：30m
マップコード：188 486 479*81

　飯村根古屋城は、茂木と笠間とを結ぶ街道沿いにある。この街道は飯村根古屋城の南方1kmほどで益子方面と結ぶ街道と合流している。この城と西側に向かいあう位置には飯村城がある。

　飯村根古屋城の歴史について詳しいことはわからないが、明徳3年（1392）に飯村備前則宗は根古屋古館から飯村城に居館を移したと言われる。

　城は単郭の構造ながら南北に虎口を設置し、周囲に横堀を巡らせるなどしっかりと普請されている。なお、この城に行くには簑のお宅の敷地を通ることになるので、必ずお声がけをするようにしてほしい。

（余湖浩一）

＊参考　芳賀郡市文化財保護審議会連絡協議会『芳賀の文化財』1998

（作図　小川英世　調査日2012.5.16）

157　小貫城
<ruby>小貫<rt>おぬき</rt></ruby>

所在：茂木町小貫字中城
比高：20m
マップコード：188 337 045*12

　小貫城は、茂木地区と笠間地区を結んで、奈良駄賃峠を通る街道沿いにある。小貫の集落の西側にある比高20mほどの台地先端部に築かれており、前面には逆川が流れている。

　伝承では芳賀入道禅可の次男駿河守高家によって築かれたという。永正4年（1507）芳賀六郎信高が城主だった時に、笠間城主の右京綱親によって攻められ落城した。

　城の周囲には「殿入」「根古屋」「番場」「宿」等の屋号の家が並んでおり、城と一体化した集落が形成されていたことが伺われる。西側の山稜部分との間を2本の堀と土塁で区画し、背後の防御の要としている。（余湖浩一）

＊参考　芳賀郡市文化財保護審議会連絡協議会『芳賀の文化財』1998

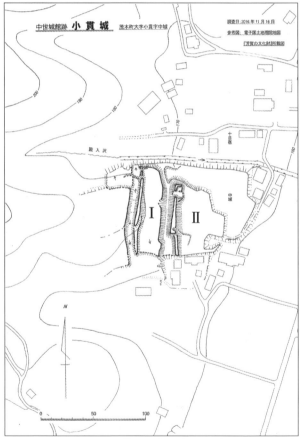

中世城館跡 **小貫城**　茂木町大字小貫字中城

調査日：2016年11月16日
参考図：電子国土地理院地図
『芳賀の文化財所載図』

（作図　小川英世　調査日2016.11.10）

278

158　木幡城
きばた

所在：茂木町木幡字用貝峯
別名：用貝城
比高：20ｍ
マップコード：188 573 477*40

　木幡城は、芳賀富士のある山稜から東側に派生した峰の1つに築かれている。麓の集落からの比高は20ｍほどであり、さほど高いものではない。東側の平野部には逆川が流れており、それに沿って茂木地区から続く街道が南北に通っている。この河川と街道を挟んで東側の山稜部分と対峙する位置にある。

　この城は、以前は遺構が見やすかった時期もあったが、現状では密集した笹薮に埋もれつつある。

　木幡城の歴史について、詳しいことはわかっていないが、飯村内記によって築かれたと伝えられている。戦国期の飯村氏は益子氏に所属しており、茂木氏の勢力に対する境目の城であった可能性が考えられる。

　山稜先端部の最高所をⅠ郭としており、西側を中心にして土塁を巡らせている。北西部の角には櫓台が設置されている。

　Ⅰ郭の西側から北側にかけて横堀が掘られている。横堀はその外側にも構築されており、西方では二重堀の形状を成している。特に外側の横堀は深さ10ｍほどの鋭い切岸斜面が形成されており、防御性の高いものとなっている。

　Ⅰ郭から東側にかけて、Ⅱ郭、Ⅲ郭が段階的に配置されている。その東側のⅣ郭との間に通路が通っており、この通路を通る敵を両サイドの塁上から攻撃できるようにして登城道が形成されている。　（余湖浩一）

＊参考　芳賀郡市文化財保護審議会連絡協議会『芳賀の文化財』1998

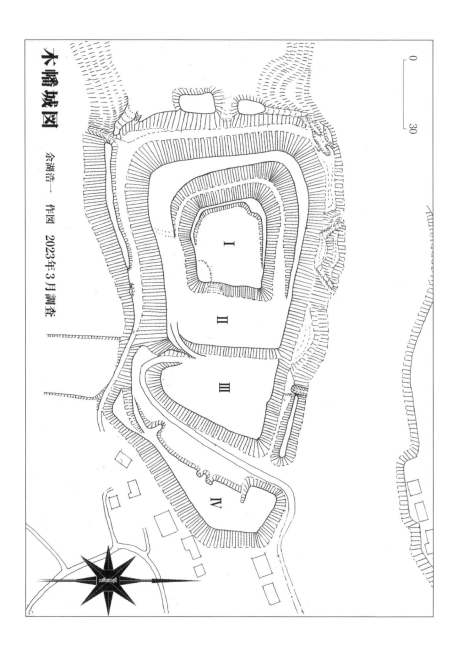

木幡城図　余湖浩一　作図　2023年3月調査

0 _____ 30

Ⅰ

Ⅱ

Ⅲ

Ⅳ

280

159　九石城
<ruby>九石城<rt>さざらし</rt></ruby>

所在：茂木町九石字御城山
別名：龍返城
比高：50 m
マップコード：188 815 337*53

　九石地区は常陸との国境に近い山間の集落である。九石地区の中央部に茂木町の文化財となっている九石のケヤキがあるが、そこから西側に張り出している御城山と呼ばれる台地上に**九石城**は築かれている。一帯には古宿の地名が残り、縄文時代から中世まで集落が営まれていた場所であった。

　伝承では、鎌倉時代の建久4年（1193）に、那須与一宗隆の兄十郎為隆が当地を拝領して築いたという。ただし、この時の九石城が現在遺構を残す九石城と一致するのかどうかは定かではない。

　戦国時代の九石地区は西方の千本城にいた千本氏の支配下にあり、九石城は千本城の支城の1つになっていたと考えられる。

　台地先端部に構築された50 m×70 mほどの長方形の区画が主郭となっている。周囲には腰曲輪が構築され、東側の台地続きは堀切による分断を図っている。その先には土塁を配した郭を設置して前面の防衛拠点としている。

　以上が九石城の概要であるが、この九石城の北東200 mほどのところに、もう1つの城郭遺構がある（右図・九石北の城）。台地の縁部に土塁や横堀を置き、腰曲輪を何段にも配置した遺構である。こちらの城についての詳細は不明である。

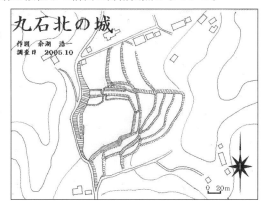

九石北の城
作図　余湖　浩一
調査日　2005.10
0　20m

　近くには、吉良上野介に切りかかる浅野内匠頭を抑えつけたことで知られる旗本梶川与惣平衛の屋敷があった。あるいは旗本陣屋に関連する遺構であるのかもしれない。（余湖浩一）

＊参考　芳賀郡市文化財保護審議会連絡協議会1998『芳賀の文化財』

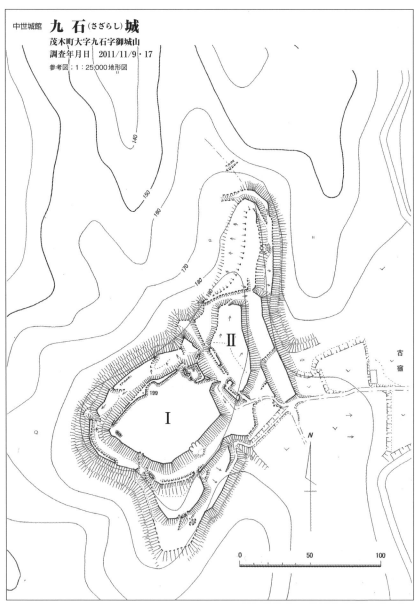

II

I

古
宿

N

0　　　　　　50　　　　　　100

（作図　小川英世　調査日2011.11.9,17）

160 坂井御城

<ruby>坂井御城<rt>さかのいのみ</rt></ruby>

所在：茂木町坂井字古屋
別名：
比高：40m
マップコード：188 724 896*64

　坂井御城は、茂木城の北西2kmほどのところにある。烏山に通じる街道および坂井川の東側に臨む比高40mほどの山稜が坂井御城の跡である。この街道を北上すると、千本城を経て烏山城に至る。

　城の歴史については未詳であるが、重要な街道沿いに位置していることから、交通の要衝を抑えるための城郭であったと考えられる。

　城の構造はシンプルで、南北80mほどの細長い郭の周囲に横堀を配置している。西側にはいくつかの段郭が続き、北西側下には「古屋」地名が残る。この場所に居館が置かれていた可能性がある。南東側にはかつて星宮神社が祀られていた。

（余湖浩一）

＊参考　芳賀郡市文化財保護
　審議会連絡協議会『芳賀の
　文化財』1998

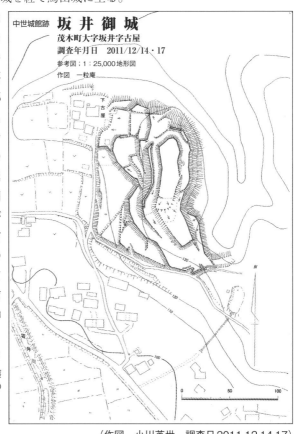

中世城館跡　**坂 井 御 城**
茂木町大字坂井字古屋
調査年月日　2011/12/14・17
参考図：1：25,000地形図
作図　一粒庵

（作図　小川英世　調査日2011.12.14,17）

161 千本城

<ruby>千本<rt>せんぼん</rt></ruby>

所在：茂木町町田
別名：須藤城、教ヶ丘城
比高：90m
マップコード：188 843 787*15

　千本城は現在の国道294号線沿いの山深いところに位置する。155茂木城と049烏山城を繋ぐ中間地点にあたる。下野の名族那須氏の庶流千本氏の歴代の城である。

　千本氏の祖は那須為隆で、那須与一宗隆の兄に当たる。源平合戦の頃、為隆、宗隆は源義経の配下となって活躍した。為隆は戦後、武功によりこの地域を与えられ、新たに千本城を築いて移った。以降千本氏歴代の居城となり、千本氏は戦国期に至るまで那須宗家を支えた。10代資持は那須氏の内紛に巻き込まれ、謀略によって那須系千本氏は一旦断絶する。この時に千本城も落城したと言われる。

　千本氏の残された領地は茂木義政に与えられ、義政は千本氏を名乗り、ここに茂木系千本氏が誕生した。豊臣秀吉の時代に那須資晴は改易され没落したが、千本氏を含む那須七騎は小田原に参陣した功により所領を安堵され、慶長5年（1600）の徳川家康の上杉征伐の際には黒羽城の加勢に赴き、千本氏は幕末まで旗本として存続した。

　千本城は非常に広い城域を持つ。主郭はⅠである。現在は羽黒神社が北端部にある。Ⅱ郭との間には、土橋を伴った馬出がある。本城の特徴とも言える遺構であるが、馬出頂点まで軽自動車が通れるくらいの幅の坂がある。また土橋基部には補強したような石垣が確認される。このことから馬出周辺は、神社造営で近代に加工されている可能性を指摘したい。また、かつて主郭Ⅰと馬出間が土橋ではなく、堀となっており、木橋でつながっていた可能性も指摘しておきたい。今後の発掘等での確認を期待する。Ⅱ郭とⅢ郭は横堀で区切られていたようだ。Ⅳ郭には、大きな枡形門跡が残る。

　Ⅰ～Ⅳ郭、その他周辺の曲輪から言えることは、一つ一つの曲輪取りが大きいことである。近隣の戦国期の城の様相から異なることからも、これら縄張りは近世になってからの改変と筆者は考えている。ちなみに、位置図南方の253m峰に、出城と思われる城郭遺構がある（右図・千本城出城）。　　　（渡邉昌樹）

＊参考　栃木県教育委員会1983『栃木県の中世城館跡』
　　　　茂木町ホームページ

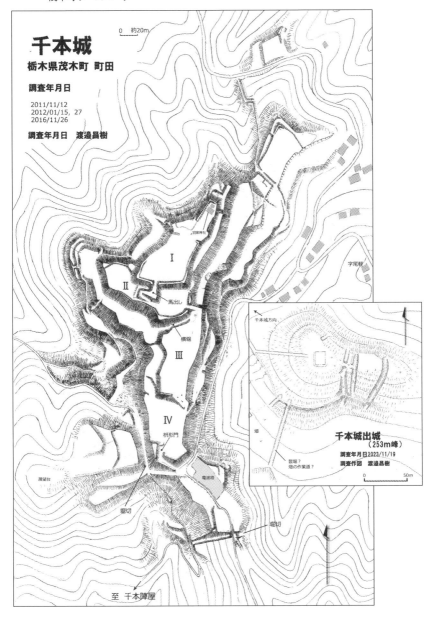

千本城

栃木県茂木町　町田

調査年月日

2011/11/12
2012/01/15，27
2016/11/26

調査年月日　渡邉昌樹

0　約20m

ΙΙ羽黒神社

Ι

ΙΙ

馬出し

横堀

ΙΙΙ

ΙV

枡形門

展望台

電波塔

堀切

堀切

至　千本陣屋

字尾軽

千本城出城
（253m峰）

調査年月日2023/11/19

調査作図　渡邉昌樹

0　　　　50m

千本城方向

畑

竪堀？
畑の作業道？

畑

162　高岡城
たかおか

所在：茂木町北高岡
比高：30m
マップコード：188 605 824*00

　高岡城は、茂木から木幡方向に向かう街道沿いにあり、街道と並行するように逆川が流れている。城の南西方向には益子氏の支城と伝えられている158木幡城が対峙するように存在している。

　高岡城の歴史について詳しいことは分かってはいないが、茂木氏の隠居城だったという伝承が伝わっている。城のある位置は茂木氏と益子氏の勢力の境界付近にあり、実際には境目の城だったと見るのがふさわしい城である。茂木氏の隠居城という伝承が正しいとするなら、茂木氏の前当主がこの城に入って益子氏に対してにらみを利かせていた時代があったのかもしれない。

　境目の城とするにふさわしく、広大な城域を誇った城である。城内はかつては耕作地であったが、現在は放棄されて久しく大半が密集した笹薮となっており、城内の探索には困難を極める。

　高岡城は比高30mほどの台地全域にわたって築かれている。特に益子氏側の南西方向に延びた尾根に向けて防御遺構が展開しており、益子氏を意識した構造になっているとみてよい。

　Ⅰ郭および北西側に隣接するⅡ郭の面積が広く、この2つの郭が城の中心であり、兵員を駐屯させる場所であったと考えられる。Ⅱ郭の南側には高土塁が構築されている。

　城内の堀や土塁は一部埋め建てられており、耕作が行われていた時代にある程度の部分が破壊されていることが伺われる。本来の形状を知るためには発掘調査が必要である。

　なお、台地続きの北西縁部にある日枝田ノ上神社には城郭遺構のように見えるものが残されており、台地の北側の入口を監視するための出城であった可能性がある。

（余湖浩一）

＊参考　芳賀郡市文化財保護審議会連絡協議会1998『芳賀の文化財』

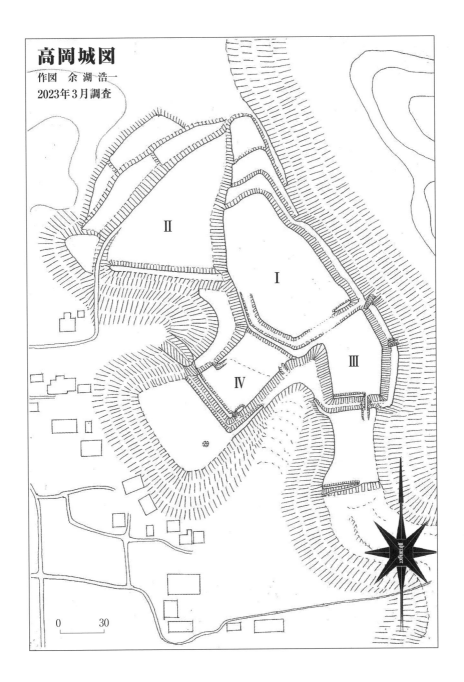

高岡城図

作図　余湖浩一
2023年3月調査

Ⅱ

Ⅰ

Ⅲ

Ⅳ

0　　　30

163 小宅城
<ruby>小宅<rt>おやけ</rt></ruby>

所在：益子町小宅字日向
比高：10m
マップコード：39 329 799*13

　小宅城は、国道294号線のすぐ北側の比高10mほどの微高地を利用して築かれている。国道と並行して小宅川が流れている。小宅氏の居城であった。

　康正2年（1456）、宇都宮氏に背いた小宅高村は小宅城から退散している（「芳賀・小宅系図」）。天文年間（1532〜55）に、小宅刑部少輔は宇都宮尚綱に属し、小畑、喜連川、七井等で戦功を挙げ賞されているので、この頃には小宅城に復帰していたものと考えられる（「宇都宮俊綱官途状」「宇都宮尚綱書状」）。

　小宅城は低い丘陵に選地し、前面以外の三方向に堀を入れて区画した2つの郭によって構成され、きわめてコンパクトにまとまった城郭となっている。

　東西50mほどと規模もそれほど大きくはないが、堀には大きな横矢折れが形成されており、その上に櫓台を配置するなど、なかなか技巧的である。

　もともとは傾斜地形だったようで、内部は二段に削平されており、それほど広い面積が確保されていない。城主の居館としては物足りない規模であるが、横矢折れの城塁など技巧的な要素は特徴的である。　（余湖浩一）

*参考　真岡市史編さん委員会『真岡市史』真岡市1984

小宅城
栃木県益子市小宅
調査年月日　2016/3/6
調査作図　渡邉昌樹
0　約10m

I
II

国道123号

164　西明寺城
<ruby>西明寺<rt>さいみょうじ</rt></ruby>

所在：益子町大字益子字高館山
別名：高舘城、白米城
比高：200ｍ
マップコード：39 149 176*55

　西明寺城は益子の市街地の東側にそびえる比高200ｍほどの高舘山に築かれ
ている。益子氏の居城であった166益子城からは東方2ｋｍほどの位置にある。
中腹には城の名称の由来となった西明寺があり、ここから山頂近くまで車道が
通じており、駐車場も用意されている。

　西明寺城の起源は古く、南北朝期に南朝方の城として紀氏（後の益子氏）に
よって築かれ、関東六城（関城・真壁城・大宝城・伊佐城・中郡城・西明寺城）
の一つに数えられていた。北朝方の攻撃を何度も跳ね返していたが、関東六城
は次々と落とされ、最後に西明寺城も落城した。その後はまた南朝方の城とな
った模様で、興国元年（1340）には西明寺城の軍勢の動員が命じられている（「北
畠親房御教書写」）。また観応3年（1352）には烟田氏らに攻め落とされている（「烟
田時幹着到状」）。

　ただし、現在見られる遺構からするとその後も改修・使用されている可能性
が高い。戦国期の益子氏は主家であった宇都宮氏としばしば対立し、周辺の笠
間氏、茂木氏らと抗争を繰り返していた。城の改修や攻防について史料で確認
することはできないが、このような軍事的緊張感の中で、益子氏の緊急時の籠
城用の城として整備されていったのではないだろうか。

　西明寺城は広大な山稜上に数多くの郭を造成した大規模な山城で、中枢とな
る郭群には土塁が巡らされ、主郭に到達するまでは何段もの段郭を乗り越えて
いく必要がある。郭群は特に宇都宮氏や芳賀氏のいる西側方向に向けて多く展
開している。

　天正18年（1590）、笠間氏を攻めるなど勝手な行動が目立っていた益子氏に
対し、宇都宮氏は芳賀氏に命じて益子氏を攻撃させた。西明寺城に籠ることも
なく、益子氏は攻められて滅亡した。この後、西明寺城は廃城となったと思わ
れる。

（余湖浩一）

　＊参考　益子町ホームページ

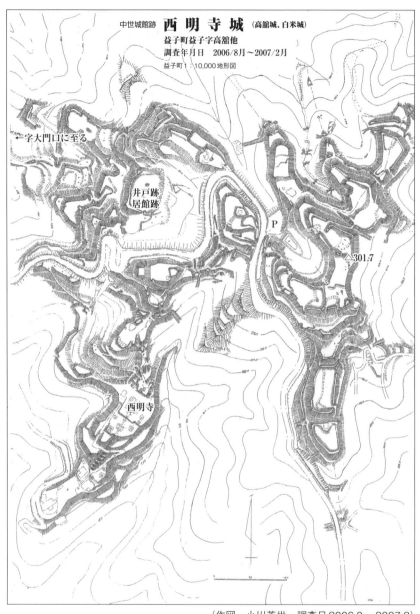

中世城館跡　西明寺城 （高舘城、白米城）

益子町益子字高舘他
調査年月日　2006/8月〜2007/2月
益子町1：10,000 地形図

←字大門口に至る

井戸跡
居館跡

P

△301.7

西明寺

（作図　小川英世　調査日2006.8〜2007.2）

165　益子古城
ましここ

所在：益子町益子字城内
比高：20m
マップコード：39 177 444*78

　益子町の中心部近く、百目木川の南側に位置する比高20mほどの独立山稜が**益子古城**の跡である。益子の街を支配するのにふさわしい場所であると言える。付近には「城内」「城内坂」といった城郭関連地名が残る。

　益子古城は益子氏の居城であった。「益子氏系図」などによれば、紀古佐美あるいは紀貫之の子孫が平安時代末期にこの地に移住してきて益子氏を名乗るのに始まったという。その後の益子氏は、宇都宮氏の家臣となり、紀党と呼ばれるようになる。

　南北朝時代には北朝方の城となっており、暦応2年（1339）、南朝方の軍勢によって攻められて落城した（「北畠親房御教書」）。

　天正18年（1590）の「関東八州諸城覚書」（毛利文書）には、「まし子ノ城　増子右衛門尉」と掲載されており、当時右衛門尉という人物が城主であったことが分かる。

　比高20mほどの台地上にあるこの城は平素の居館であり、緊急時の籠城用として南東2kmほどのところに164西明寺城が活用されていたと思われる。

　現在は市街地化や公園化が進んでいるため遺構の残存状況がよいとは言えないが、それでも一部には城郭遺構を垣間見ることができる。

　現在、遺跡広場となっているところが本郭跡であり、ここに益子古城の案内板が設置されている。本郭の南東側には南郭があり、その間に空堀がきれいな形で残されている。南郭内部は陶芸美術館となって往時の状況を伺うのは難しい。

　本郭の西側に西郭があった。西郭との間にあったと思われる堀は埋め立てられているが、南側から西側にかけて土塁が残されている。

　本郭の北東側下にあるのが東郭で、こちら側に掘られた堀切も現存している。

　城の南西麓には城主の菩提寺であった観音寺がある。　　　　　　（余湖浩一）

＊参考　芳賀郡市文化財保護審議会連絡協議会『芳賀の文化財』1998

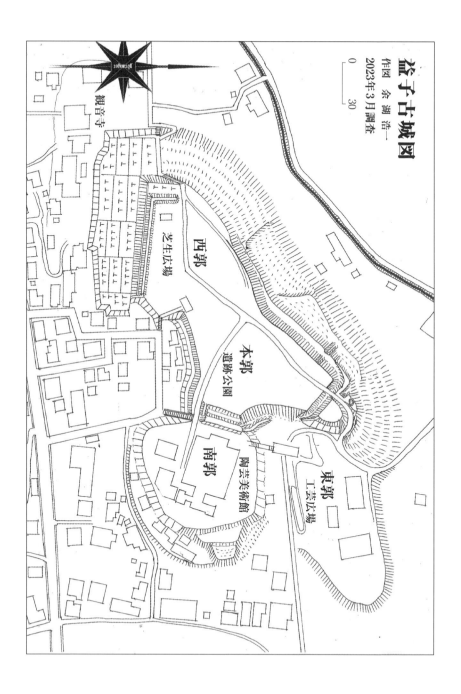

益子古城図

作図 余 湖 浩一

2023年3月調査

0　　30

観音寺

西郭

芝生広場

本郭

遺跡公園

南郭

陶芸美術館

東郭

工芸広場

166 益子城

所在：益子町益子字館八幡
別名：益子古館、根古屋城
比高：30ｍ
マップコード：39 147 846*86

　益子城は益子町市街地の南方に位置する比高30ｍほどの山稜先端部に築かれていた。益子古城の南西600ｍほどの位置で、南東2ｋｍには益子氏の詰の城である164西明寺城がある。城址には益子町立益子小学校が建てられている。

　益子城は益子古館、根古屋城とも呼ばれ、益子氏の居城の1つであった。益子氏の居館はもともと益子古城であったが、新たに居城として築かれたのが益子城だったと言われている。居城を移転した理由はよく分からないが、益子古城よりは要害性の高い場所に立地している。とはいえ、緊急時の詰の城は西明寺城であったろう。

　益子小学校の敷地となっている場所が城内最高所であり、ここに主郭が置かれていたと想定されるが、小学校の建設によって遺構は消滅しており、往時の状態を伺い知ることはできない。　　　　　　　　　　　　　　　（余湖浩一）

＊参考　芳賀郡市文化財保護審議会連絡協議会『芳賀の文化財』1998

益子城図

作図　余湖浩一
2023年3月調査

167　山居台館
<ruby>山居台<rt>さんきょだい</rt></ruby>

所在：益子町山本字山居台
比高：50ｍ
マップコード：39 027 207*08

　山居台館は、益子町の南部、常陸との国境近くの比高60ｍほどの山稜に築かれている。

　城の歴史については不明である。集落から遠く、常陸との国境近くにあることから境目の城かと思われるが、この城のある山稜は北側に張り出しているので、常陸方向を遠望することができない。むしろ益子地区への橋頭保あるいは監視所として機能していた可能性が考えられる。

　城は単純な構造で、横堀や切岸などがあるものの、城内の削平も不十分で、きちんと造成されているとは言えない。臨時に築かれた城というべきものである。

　城主伝承がないことも含めて、笠間氏が益子氏に対して築いた陣城だったと考えるのがよさそうである。　　　　　　　　　　　　　　　　　（余湖浩一）

＊参考　芳賀郡市文化財保護審議会連絡協議会1998『芳賀の文化財』

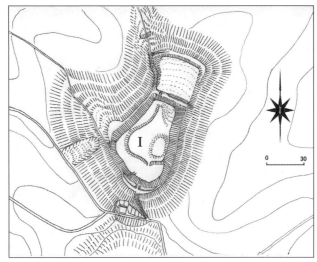

（作図　余湖浩一　調査日2012.4.28）

168 生田目城

所在：益子町生田目字館山
比高：20m
マップコード：39 116 189*11

　生田目城は、益子町の中心部から小貝川に沿って南下したところの生田目地区にあった。西側を通る街道から東側に300mほど入り込んだところにある比高20mほどの山稜が城址で、生田目地区を包み込むようにして延びている地形の奥部分に築かれている。城址のある山稜は「館山」と呼ばれている。

　城址は「生田目里山の会」の皆さんによって整備され案内板も設置されているが、一部に立入禁止箇所もあるので注意が必要である。

　生田目城は、生田目氏の居城であったと考えられる。益子城主であった益子勝直の四男勝広が生田目地区を拝領して生田目氏を名乗り、居城を築いて当地の豪族となったものである。

　永禄7年（1564）8月13日、生田目氏は真岡城に在城することで知行を与えられ、城番・普請などを命じられている（「芳賀高定充行状写」）。

　天正7年（1579）4月6日、真壁氏との戦いで「戸張際」において戦功を挙げた生田目四郎右衛門尉は、芳賀高継から賞されている（「芳賀高継官途状写」）。

　城址はⅠ郭とⅡ郭との2段構造となっている。東側の上の段がⅠ郭で、山稜基部部分を折れを伴った堀切で区画している。この堀切は城の規模に比して小規模なものである。また、この堀切に面して櫓台が設置されている。

　Ⅰ郭は南西部分に枡形状の区画を伴って張り出しており、その先にも櫓台が設置されている。この櫓台の下には枡形状に窪んだ地形が2つ見られ、敵を進入させて塁上から攻撃するための迎撃空間だったのではないかと想像される。西側から南側にかけては帯曲輪が長く巡らされており、Ⅰ郭の塁上から通路を監視できるようになっている。

　Ⅱ郭にはかつて正岳寺という寺院があった。そのため一部改変されている可能性がある。Ⅱ郭内部にある井戸は寺院に伴うものの可能性が高い。城の北側にはエド沢という地名が残っている。これは井戸沢の転であると考えられ、城の水源はそこにあったと考えられる。

（余湖浩一）

＊参考　芳賀郡市文化財保護審議会連絡協議会『芳賀の文化財』1998

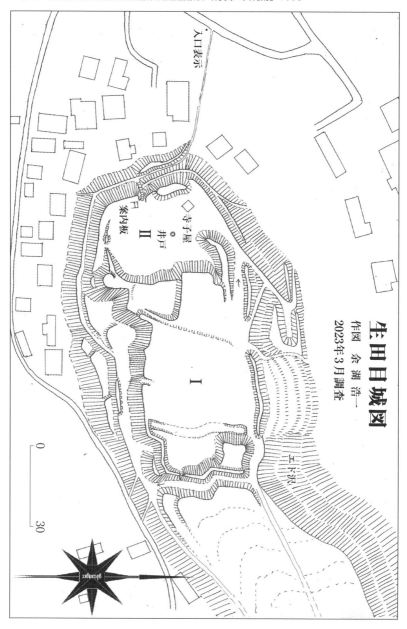

生田目城図

作図 奈湖浩一

2023年3月調査

北条氏の北進と沼尻の陣

　天下分け目の合戦という言葉がある。関ケ原合戦などがそれで、文字通り天下の趨勢を決めることになった一戦のことである。実は栃木にも、まさに天下分け目ともいうべき大規模な合戦が行われたかもしれない時期があった。

　それは天正12年 (1584) の沼尻の陣である。上野への侵攻を進めていた北条氏直と佐竹義重率いる反北条領主連合は、三毳山の麓の沼を挟んで南北に対峙することとなった。双方ともに数万の軍勢を擁する大軍であった。現在の栃木県藤岡町一帯である。

　当時、中央では羽柴秀吉と徳川家康とが対峙する小牧長久手の戦いが行われている最中であり、この対陣は、中央の趨勢とも関連していた。羽柴秀吉と結んでいた佐竹連合軍に対して、徳川家康と結んでいた北条軍との対陣であった。

　この時、「双方共陣構城同前」と言われるほどの陣城が構築され、「敵味方共に大運 (大軍)」で、相模・武蔵・上総・下総・安房の衆、「何茂自身」(いずれも領主本人が出陣していた) という (「道誉太田資正書状写」)。領主自身が兵を率いて出陣しているとは、まさに総力戦の様相である。

　『烟田史料』には、この時の佐竹方の用意した鉄砲の数が記録されている。それを見ると、東 (佐竹家) 1500挺、佐竹旗本1000挺、下妻 (多賀谷氏) 1000挺を始めとして合計8212挺にも達している。長篠の合戦で織田勢が用意したものをはるかにしのぐ数の鉄砲が用意されており、驚くべき数量である。北条方でも同程度は用意していたであろうから、まともに激突したら大規模な死傷戦になっていたはずである。

　沼尻付近の小字名を見ると、陣場、上陣場、中陣場、下陣場、木戸内といった陣場に関すると思われる地名が多く残されており、実際に陣場が形成されていた様子を伺うことができる。「上杉景勝書状」にも「佐竹陣逐日堅固之由」とある。ただし、現在では明確な城郭遺構といったものは存在していない。

　こうした軍事的緊張感が続いた沼尻ではあったが、結局、本格的な合戦が行われることはなく、対陣は長期に及んでいく。『北条記』には「後には長途の対陣に疲れしかば、軍兵ども陣屋の前に馬場を付けて、馬を乗りて慰み、夏の末秋にもなりしかば、敵陣に花火を焼き立てければ」云々とあり厭戦気分が漂っていたことが分かる。

　そして結局、決戦は行われず、両軍は和睦して引き揚げていく。『今宮祭祀録』には「百十日にて御帰陣候」とある。

　といったわけで、関東における天下分け目の合戦は行われることなく終わってしまったのであるが、実際に決戦が行われていたらどのようになっていたことであろうか。おそらく現在我々が知っている歴史とはまったく違った歴史を見ることになったと思われるのである。

　　　　　　　　　　　　　　　　　　　　　　　　　　　　　　　(余湖浩一)

参考文献・出典一覧

全体的なもの（発行年順）

栃木県史編さん委員会『栃木県史』栃木県1974〜1984

千賀四郎編『探訪日本の城2 関東』小学館1978

児玉幸多・坪井清足監修『日本城郭大系4 茨城・栃木・群馬』新人物往来社1979

栃木県教育委員会『栃木県の中世城館跡』栃木県文化振興事業団1983

井上宗和『図説日本城郭史』新人物往来社1984

村田修三編『図説中世城郭事典1 北海道・東北・関東』新人物往来社1987

杉山博・下山治久・黒田基樹編『戦國遺文　後北条氏編』東京堂出版1989〜1995

西ヶ谷恭弘『戦国の城（上）　関東編』学習研究社1991

島遼伍『増補改訂 史跡めぐり 栃木の城』下野出版社1995

塙静夫『とちぎの古城を歩く』下野新聞社2006

峰岸純夫・齋藤慎一編『関東の名城を歩く 北関東編 茨城・栃木・群馬』吉川弘文館2011

市町村史・個人著作（五十音順）

足利市『足利市史』足利市1978

荒川善夫『戦国期北関東の地域権力』岩田書院1997

荒川善夫『戦国期東国の権力構造』岩田書院2002

池田貞夫『宇都宮の中世城館跡』しもつけの心出版2022

市貝町教育委員会『小貝川ゆくて遥かに』市貝町1998

茨城県史編集会『茨城県史料 中世IV』茨城県1991

茨城城郭研究会『図説 茨城の城郭』国書刊行会2006

宇都宮市教育委員会『多気城跡』宇都宮市1997

宇都宮市史編さん委員会『宇都宮市史』宇都宮市1982

江田郁夫編『下野宇都宮氏』戎光祥出版2011

大田原市史編さん委員会『大田原市史』大田原市1975

小山市史編さん委員会『小山市史』小山市1978

鹿沼市史編さん委員会『鹿沼の城と館』鹿沼市 2002

上三川町史編さん員会『上三川町史 資料編 原始・古代・中世』上三川町 1979

北那須郷土史研究会『那須の戦国時代』下野新聞社 1993

さくら市史編さん委員会編『喜連川町史 第6巻（通史編1）原始・古代・中世・近世』
さくら市 2008

黒田基樹編『北条氏年表』高志書院 2013

黒田基樹『図説享徳の大乱』戎光祥出版 2021

黒羽町誌編さん委員会『黒羽町誌』黒羽町 1982

齋藤慎一編『城館と中世史料』高志書院 2015

齋藤慎一『戦国時代の終焉』中央公論社 2005

さくら市史編さん委員会『さくら市史』さくら市 2008

佐野市史編さん委員会『佐野市史』佐野市 1978

塩谷町史編さん委員会編『塩谷町史』塩谷町 1993〜97

杉山博「北条氏忠の下野佐野領支配」『駒澤史学』駒澤大学 1973

高橋修編『佐竹一族の中世』高志書院 2017

田沼町『田沼町史 第3巻（資料編2）原始古代・中世』田沼町 1984

千葉城郭研究会編『城郭と中世の東国』高志書院 2005

都賀町史編さん委員会『都賀町史』都賀町 1987

栃木県史編さん委員会『栃木県史　中世史料編』栃木県 1973〜76

栃木県教育委員会『二条城跡』栃木県教育委員会 2020

栃木県立博物館『中世宇都宮氏』栃木県立博物館 2017

栃木市史編さん委員会『栃木市史』栃木市 1978

那須義定『中世の下野那須氏』岩田書院 2017

芳賀郡市文化財保護審議会連絡協議会『芳賀の文化財19集 城館・陣屋跡編』芳賀
　市 1998

馬頭町史編さん委員会『馬頭町史』馬頭町 1990

益子町史編さん委員会『益子町史』益子町 1980

松本一夫編『下野小山氏』戎光祥出版 2012

壬生町史編さん委員会『壬生町史』壬生町 1990

壬生町立歴史民俗資料館『壬生城郭・城下町図』壬生町教育委員会 1998

ミュージアム氏家『勝山城』ミュージアム氏家 1997

真岡市史編さん委員会『真岡市史』真岡市 1984

矢板市教育委員会『ふるさと矢板のあゆみ』矢板市 1989

矢板市教育委員会『矢板市埋蔵文化財調査報告書第5集 川崎城跡・御前原城跡発掘
　報告書 矢板市指定史跡 「川崎城跡」及び栃木県指定史跡「御前原城跡」の学術
　調査』矢板市教育委員会2002
矢板市教育委員会『矢板市の古道』矢板市教育委員会2012
結城市史編さん委員会『結城市史』結城市 1982
湯津上村誌編さん委員会『湯津上村誌』湯津上村 1979

インターネット

帰ってきた栃木県の中世城郭
　http://saichu.sakura.ne.jp/tochigitop.html
余湖くんのホームページ
　http://yogokun.my.coocan.jp/
北緯36度付近の中世城郭
　http://www7a.biglobe.ne.jp/~ao36/
下野戦国争乱記
　http://shimotsuke1000goku.g2.xrea.com/
埋もれた古城
　http://umoretakojo.jp/
その他各市町村ホームページ

参考・引用地図

国土地理院　電子地形図
　http://maps.gsi.go.jp/#5/35.362222/138.731389/&base=std&ls=std&disp=1&vs=
　c1j0l0u0f0
国土地理院地図・空中写真閲覧サービス
　https://mapps.gsi.go.jp/maplibSearch.do#1
農研機構　農業土地利用変遷マップ関東平野迅速測図
　https://habs.rad.naro.go.jp/
G空間情報センター　栃木県「微地形図（CS立体図）」森林整備課
　https://front.geospatial.jp/
その他各自治体発行の都市計画図

あとがき

　本書の出版の前に、同じように栃木の城郭について出版の提案があった。しかし残念ながらその出版社との話はうまくまとまらず、立ち消えとなってしまった。このような機会はもはや一生ないのだろうな、と思ったのと同時に、「出版」という行為に対しては、一種トラウマのような思いも抱くようになってしまった。

　しかし、それから数年経ったある日のこと、本書の共著者である余湖さんから声がかかったのである。「渡辺さん、栃木の本を一緒に出しましょうよ！」と。

　2023年3月、御茶ノ水駅前の喫茶店で余湖さんと本書の企画について話をしたが、私には先の経験から、出版に対しある種のわだかまりがあることをお話しさせていただいた。しかし彼は、既に多くの本の執筆経験もあり、企画の大枠まで用意してグイグイ私の心を動かしていった。そして何よりも、彼は私の描く図面を非常に高く評価してくれたのである。非常に嬉しく、いつしか私の気持ちは変わっていった。最後に私は、「ぜひやりましょう」と言っていた。

　しかし、その日から私のプレッシャー生活が始まった。私に与えられたのは、栃木県内82城の執筆と116城の縄張り図提出だったのである。締切りは2024年1月。これまでに全ての原稿を書き終え、自信のない縄張り図面に対しては全て修正調査をかけなければいけない。毎日仕事を終えて夜遅くまで原稿を書くルーチン、こうでもしないと間に合わない。時間がどんどんなくなってしまう気がした。

　改めて原稿を書いてみると、「本にする」という行為は、ホームページ作成とは違った難しさがあることにも気がついた。ホームページでは、間違いや考え方が変わってもすぐ修正することができる。しかし本はそうはいかない。いい加減な事は書けない。本は永久に固定されて残ってしまうのである。これも私のプレッシャーになっていった。

　原稿に対しては文法、表現など、様々な面で余湖さんのご指摘を頂いた。また暑い中、藪が茂っていても立ち入り可能な城には修正調査に出向いた。何度も足を運び、何度も転んで怪我をし、何度もヒルの襲撃を受け血だらけになった。資料提供の依頼のため遠方にも足を運んだ。とにかく、原稿作成に集中した。

　本書は、上記のトラウマを跳ね除け、60歳を過ぎ真摯に城の縄張りと向き合って初めて完成させた本である。どれだけ真剣に向きあったと評価していただけるか、それは読者の皆様に委ねるところであるが、期待に応えられていれば幸いである。

　最後に、余湖浩一さん、そして不足分の図面提供をしてくださった小川英世さん、坂本実さん、国書刊行会の竹中朗さんに感謝し上げたい。

　2024年3月　　　　　　　　　　　　　　　　　　　　　　　渡邉昌樹

編集執筆者

余湖　浩一（よご こういち）　新潟県出身。千葉県成田市在住。1万城以上の城の図を作製し公開中。
「余湖くんのホームページ」http://yogokun.my.coocan.jp

渡邉　昌樹（わたなべ まさき）　東京都出身。栃木県宇都宮市在住。栃木県の城の縄張り図描きに奮
闘中。
「帰ってきた栃木県の中世城郭」http://saichu.sakura.ne.jp/tochigitop.html

協力者

小川英世　坂本実

カバーイラスト

余湖浩一　表紙
渡邉昌樹　裏表紙

302

城郭名索引

303

図説 栃木の城郭　　　　　　　　　　　　　　　　ISBN978-4-336-07631-1

2024年4月25日　初版第1刷発行

著　者　余　湖　浩　一
　　　　渡　邉　昌　樹

発行者　佐　藤　今　朝　夫

発行所　株式会社　国 書 刊 行 会
　　　　〒174-0056　東京都板橋区志村1-13-15
　　　　TEL 03(5970)7421 FAX 03(5970)7427
　　　　https://www.kokusho.co.jp

印刷 ㈱エーヴィスシステムズ　　製本 ㈱村上製本所